Nigg Heilige im Alltag

WV

Walter Nigg

# Heilige im Alltag



Walter-Verlag Olten und Freiburg im Breisgau

2. Auflage 1976


Gesamtherstellung in den Werkstätten des Walter-Verlags
Printed in Switzerland

ISBN 3-530-61207-3

# Inhalt

# Einleitung: Die neue Sicht

Es ist erstaunlich, im beliebten Schauspiel von Thornton Wilder «Unsere kleine Stadt» zuletzt der Frage zu begegnen: «Gibt es Menschen, die das Leben ergründen, während sie es leben? Können sie es jemals?» Der Spielleiter beantwortet diese Frage mit einem Nein, weil nach ihm die Menschen verblendet sind. Nach einer kurzen Denkpause aber schränkt er die Verneinung ein, indem er sagt: «Vielleicht die Heiligen und die Dichter – ein wenig.» [1]

Merkwürdig, sogar höchst merkwürdig ist es, in einem modernen Schauspiel, welches das gewöhnliche Leben in einer amerikanischen Kleinstadt auf eine ungewöhnliche Weise entfaltet, auf die letzten Fragen des Lebens zu stoßen und sie mit dem Hinweis auf die Heiligen und die Dichter beantwortet zu sehen. Thornton Wilder läßt nur zwei Gruppen von Menschen nicht im dumpfen Getriebe des von wehmütiger Vergänglichkeit erfüllten Lebens versinken: «Vielleicht die Heiligen und die Dichter – ein wenig.» Diese Aussage zwingt uns zum Stillestehen; bei ihr muß unser Denken einsetzen und darf nicht wieder zur Ruhe kommen, solange Atem in uns ist.

Von den Dichtern ist wirklich viel zu lernen. Der echte Dichter ist ein inspirierter Mensch, der niemals dem bloßen Unterhaltungsschriftsteller gleichgesetzt werden darf. Was Dichtung im letzten Grunde ist, läßt sich schwer sagen, im besten Falle nur hilflos andeuten: sie ist vor allem eine Atmosphäre, in der man atmet oder deren Klima einem Menschen immer fremd bleibt. Die großen Dichter haben in die Tiefe des Lebens geblickt und dort unbeschreiblich Herrliches und auch ebenso Entsetzliches wahrgenommen. Sie vermögen das Gesehene in Worte zu kleiden und führen damit den Menschen durch alle Schattierungen des Lebens. Es ist etwas Kostbares und Großartiges um die Dichter, wer wollte es im Ernste bezweifeln?

Margarete Susman, selbst eine Dichterin von schwermütigen Versen, führt in ihren Erinnerungen aus: «Es ist ja sicher eine letzte Wahrheit, daß dem Allerhöchsten gegenüber nur das gelebte Leben zählt. Das unendliche Leiden des großen Künstlers entspringt daraus, daß er es seiner Art nach nicht erfüllen kann, obwohl er es vor allen anderen weiß. Es ist ja auch ein ungeheures Geheimnis, daß gerade die allergrößten Menschen fast immer nur geschaffen haben, statt zu leben. Wahrhaft zu leben vermögen nur die Heiligen.» [2] In diesen Worten erfährt Thornton Wilders «Vielleicht die Heiligen und die Dichter – ein wenig» eine kleine Korrektur: es bleiben nur die Heiligen übrig. Wahrhaftig, die großen Dichter vermochten wunderbare Werke zu schaffen, aber sie waren nicht imstande, das entsprechende Leben zu gestalten. Selbst Goethe nicht, um von Kleist, Puschkin, Rimbaud ganz zu schweigen, die erschütternd am Leben zerbrochen sind. Der Dichter vermag das Ideal bloß vor Augen zu stellen, es aber nicht selbst zu realisieren. Dabei kommt es doch gerade auf die Verwirklichung an. Wir empfinden höchsten Respekt vor den Dichtern, die unserem Herzen teuer bleiben, trotzdem besinnen wir uns intensiver auf die Heiligen. Nach des Dichters eigenen Worten tragen die Heiligen «höhere Kronen». Sie haben

einen anderen Rang, weil sie das Wort gelebt und nicht nur gesprochen haben.
Was sind das für Wesen, die zuerst mit den Dichtern in einem Atemzug genannt und nachher noch über sie gestellt werden? Es sind die Heiligen. Sie haben nichts mit jenen kitschigen Gipsfiguren gemeinsam, die uns allzu lange vor Augen gerückt wurden. Auch die öligen Bilder über sie haben ihr Antlitz mehr verdeckt als erhellt, ganz gewiß aber ist der Zugang zu ihnen beinahe hoffnungslos verstellt. Wir verabschieden solche Bilder ganz bewußt, weil ihre Rahmen allzu wurmstichig geworden sind. Ihre moralistischen Aussagen sind kraftlos geworden, und man verspürt eine geradezu unerträgliche Langeweile. Wir sollten uns bemühen, die erstarrte und veraltete Heiligendarstellung zu vergessen, um ernsthaft und unvoreingenommen den Heiligen zu begegnen.
Uns ist die Aufgabe gestellt, die Heiligen anders und zugleich neu zu sehen, sie in ihrem Vollzug der Wahrheit zu erblicken und sie als Träger der höchsten Gnade und zugleich der tiefsten Erniedrigung zu erfahren. Es ist notwendig, die Quellen neu zu fassen; das will nicht heißen, die Heiligen zu modernisieren, da alle modische Schreibweise immer nur einem augenblicklichen Trend nachläuft, der ohnehin in kürzester Zeit wieder veraltet ist. Die Quellen neu fassen, heißt, die Probleme und die Mehrschichtigkeit der Heiligen zu sehen und sie von tieferen Gesichtspunkten aus zu betrachten. Wir bewerten die neue Hagiographie nur zu einem kleinen Teil als Wissenschaft, da sie für uns vielmehr religiöser Durchblick und künstlerische Gestaltung ist. Vor allem müssen die Heiligen temperamentvoller geschildert und aus den derzeitigen Nöten heraus befragt werden – ihre mutige Antwort wird nicht aus-

bleiben. Wie aber kann man von ihnen heute in einer nicht abgegriffenen Sprache reden, einer Sprache, die sich von dem oberflächlichen Geschwätz unterscheidet, das gegenwärtig den Ton angibt? Freilich ist der bloße Versuch, in neuen Zungen von den Heiligen zu sprechen, kein leichtes Unternehmen, ja, es erfordert beinahe ein Charisma, weshalb ich mich voller Betroffenheit frage, ob dieses Thema nicht zu schwer ist. In einem akademischen Stil läßt es sich schon gar nicht bewältigen, und wer in kritischer Art von den Heiligen redet, der redet von allerlei interessanten Dingen, nur nicht von den Heiligen. Ein neues Alphabet ist nötig, ein Abc, an dem ich gegenwärtig herumbuchstabiere und das ich oft noch mit fehlerhaftem Akzent spreche. Die Boten Gottes sind einzig und allein der Sprache der Liebe zugänglich. Alle Heiligen hüten ein Geheimnis, das mit dem Schweigen zusammenhängt und das sich nur dem erschließt, der ihnen mit ehrfürchtigen Fragen sein Herz öffnet. Die neue Sprache hat ein persönliches Berührtwerden und ein Innewerden der Heiligen zur Voraussetzung, eine Bemühung, ohne die man nicht überzeugend von ihnen zu reden vermag.

Man mag sich zunächst fragen, ob man den Heiligen überhaupt definieren kann. Eine Bestimmung der Heiligen zu geben, ist kaum möglich, denn dies würde nur zu einem neuen Klischee führen, das sehr bald so unbeweglich wäre wie die früheren. Die Heiligen sind viel zu mannigfaltig und zu verschiedenartig, als daß sie auf eine einzige Formel gebracht werden könnten. In ihnen lebt eine derart starke Unmittelbarkeit, der auch die amtliche Kirchensprache nicht gerecht wird. Aber ich scheue mich nicht, dem modernen Zeitgeist zum Trotz, ungehemmt von den Heiligen und nicht etwa von religiösen Genies zu reden, weil ich weiß, daß es nichts Lebendigeres und Substantielleres gibt als sie, die das bloße Gewohnheitschristentum weit überschritten haben. Heilige sind Menschen, für welche die Entscheidungen auf einer anderen Ebene des Lebens fallen; als Vorbild sind sie einfach unersetzlich. Es ist uns eine kleine Ahnung von der geheimnisvollen Wirklichkeit der Heiligen aufgegangen, und auf diesem Pfade tasten wir durch allerlei Gestrüpp hindurch, bis wir unmittelbar vor der strahlenden Realität jener Gestalten stehen, bei deren Anblick uns Freude und Erschrecken zugleich durchzittern. Dabei erinnern wir uns, daß beim Bau des salomonischen Tempels «kein Hammer, kein Beil, noch irgendein eisernes Werkzeug zu hören war».[3] Auch unsere gewagte Bemühung, die Heiligen anders zu sehen, hat unter Vermeidung allen Lärmes zu geschehen: es darf sich dabei keine Diskussionssucht, keine Polemik und keine Effekthascherei einschleichen. Wir bedürfen dazu vor allem der Stille, der seelischen Sammlung, des Blickes nach innen und der Einkehr in die Zelle unseres Herzens, ohne die wir nie auch nur von ferne den Glanz dieser heiligen Menschen sehen. Die größte Theodramatik geht um die Heiligkeit. Für das Recht, über die Heiligen auch nur einigermaßen anständig zu reden, muß der höchste Preis bezahlt werden, denn das Kreuz aller Heiligenschilderung besteht doch darin, daß sie ein Feuer nachbilden will, das jetzt nur noch unter einem Häuflein Asche verborgen glüht und im Leser zur hellen Flamme entfacht werden soll. Nicht nur versteht die Welt in ihrer Blindheit von den Heiligen nichts, selbst die Christenheit brachte manchmal das nötige Verständnis für sie nicht auf. Ich kann das Wort aus dem «Tagebuch des Landpfarrers» nicht vergessen: «Nur zu oft sind die Heiligen für die Kirche eine Prüfung gewesen, ehe sie ihr zur Glorie wurden.»[4]

Was den Heiligen zu einem Heiligen macht, ist seine unmittelbare Gottesbeziehung. Das ist das Primäre. Die Heiligen sind Gott auf eine derart reale Weise begegnet, daß sie unser Fassungsvermögen übersteigen. Plötzlich hat sie eine Stimme angerufen oder eine Vision überfallen, so daß sie, ohne einer Selbsttäuschung zu erliegen, mit einer intuitiven Sicherheit spürten, daß der Ewige hinter ihnen stand. Sie wagten sich vor Furchtgefühl kaum zu bewegen, und doch war der Blitz Gottes durch sie hindurchgefahren, und sie waren fortan vom Allmächtigen gezeichnete Menschen. Solche Erlebnisse waren wirkliche Gotteserfahrungen, und ohne einen solch' erschrekkenden Einbruch von oben ist kein Heiliger ein Heiliger geworden. Für sie war Gott nicht eine bloße Idee, nicht das Objekt eines fragwürdigen Beweises, sondern eine übermächtige, erlebte Realität. Sie waren überzeugt: «auch unser Gott ist ein verzehrendes Feuer»[5]. Mit dieser realen Gottesbegegnung stehen wir unmittelbar vor dem tiefsten Mysterium der Heiligen, vor ihrer unerschöpflichen Quelle, aus der sie lebten. Das konkrete Verhalten dieser neuen Menschen bliebe unverständlich, glitte man über dieses geheimnisumwitterte Erleben unachtsam hinweg. Es gilt, gebannt auf dieses Ringen der Heiligen mit Gott zu schauen, damit wir fähig werden, die starken Bilder zu empfangen.

Um der unumstößlichen Gottesbeziehung willen ist der Heilige der wahre Mensch. Er ist weder eine Starfigur noch eine abnorm veranlagte Gestalt, wie die Tiefenpsychologie argwöhnt. Vielmehr widerspiegelt der Heilige die Gottebenbildlichkeit am reinsten, und deswegen ist er für uns der bedeutsamste Mensch, weil er bei aller Niedrigkeit das Abbild Gottes am anschaulichsten verkörpert. Immer wieder hört man die Frage: «Was ist der Mensch?» Die Gegenwart ist nicht imstande, darauf eine befriedigende Antwort zu geben, weil sie keine religiös begründete Anthropologie mehr kennt. Im Heiligen steht der wahre Mensch in leibhaftiger Form vor uns, in einer rätselvollen Mischung von Herrlichkeit und Elend, aber mit unüberbietbarer Eindrücklichkeit. Von ihnen als den großen Vorbildern wollen wir weder im stilisierenden Ton noch im Sinne einer geschmacklosen Enthüllungspsychologie sprechen, weil beide Redensarten die unerhört nüchterne Gottes-Atmosphäre verfehlen, in der allein der Heilige lebt und die unseren letzten Ernst erfordert.

Die Heiligen sind Menschen aus Fleisch und Blut, genau wie wir. Diese Aussage klingt ganz harmlos, ist aber, näher besehen, gar nicht selbstverständlich. Sie erweckt, wenn sie in Verbindung mit einem unerbittlichen Realismus und einer mystischen Schau konsequent durchgeführt wird, sofort einen Sturm der Entrüstung bei allen frommen Seelen, die Heiligenschilderung immer noch mit Erbaulichkeit verwechseln. Die Erkenntnis von dem Heiligen als dem Menschen von gleicher Art wie wir, schließt die Einsicht in sich, daß sie nicht als Heilige mit einem Glorienschein zur Welt gekommen sind, sondern heilig geworden sind nach einem langen Werdeprozeß, nach schweren inneren Kämpfen und Überwindungen. Fleisch und Blut sind eine harte, Seligkeit und Abgrund umfassende Wirklichkeit. Der Dornenstrauch, in dem der heilige Benedikt sich wälzte, um einer Versuchung Meister zu werden, ist alles andere als ein liebliches Bild. Man erhascht die Heiligkeit nicht in einem Griff, sondern man erlangt sie nur in einem unaufhörlichen Ringen, das jeden Tag neu beginnt. Sie ist auch nicht der Fehlerlosigkeit gleichzusetzen, die bei keinem Heiligen anzutreffen ist. Selten sind die Heiligen mit einem heiteren Lächeln in die Agonie eingegangen, denn nur zu oft haben sie den Tod in der äußersten Verlassenheit erlitten; hernach ist ihr Leichnam auf ganz gewöhnliche Weise verwest. Wir müssen all diese Vorgänge mit einem schonungslosen Realismus schildern, weder übertreibend noch unterbietend, weil dazu die Wahrheitsliebe verpflichtet. Nur die bedrängende Schreibweise bereitet dem bloß bewundernden Unfug ein radikales Ende, den wir so lange in Unverbindlichkeit mit den Heiligen getrieben haben. Dieser höhere Realismus führt uns Schritt für Schritt an die neue Heiligensicht heran, die uns eine kleine Ahnung vom Sturmwind Gottes vermittelt.

Vor allem sind die Heiligen Menschen mit einer Sendung. Das Wichtigste an den großen Heiligen ist ihr Auftrag – das ist die entscheidende Einsicht. Heilige sind nicht Menschen, die um ihrer selbst willen heilig sind und von uns nur wie ein seltenes Tier im zoologischen Garten angestaunt werden wollen. Vielmehr sind Heilige immer gesendete Menschen, Menschen, die in einer ganz bestimmten Weltstunde erscheinen und von Gott einen bedeutsamen Auftrag bekommen haben. Sie sind beauftragt, eine Botschaft zu überbringen; ihre Sendung wirkt wie eine Fortsetzung der Offenbarung. Die Sendung steht mit der Zeit in einem Zusammenhang. Die Zeit, in der wir leben, ist nicht mit Verachtung als bloße Welt geringzuschätzen, stehen wir doch als Christen immer in der abgründigen Geschichte und nie schon in der Ewigkeit. Die Heiligen leben in der Zeit und bezeugen, daß Gott etwas mit ihrer Zeit vor hat.

Trotz der Verbundenheit mit ihrer Zeit gehen die Heiligen nicht im alles verschlingenden Moloch des Zeitgeistes unter, sondern schreiten, während sie in der Zeit stehen, in das Zeitlose und sind, obschon sie in früheren Jahrhunderten gelebt haben, auch noch zu uns gesendet. Jedem Heiligen hat Gott ein besonderes Wort mitgeteilt, das die Christen aller Zeiten angeht. Wie antworten wir als heutige Menschen auf die Sendung der Heiligen? Gehen wir an ihrem Auftrag gedankenlos und gleichgültig vorüber oder trifft er uns bis ins Innerste? Auf jeden Fall ist die Stunde der Heiligen immer im Kommen, schließt sie doch Vergangenheit, Gegenwart und Zukunft in sich; darin besteht ihre unaktuelle Aktualität.
Es ist eine Eigentümlichkeit der Heiligen, nie getan zu haben, was die Vernunft von ihnen erwartet hat. Der gesunde Menschenverstand ist ein vielgepriesener Maßstab, der besonders dem Bürger der Wohlfahrtsgesellschaft entspricht. Dabei übersieht die kluge Vernunft ganz, daß die Rechnung des Lebens nie glatt aufgeht und immer ein unaufhebbarer Rest bleibt, auf den es gerade ankommt. Die Heiligen haben nie gerechnet; deswegen wurden sie von den biederen Leuten mit ihrem Haushaltungsbuch auch nie begriffen. Don Bosco kümmerte sich nie um den rechnenden Verstand, sondern tat einfach das, was gerade getan werden mußte, auch wenn die notwendigen Mittel nicht zur Verfügung standen oder sie erst in allerletzter Minute eintrafen. Sagen wir es ganz pointiert: Bei den Heiligen wird die Logik verabschiedet, auf die unser Denken so stolz ist. Darin gleichen sie den Dichtern, die auch nicht aus der Logik, sondern aus der Intuition schaffen. Das Nein zur Logik ruft nicht der Konfusion, sondern nimmt den Verstand gefangen in den Gehorsam Christi.[6] Wohin wurden

sie geführt, wenn sie auf das logische Denken verzichteten? In das Dunkel Gottes hinein, vor dem wir zurückbeben. Die Heiligen aber haben alles zerbrochen und haben dabei Gottes sanftes Erbarmen erfahren. Sie haben den Mut aufgebracht, sich kopfüber ins göttliche Abenteuer zu stürzen. Die Absage an den Verstand verleiht den Heiligen den Anschein, als ob sie Narren geworden wären. Nie haben die Durchschnittschristen die Narrheit um Christi willen verstanden. Die Heiligen dagegen haben aus ihr gelebt; dies unterscheidet sie von den allzugescheiten Theologen. Statt dem Wissen nachzueifern, erhielten sie wirkliche Erleuchtungen, dank denen sie die Dinge viel hellsichtiger erfaßten, als es die Klüglinge je vermocht haben. Die tiefen Einsichten der Heiligen sind um so erstaunlicher, als sie oft nur eine notdürftige Schulbildung genossen haben und intellektuell gar nicht sonderlich begabt waren. Das ist gerade ein Zeichen dafür, daß man die Heiligen nicht aus natürlichen Ursachen ableiten kann; diese Bemühung versagt bei ihnen, weil sie in einer anderen, unsichtbaren Wirklichkeit gegründet sind. Wer vor dem Übernatürlichen Angst, oder für das Unbegreifliche nur ein geringschätziges Achselzucken übrig hat, wird die Heiligen kaum verstehen; ihr Leben bleibt ihm ein mit sieben Siegeln verschlossenes Buch. Man muß schon über den eigenen Schatten springen, wenn man die Heiligen sehen und sie in ihrer Fremdartigkeit verstehen will.

Lange Zeit wurde das Hauptgewicht auf das Tugendleben der Heiligen gelegt; stets versuchte man nachzuweisen, daß der Heilige alle Tugenden besitze, was zu einer gekünstelten Schilderung führte. Nun ist das Wort «Tugend» in seiner ursprünglichen Bedeutung nicht abzulehnen, namentlich wenn mit ihr noch die über die gewöhnliche Leistung hinausragende heroische Bemühung verbunden wird. Trotzdem hat man heutzutage mit dem Wort «heroische Tugendausübung» sparsam umzugehen, weil es verbraucht ist und das moralistische Mißverständnis noch unterstreicht. Im Grunde haben die Heiligen vorwiegend zwei innere Leistungen hervorgebracht, mit denen sie uns bei weitem übertreffen.

Einmal besaßen sie einen unerschütterlichen Glauben. Unter Glauben haben sie nicht das bloße Hersagen von einigen auswendig gelernten Sätzen verstanden. Der Glaube hat wenig mit der bloßen Zustimmung zu tun, ist er doch vielmehr inmitten des Lebens ein unverwandtes Blicken auf Gott. Der Glaube stützt sich ganz auf den Ewigen, wohl wissend, daß er ohne die Hilfe des Allmächtigen nichts vermag. Die Heiligen haben geglaubt; sie verlangten nicht Beweise. Sie glaubten einfach, glaubten allem gegenteiligen Augenschein zum Trotz; ihr Glaube war ein schlichtes, aber ungemein lebendiges und zuversichtliches Vertrauen zu Gott. Was Glaube wirklich ist, lernt man bei den Heiligen, denn bei ihnen ist er noch in einer beinahe wilden Urform vorhanden. Jedenfalls sind sie weit entfernt von jedem gezähmten Gewohnheitschristentum. Es ist tatsächlich ein mächtig Ding um einen lebendigen Glauben, wobei der Glaubende nur an einem dünnen Faden hängt, der nie zerreißt. Es gehört zu unseren wichtigsten Aufgaben, sich um den Glauben der Heiligen flehend zu bemühen – dies ist unendlich wichtiger als die ganze hektische Betriebsamkeit, mit der die Christen gegenwärtig ihren Leerlauf zudecken wollen.

Zum andern haben die Heiligen mit dem Glauben zugleich die Liebe verbunden. Sie liebten Christus, liebten ihn mit einem brennenden Herzen und vergaßen darüber alles in der Welt, auch sich selbst. Nie begnügten sie sich damit, nur von der Liebe zu reden. Diese göttliche Liebe veranlaßte Franziskus, die Wunden eines Aussätzigen zärtlich zu küssen, ohne die geringste Furcht vor Ansteckung zu empfinden. Die Liebe hat ihre eigene Ordnung; nicht wir machen sie, sondern sie trägt uns, und wer an Christus teilhaben will, darf sich nicht außerhalb ihres Bereiches stellen. Im Grunde läßt sich gar nicht adäquat von der Liebe reden; sie liegt jenseits aller Worte, und ihre Sprache ist, wie die Mystik, aus Sätzen zusammengesetzt, über die wir nicht verfügen. Sie erschließt sich höchstens in der Liebe selbst.

Man wirft den Heiligen gerne vor, sie hätten einer Weltflucht gehuldigt, während der heutige Christ in die Welt hineingehen und sich mit ihr konfrontieren will. Diese Parole gehört in das Arsenal der Schlagworte, mit denen man heute den Problemen ausweicht. Es gibt nichts Schwereres, als in die Welt hineinzugehen und von ihr nicht aufgeschluckt zu werden, sondern inmitten des verwirrenden Getriebes das Gebet, die Kontemplation, die Stille aufrechtzuerhalten. Die Welt in ihrem schillernden Farbenspektrum richtig zu sehen, ist wohl nur dem möglich, der in einem gewissen Abstand von ihr steht und sie von oben betrachtet. Er wird sie in ihrem golddurchwirkten Glanz und in ihrem grauenhaften Elend erfassen. Gerade das haben die Heiligen getan, und um dieser Haltung willen konnte Thornton Wilder auf die Frage: «Gibt es Menschen, die das Leben ergründen, während sie es leben?» antworten: «Vielleicht die Heiligen ein wenig.» Wie vorsichtig ist das ausgedrückt, aber diese Vorsicht ist durchaus am Platze. Auch die Heiligen haben den Weltplan nicht durchschaut – das vermag Gott allein –, aber sie haben als Menschen, die mitten im Leben standen und doch nicht von den Wellen überspült wurden, geahnt, wie es um Anfang und Ende der Welt bestellt ist. Sie haben die Erde heimlich geliebt, so sehr, wie man es fast nicht sagen darf, und haben dabei doch gewußt, daß sie für etwas Besseres aufbewahrt werden. Trägt man diese verschwiegene Jenseitsgewißheit nicht in sich, so kann man vom Leben nur betrogen werden. Sie haben mit dem Leben nicht vergnügungssüchtig gespielt, sondern haben um das Dasein gewußt und erkannt, daß alles seine Zeit hat: geboren werden und sterben, weinen und lachen, klagen und tanzen, lieben und hassen. Ganz zuletzt aber kann man nur sagen: «Alles, was da ist, das ist ferne und ist sehr tief; wer will es ergründen?» [7] Vor allem haben die Heiligen das Leben als ein unausdeutbares, oft geradezu quälendes Rätsel empfunden, das Komödie und Tragödie in sich schließt. Keine sozial veränderte Gesellschaftsordnung vermag Freude oder Schmerz aus der Welt zu schaffen. Wirklich, die Heiligen haben das schäumende Leben ein wenig durchschaut, weil sie es immer wieder vom andern Ufer aus betrachteten. Diese vertikale Sicht ist aller bloßen Flächenbetrachtung weit überlegen. Aus dem angedeuteten Versuch, die Heiligen anders zu sehen, sind nun einige Folgerungen zu ziehen, denn ohne die Konsequenzen aus einer Erkenntnis zu überdenken, bleibt jede Einsicht wertlos.

Zunächst fragen wir: Was wäre die Christenheit ohne die Heiligen? Bestünde die Welt noch? Darauf hat ein tiefer Christ mit grimmigem Humor geantwortet: «Sie wäre ein riesiger Trümmerhaufen von umgeworfenen Lokomotiven, verbrannten Eisenbahnwagen, gewundenen Schienen und verworrenem Eisenzeug, das unter dem Regen verrostet.»[8] Das ist drastisch ausgedrückt, aber ein getreues Bild der Kirchengeschichte, die ohne die Heiligen ein «Mischmasch von Irrtum und Gewalt» ist. Wir können diese trübsinnige Ansicht ein wenig ermessen, wenn wir über die heutige Situation nachdenken, in der die Heiligen in den Hintergrund gedrängt werden und sich die Christen mit allerlei Schnickschnack abgeben. Wie groß ist doch die Ratlosigkeit und Verwirrung innerhalb der Christenheit! Gegenwärtig werden im Raum der Kirche konfuse und willkürliche Ideen vertreten, und wenige Menschen sind es, die noch ein klares Urteil und die Gabe der Unterscheidung der Geister haben. Jeder glaubt und tut, was er will, auf jeden Fall will er modern sein und merkt dabei nicht, daß er zum Anpasser wird und mit der Zeitströmung schwimmt. Ernsthaft betrachtet, bedürfen wir in erster Linie der Hilfe, der Wegleitung, der Unterstützung. Die Heiligen sind das Salz der Christenheit und das Licht der Welt. Sie rükken all das im Nu wieder zurecht, was sich in den letzten Jahren so unheilvoll verschoben hat; sie schaffen Klarheit, Ordnung und neues Leben und tun es auf eine leise, lautlose Art. Aber sie treten uns nur wie die Engel helfend zur Seite, wenn wir uns ganz klar werden, daß eine Christenheit ohne Heilige einer Christenheit aus Pappe gleicht. Wir brauchen Richtbilder, wir benötigen sie so unumgänglich wie das tägliche Brot, weil wir nur mit ihnen die schwere Geistesschlacht der Gegenwart gewinnen können.

Ferner sind wir überzeugt davon: «Die Kirche hat nicht Reformatoren, sondern Heilige nötig.»[9] Es wird heute vielfach von einer zweiten Reformation gesprochen, womit die katholische Kirche nach dem Konzil gemeint ist. Das aber ist eine schummerige Rede von Männern, die die echten Probleme der gegenwärtigen Christenheit gar nicht sehen. Die Reformation des 16. Jahrhunderts führte bedauerlicherweise zur Spaltung der Christenheit, aber immerhin ging sie aus einer neuen Entdeckung des göttlichen Wortes hervor, von dem sie geprägt wurde. Ein solch entscheidendes Wort-Erlebnis fehlt der modernen Bibelexegese völlig, denn sie zerfasert mit ihrer rationalistischen Methode die Heilige Schrift und nimmt ihr den Glanz. Deswegen haben wir es heute gar nicht mit einer Reformation, sondern nur mit einigen Reformen zu tun. Nun waren gewisse Änderungen in der Kirche notwendig, man denke nur an die Mischehen-Praxis, die aus seelsorgerlichen Gründen einer Neuregelung dringend bedurfte. Doch geht man in die falsche Richtung, wenn man auf die Reformen große Hoffnungen setzt. Die Christenheit bedarf vor allem einer inneren Erneuerung, was sie nur erreicht, wenn sie aus den ursprünglichen Quellen schöpft. Die Heiligen vermögen diesen Genesungsprozeß einzuleiten, denn sie kümmern sich um keine modischen Slogans und verpuffen sich nicht in allerlei Experimenten. Sie beweisen mit ihrem Lebensinhalt, daß man die Kirche im wahren Sinne des Wortes nicht reformiert durch bequeme Erleichterungen und Abwerfung von Lasten, sondern allein durch einen neuen Ernst, durch Leiden und durch Opfer, wie dies die große Theresia von Avila vorgelebt hat. Darum gehören neben der Schrift und den Sakramenten vor allem die Heiligen zum Fundament der Kirche. Sie vermögen der kranken Christenheit den neuen Heroismus zu vermitteln, dessen wir bedürfen, wenn wir nicht in unserer Stagnation elendiglich zugrunde gehen wollen.

Schließlich denken viele Christen in unserer Zeit: Was man

von den Heiligen erzählt, ist recht und gut, aber es gibt doch gar keine Heilige mehr. Heute geben Politiker und Technokraten, Filmstars und Spitzensportler den Ausschlag, für Heilige aber ist kein Platz mehr übrig. Sie gehören der Vergangenheit an. Im Mittelalter wimmelte es von Heiligen, aber in unserem aufgeklärten, naturwissenschaftlich eingestellten Zeitalter sind sie überholte Gestalten. Ist dieser Einwand bedeutsam oder ist er eine plumpe Ausrede, die nicht einmal so neu ist, wie sie sich gebärdet? Die Mutter der heiligen Katharina von Siena sagte zu ihrer Tochter, als sich diese im väterlichen Färberhaus eine Zelle der Einsamkeit einrichtete: «Es gibt heutzutage keine Heiligen mehr!» Vor mehr als sechshundert Jahren glaubte man schon, mit hohlen Behauptungen das nach Heiligkeit strebende Ziel aufgeben zu können. Wer will sich anmaßen, darüber zu entscheiden, daß es heute keine Heiligen mehr gibt? War denn Pater Maximilian Kolbe kein Heiliger, er, der sich im Hungerbunker für einen anderen Menschen opferte? Waren die Märtyrer, die von den Schergen des Dritten Reiches umgebracht wurden, keine Heiligen? Ist Mutter Teresa, die in den Straßen von Indien die Sterbenden zusammenliest, keine Heilige? Nach meiner Meinung ist der Heilige eine zeitlose Erscheinung; es gab ihn früher, es gibt ihn heute und auch morgen wird er da sein, weil er den Arzt am Krankenbett der Zeit verkörpert. Immer ist er da, mögen wir nun seine Anwesenheit bemerken oder nicht, das ändert nichts an seiner unsichtbaren Gegenwart. Der Heilige unserer Zeit ist nicht so, wie wir ihn wünschen oder uns vorstellen, sondern wie wir ihn nötig haben und brauchen. Er ist unsere Hoffnung und unser Ansporn. Es ist krasser Unglaube, die Existenz der Heiligen in der heutigen Zeit zu verneinen. Sie

sind unsichtbar unter uns, oft in verhüllter Gestalt, aber anwesend sind sie, und wir spüren ihre heilenden Kräfte, deren die Christenheit beständig bedarf.
Es genügt nicht, an die verborgenen Heiligen in der heutigen Zeit zu glauben, sondern wir müssen noch einen letzten Schritt tun und sagen: «Dazu sind auch wir berufen!» Heiligkeit ist kein Luxusartikel für einige auserwählte Seelen, vielmehr eine christliche, an alle gerichtete Forderung. Unmißverständlich schreibt der Apostel: «Das ist der Wille Gottes, eure Heiligung.» [10] Der Befehl Gottes ist verpflichtend und auf das Bestimmteste ausgesprochen. Es ist uns nicht gestattet zu sagen: «Ja, das ist nichts für mich, ich bin ganz anders veranlagt, und ich interessiere mich vorwiegend für moderne Fragen.» Wie der Mensch geartet ist, hat gegenüber der Forderung Gottes nichts zu bedeuten. Die Willenskundgebung Gottes ist unerbittlich, mögen wir uns nun drehen und wenden wie wir wollen. Nicht in der Erfolglosigkeit, nicht in unserer gescheiterten Berufslaufbahn, nicht einmal in der Glücklosigkeit unserer Ehen, sondern im unaufhaltsamen Absinken in die dumpfe Gleichgültigkeit besteht die trostlose Tragödie unseres Lebens. Fast unsere ganze Lebenszeit verwenden wir dazu, das Beste, was wir in uns haben, abzuwürgen und den Glauben in den Boden zu stampfen. Wegen dieses unverantwortlichen Tuns trifft uns das Wort des visionären Dichters Julien Green wie ein glühender Pfeil mitten ins Herz: «Mindestens dreißig Jahre wenden wir daran, den Heiligen zu töten, der in uns ins Dasein drängt.» [11]
Statt der klaren Willenskundgebung Gottes «ich bin heilig und ihr sollt auch heilig sein» nachzueifern, weichen wir ins Unverbindliche aus. Wir müssen uns jedoch positiv einstel-

len, denn allein im Absoluten liegt die Rettung für unsere Generation; weder Relativismus noch Pluralismus helfen uns. Prüfen wir unser Gewissen: Wo kämen wir hin, wenn wir die Heiligen nachahmen wollten? Geriete nicht alles ins Wanken? Ja, Blitz und Donner, was würde geschehen? Das größte seelische Erdbeben würde sich ereignen, die ganze verharzte Christenheit geriete wieder in Bewegung, die engen Wände unserer Herzensträgheit würden mit lautem Krach auseinanderbersten. Wie in der Apostelgeschichte würde es wieder heißen: «Die Männer, die den ganzen Weltkreis erregen, sind hieher gekommen.» [12] Erneut würde in der Christenheit wieder jenes Feuer zu lodern anfangen, von dem Christus sagte, daß er gekommen sei, es auf Erden anzuzünden, und dann voller Sehnsucht hinzufügte: «Was wollte ich lieber, denn es brennete schon!» [13]

# Im Gespräch mit der Jugend

Wer vor einer Generation über das Thema «Der Heilige und die Jugend» sprach, stellte gewöhnlich den jungen Leuten den heiligen Aloysius (1558–1591) vor. Der engelgleiche Jüngling, in schiefer Kopfhaltung und mit einer weißen Lilie in der Hand, galt als das erstrebenswerte Vorbild schlechthin. Zudem unterstrich man das Keuschheitsempfinden des jungen Aloysius stark und behauptete, er sei gegenüber den Frauen dermaßen vorsichtig gewesen, daß er nicht einmal der eigenen Mutter ins Angesicht geschaut und sich nicht mit ihr allein im gleichen Zimmer aufgehalten habe. Ein solches Zerrbild braucht nicht aufgefrischt zu werden, weil man es aus der eigenen Jugend zu genau kennt.

Die eine Bemerkung muß hinzugefügt werden: Auf diesem Weg geht es nicht nur heute nicht; er war auch früher mehr als fragwürdig. Schon damals glotzten die naiven Schüler stupid das verkrampfte Leitbild an, während die gescheiteren unter ihnen sich über die weiße Lilie lustig machten. Die jungen Menschen empfanden den bleichen Aloysius mit seiner steifen Halskrause als einen verklemmten Heiligen. In der Tat hat das angedeutete Verhältnis zur Mutter mit echter Keuschheit nichts zu tun, ragt doch die Heiligkeit ins Übernatürliche hinauf, was mit Unnatürlichkeit nichts zu tun hat. Die verschrobene Einstellung entspricht auch nicht dem wirklichen Aloysius, weil er aus einer moralisch angeschlagenen Familie stammte und sich zu einem neuen Lebensweg hindurcharbeiten mußte. Seine Briefe an die leidgeprüfte Mutter sprechen von einer ganz anderen Persönlichkeit. Die übliche Aloysius-Literatur weist zahlreiche Verzeichnungen auf, Irrtümer, die viele Heilige im Laufe der Zeit über sich ergehen lassen mußten. Man mag sich daher fragen und sich im Gewissen prüfen, ob sich die früheren Erzieher nicht in guter Absicht versündigt haben, als sie den im strengen Hofzeremoniell erzogenen Aloysius zurechtbogen. Sie haben dabei wohl gar nicht geahnt, daß sie dadurch für viele Jugendliche die Heiligen zu einem blutleeren Schreckgespenst gemacht haben. Wir müssen heute für diese fromme Lüge einen hohen Preis bezahlen, da es nicht leicht sein wird, auf diesem Gebiet das verlorengegangene Vertrauen der Jugend zurückzugewinnen.

Gleich zu Beginn haben wir festgestellt: So geht es nicht mehr. Wir sagten dies nicht aus einer bloß widerwillig gemachten Konzession an die heutige Jugend heraus, sondern sind tief überzeugt von der Unrichtigkeit des früheren Vorgehens. Wir wissen um das Suchen der Jugend, wir kennen auch den nicht in Worte zu fassenden Schmerz des jungen Menschen, wenn er in seiner Ratlosigkeit allein gelassen und ihm das große Richtbild, an dem sich seine Seele begeistern könnte, vorenthalten wird. Die Zwiespältigkeit der Jugend ist quälend, doch fühlt sie intuitiv, daß das christliche Leben ein kühnes Wagnis und kein erbaulicher Trick ist.

Der neue Weg zu einer wirklichen Begegnung zwischen den Heiligen und der Jugend führt über das Gespräch. Nicht länger soll der eine Teil reden und der andere nur zuhören, weil nur die offene Aussprache die Vorurteile beseitigt und wieder eine lebendige Beziehung zu den Heiligen schafft.

Schon das kleine Kind begegnet einem Heiligen, doch wäre es unrichtig, zu glauben, er sei der eigene Namenspatron, da viele Menschen von ihm nie Näheres erfahren. Im Leben des Kindes spielt der heilige Nikolaus eine Rolle. Die altchristliche Bischofsgestalt von Myra ist der Lieblingsheilige der Ostkirche und der Schutzherr der Kinder. Die «Legenda aurea» weiß über den dem vierten Jahrhundert angehörenden wundertätigen Nikolaus einiges zu berichten.

Die Legende hat sich schon früh mit Nikolaus beschäftigt, wodurch seine Persönlichkeit eine gewisse Wandlung erfahren hat. Karl Meisen ist in seinem monumentalen Werk «Nikolauskult und Nikolausbrauch im Abendland» diesem Prozeß in all seinen Verzweigungen nachgegangen. Die Legenden um Nikolaus sind zum Teil überaus schön, weshalb ich es mir nicht versagen kann, eine im alten Rußland weitverbreitete zu erwähnen. Darnach sprachen Sankt Nikolaus und Sankt Cassian zu Gott: «‹Herr, laß uns einmal auf die Erde gehen, damit wir sehen, wie die Christen dir dienen.› – ‹Eilt hinab›, sagte Gott, ‹besucht die Menschen auf der russischen Erde und bringt mir Bericht über ihr Treiben.›

Sankt Nikolaus und Sankt Cassian stiegen hinab. Vor ihnen lag die weite, russische Erde. Das milde Frühlingswehen, das über Nacht gekommen war, hatte den Schnee verjagt und die Erde zum Pflügen bereitet. Da quälte sich ein Bauer, den Pflug durch die schmutzige Erde zu fahren. Die Pferde wollten nicht wie der Bauer, und der Bauer nicht wie die Pferde. Kaum sieht Sankt Nikolaus den Bauersmann in seiner Not und Mühe, da steht er schon an seiner Seite und ruft: ‹Geh zu deinen Pferden! Ich werde den Pflug führen.› Der Bauer, wie im Traume, gehorchte. Wie geht das jetzt flott und munter, ohne Flüche

und ohne Schläge. Furche legt sich an Furche. Da bleibt plötzlich beim Wenden des Pfluges das lange Himmelsgewand von Nikolaus an der scharfen Pflugschar hängen und reißt entzwei. Die Mantelsäume schleifen durch den schmutzigen Akkerboden, der Schmutz spritzt am Gewande empor. Nikolaus ist so eifrig bei der Arbeit, daß er gar nicht darauf achtet. Er gibt keine Ruhe, bis das ganze Feld umgepflügt ist. Der Bauer ist überglücklich. Die neugierigen Nachbarn kommen hinzu und staunen. Aber wie groß wird ihre freudige Überraschung, als Sankt Nikolaus, ganz verlegen mit den Händen sein zerrissenes Kleid haltend, zu den Leuten spricht: ‹Ich bin Sankt Nikolaus, der Patron der russischen Erde. Als ich die Not und Sorge dieses Mannes sah, da mußte mein gütiges Herz helfen. Schreitet die Güte wie ein Engel durch eure Häuser und über eure Äcker, dann geht alles besser und schneller. Also, helft euch untereinander.›
So hell und lieblich wie ein Silberglöcklein klang die Stimme von Sankt Nikolaus, und das Lied der Güte gleich Nachtigallenschlag in milder Frühlingsnacht verwunderte ihre Herzen. Sie fielen auf die Knie und riefen, ‹Sankt Nikolaus, bleibe bei uns!› – ‹Seid gütig›, antwortete der Heilige, ‹und ich bin immer bei euch.›
Eilends gingen Sankt Nikolaus und Sankt Cassian weiter. Mit großem Unwillen schaute Sankt Cassian auf das zerrissene und beschmutzte Kleid des heiligen Nikolaus. Empört rief er aus: ‹Ich schäme mich, mit dir zusammen zu gehen. Du siehst aus wie ein Vagabund! Strafe erwartet dich vor Gottes Thron. Du verwöhnst die Menschen. Man wird überall von dir erzählen, und schließlich kommt noch die Polizei.› Nikolaus seufzte tief und schwieg.

Da standen sie vor Gottes Thron. Alle Engel und Heiligen staunten über das zerrissene und beschmutzte Kleid von Nikolaus und wunderten sich, wie er es wagen konnte, so vor Gott den Herrn hinzutreten.
‹Herr›, rief unwillig und anklagend Cassian, ‹mit diesem Bruder Nikolaus gehe ich nicht mehr auf die Erde. Schau, wie sein Gewand aussieht. Allen will er helfen und achtet nicht auf sein strahlendes Himmelsgewand, das er doch von dir empfangen.›
‹Komm näher›, sprach Gott zu Sankt Nikolaus, ‹damit wir alle dich so recht ansehen können.› Da stand nun Nikolaus mitten im Himmel und senkte demütig sein Haupt. ‹Erzähle mir, wie es gekommen›, fuhr der Herrgott fort. ‹Als ich den Bauer in seiner Not sah›, hub Nikolaus an, ‹da sprang ich hin, um ihm zu helfen und achtete nicht auf den Glanz meines Gewandes.›
Lange ruhte der Blick der ewigen Güte auf Sankt Nikolaus. Dann sprach Gott: ‹Mein treuer Diener Nikolaus, du hast wohl getan. Deine Tat soll Vorbild sein und bleiben für das Christenvolk auf russischer Erde. Nicht nur soll deine Ikone im Festkleid, im Kerzenglanz und umwölkt von Weihrauchduft auf heiligen Altären stehen, sondern sie soll immer in den Herzen deiner russischen Brüder leben, damit sie einander in ihrer Not helfen. Zur ewigen Mahnung wirst du im Heiligen Rußland für immer zwei Festtage haben, im Dezember und im Mai. Du aber, Cassian, weil du den Glanz deines Himmelsgewandes höher geschätzt hast als die helfende Güte deines Bruders Nikolaus, wirst nur alle vier Jahre, am 29. Februar, einen Festtag haben.›
Und der Himmel staunte und erkannte, daß helfende Güte höher steht bei Gott und seiner Boten wahrer Schmuck ist.» [1]

Nun, in dieser Legende ist nicht von der Jugend die Rede, aber ich zweifle nicht daran, daß sie den Sinn dieser Legende im ersten Augenblick versteht, sich von ihr unmittelbar angesprochen fühlt und die verständnislose Frage nach der Historizität gar nicht stellt. Jungen und alten Menschen werden diese religiös kraftvollen Legenden leider vorenthalten, obwohl sie anschaulich geschrieben und daher allen abstrakten Abhandlungen überlegen sind. Die Legende ist die der christlichen Verkündigung entsprechende Form. Sie birgt einen köstlichen Schatz, den preiszugeben einer Verarmung der Christenheit gleichkäme. Die Jugend ist gewiß mit Nikolaus der Meinung, man dürfe den Schmutz der Sünde nicht fürchten, wenn es gilt, einem Menschen in seiner leiblichen oder seelischen Not zu helfen.

Auf jeden Fall ist die Gestalt des Nikolaus im Osten und im Westen lebendig geblieben. Er zählt zu den Vierzehn Nothelfern, und bis zum heutigen Tag verehrt ihn das Volk als Kinderbeglücker. Bedauerlicherweise gibt es noch keine neuere, würdige Darstellung dieses Heiligen. Im Abendland haben sich viele Nikolaus-Bräuche erhalten, von denen hier nur einer erwähnt werden soll: Bis in die Gegenwart wandert Sankt Nikolaus am sechsten Dezember durch die Ortschaften. Oft angetan mit einem roten Mantel, geht er in die Häuser und sucht die Kinder auf. Unwillkürlich steigt eine wehmütige Erinnerung an die verlorene Kindheit auf, und man mag sich fragen, was es für eine Bewandtnis mit ihr hatte. Noch immer fragt Sankt Nikolaus die Kinder, ob sie brav gewesen seien und den Eltern gehorcht hätten, und je nach Veranlagung antworten die Kleinen furchtsam mit Ja oder Nein. Es ist eine Rede und Gegenrede. Das damit verbundene Angstgefühl ist nicht wünschenswert, jedoch vom Leben nicht abzulösen. Gewitzigte Kinder blicken manchmal mißtrauisch und neugierig die verkleidete Gestalt an und versuchen zu erraten, wer sich dahinter verstecke. Wenn die Rede auch oft primitiv und unvollkommen ist, so gleicht sie doch einem ersten Gespräch zwischen den Heiligen und den Kindern. Sankt Nikolaus legt je nach dem Verhalten der Kinder eine Rute auf den Tisch oder läßt aus seinem Sack Äpfel, Nüsse und Mandarinen auf den Boden rollen.

Selbstverständlich fallen diese Gespräche unter die Rubrik der alten Volksbräuche, die sich durch die Jahrhunderte hindurch erhalten haben. Es liegt mir ferne, sie höher zu bewerten. Es gibt jedoch Zeiten, und die heutige gehört zu ihnen, in denen man gewisse Dinge wieder ganz einfach sagen muß, damit sie auch verstanden werden. Im Gespräch des Sankt Nikolaus mit den Kindern ist keine komplizierte Psychologie enthalten, im Gegenteil, er wendet eine überaus schlichte Pädagogik an. Ist sie falsch? Trotz ihrer Einfachheit scheint sie mir der modernen Erziehungslehre überlegen zu sein, weil diese in ihrer Experimentiersucht vor lauter Bäumen den Wald nicht mehr sieht. Sankt Nikolaus weiß in seinem pädagogischen Verhalten noch um die Richtlinien, da seine Worte und Taten ewig gültige Normen enthalten. Die Rute deutet die Zucht an – nicht zu verwechseln mit einem Prügelsystem – und die Nüsse sind ein Symbol für die Güte. Nikolaus' naives Gespräch mit den Kindern umfaßt Liebe und Zucht, beide gehören zusammen. Die Jugend muß die Liebe spüren und auch den Adel einer neuen Zucht ahnen. Es ist wichtiger, sich der zeitlosen Erziehungswahrheiten zu erinnern, als kopflos hinter den jungen Menschen herzujagen und versuchen, ebenso modern zu sein wie sie. Man spürt aus Nikolaus' Gespräch die dauerhaften Richtlinien, die geeignet wären, den verschlungenen Knäuel im modernen Erziehungswesen zu entwirren. Dieses Durcheinander ist mitschuldig am Fiasko der Methoden, das heute Erwachsene und Jugendliche unglücklich macht.

Wer bei dem Thema «Die Heiligen im Gespräch mit der Jugend» von den Kindern zu den Jugendlichen weiterschreitet, gelangt zu Bruder Klaus (1417–1487). Obwohl die Zelle im Ranft die ehrwürdigste Stätte der Schweiz ist, redet man gegenwärtig weniger von Bruder Klaus als früher, weil auch die heutigen Eidgenossen dem Amerikanismus zustreben, ohne zu merken, in welcher Schlinge sie sich da verfangen. Bruder Klaus war eine charismatische Gestalt und ragte als solche weit über seine Zeitgenossen hinaus. Trotz seiner bäuerlichen Herkunft darf man ihn nicht rustikal verstehen. Die vielen detaillierten Berichte über den wild aussehenden Waldbruder lassen ihn in uns plastisch erstehen. Auf jeden Fall ist er nicht so steif, wie ihn die Bruder-Klausen-Ikonographie zeigt. Einer dieser Berichte stammt von einem unbekannten Jüngling aus Burgdorf, der von seinem Besuch im Ranft erzählt [2]. Des Heiligen Beziehung zur Jugend wird darin deutlich ausgeführt. Bruder Klaus wußte noch nichts von der theoretischen Pädagogik, lebte aber, bevor er in den Ranft ging, inmitten einer großen Kinderschar und gewann dadurch einen Blick für die Menschen. Nie sprach er große Worte zur Jugend, weil er wußte, daß sie diese instinktiv als hohles Pathos durchschauten. Wenn aber die jungen Menschen ihn aufsuchten, entzog er sich ihnen nicht. Er war für sie und alle übrigen Besucher da und schenkte ihnen in seiner nüchternen und klaren Art seine volle Aufmerksamkeit.

Der Jüngling ging zu Bruder Klaus in der Absicht, mit ihm über einige persönliche Fragen zu sprechen. Es ist der Jugend ureigenstes Anliegen zu fragen. Sie lebt von den Fragen, sie kann nicht genug fragen, und sollte sie keine brennenden Fragen mehr auf den Lippen haben, dann ist es um sie geschehen. Oft sind die Fragen mühsam, doch schadet dies nichts, denn es ist viel besser, unbequeme Fragen zu stellen, als gedankenlos die modernen Slogans nachzuplappern. Die Erwachsenen müssen auf die stürmischen Fragen ehrlich und mutig antworten. Wehe einer Generation, wenn sie dazu nicht fähig ist, sondern vorzeitig abwinkt und sich hinter einer Fassade verschanzt. Es wäre um das Gespräch geschehen, und die Verbindung zwischen den Generationen würde hoffnungslos unterbrechen.

Als der Burgdorfer Jüngling dem Einsiedler gegenüberstand, wagte er aus lauter Verwirrung kaum seine Fragen vorzubringen. Vielen jungen Menschen ist es ähnlich ergangen, wenn sie einem berühmten Manne gegenüberstanden. In solchen Augenblicken macht die Ehrfurcht den Menschen schüchtern, er wird verlegen, verhaspelt sich und bringt fast kein Wort mehr hervor. Der innerlich aufgeregte Burgdorfer Jüngling stammelte: «Ob es mir erlaubt sei, in dieser Gegend zu verbleiben, um Gott zu dienen, obgleich meine Eltern nichts davon wüßten und ich selber deshalb mit meinem Gewissen nicht im reinen bin.» Bruder Klaus antwortete ihm: «Wenn du Gott dienen willst, mußt du dich um niemanden kümmern. Wenn du aber hier bleiben wolltest, um gute Tage zu erleben, so bleibst du besser bei den Deinen zu deren Unterstützung.» Das war in aller Schlichtheit eine ungewöhnliche Antwort. Der Jüngling ging begreiflicherweise ganz befriedigt von dannen. Das kurze Gespräch enthielt eine bestimmte Frage und eine ebenso unmißverständliche Antwort. Der Rat des Heiligen, «wenn du Gott dienen willst, mußt du dich um niemanden kümmern», ist unbezahlbar, zeigt er doch dem Jüngling jene Unabhängigkeit, die weder nach rechts noch nach links schaut. Wenn ein Ladenschwengel sein Mädchen auf der Straße allzulange küßt, ist er deswegen noch nicht verdorben; heimlicherweise taten dies die Jünglinge auch in früheren Zeiten. Dagegen stellt man beunruhigt fest, daß die jungen Menschen von heute gar nicht mehr sich selbst zu sein wagen, sondern beinahe hoffnungslos dem Massentrend verfallen. Trägt in einer Schulklasse ein Mädchen ausgefranste Bluejeans, glauben die übrigen ebenfalls solche tragen zu müssen. Kommt ein junger Mann mit einem Bart daher, lassen seine Kollegen Bärte sprießen wie das Unkraut im Mai. Man will, man wagt, man getraut sich nicht anders zu sein als die andern und rechtfertigt sein schwächliches Mitläufertum mit den sich selbst täuschenden Worten: «Es gefällt mir eben auch.» Die nivellierende Gleichschaltungstendenz ist die eigentliche Viruskrankheit, die der Jugend das Rückgrat gebrochen hat. Ganz anders lautet die Antwort von Bruder Klaus: «Wenn du Gott dienen willst, mußt du dich um niemanden kümmern.» Dies sagt der scheinbar weltfremde Waldbruder nicht nur zum Burgdorfer Jüngling, sondern auch dem jungen Menschen von heute. «Um niemanden» – vor allem nicht um Pseudokameraden – man muß dem eigenen Gewissen verpflichtet bleiben und unter Umständen ganz allein den Weg gehen. Ängstliche Rücksichtnahme nach dieser oder jener Seite verträgt sich nicht mit dem radikalen und einsamen Dienst für Gottes Sache. Er verlangt eine Tapferkeit des Herzens und erheischt die Kraft, den schmalen Weg zu gehen. Ein Marschieren in Reih und Glied kennt er nicht. Ohne unerschrokkene Unbekümmertheit entsteht nichts Großes, ist es doch immer der Einzelne, der das Werk vollbringt, und nie die Masse. Doch weiß sich der einzelne junge Mensch stets in der Nähe eines Höheren.

Zu Hause angelangt, ärgerte sich der Burgdorfer Jüngling über sich selbst, weil er aus ehrfürchtiger Betroffenheit die andern Fragen gar nicht vorgebracht hatte. Er machte sich deswegen Vorwürfe, und nach einigen Tagen entschloß er sich, zum zweiten Male nach dem Ranft zu wandern. Zunächst traf er den Einsiedler nicht an, er ließ auf sich warten, doch als er endlich kam, streckte Bruder Klaus dem Jüngling die Hand entgegen und hieß ihn willkommen. Der Einsiedler dachte nicht: «Ach, der Schwerenöter ist schon wieder da», sondern war ohne weiteres zu einem neuen Gespräch mit dem jungen Manne bereit. Der Jüngling erinnerte ihn an die frühere Frage und begehrte nun von ihm zu wissen, in welchem Stande er am besten Gott dienen solle. Bei dieser Frage setzte sich Bruder Klaus auf einen Steinhaufen, und der Jüngling nahm Platz neben ihm. Die ungezwungene Haltung ist beachtenswert; offenbar wollte Bruder Klaus nicht zum voraus eine gehörige Distanz schaffen, durch die möglicherweise eine natürliche Unterhaltung gefährdet wird. Die beiden Menschen sprachen zuerst über die verschiedenen Orden, und dann fragte der Jüngling plötzlich: «Auf welche Weise soll der Christ das Leiden des Herrn betrachten?» Bruder Klaus schloß das Gespräch mit den Worten: «Denn Gott weiß es zu machen, daß dem Menschen eine Betrachtung so schmeckt, als ob er zum Tanze ginge, und umgekehrt weiß er ihn eine Betrachtung so empfinden zu lassen, als ob er im Kampfe streite.» Die Rede und Gegenrede endete nicht wie heutzutage mit einer Herausforderung der älteren Generation durch die Jugend – diesmal war es umgekehrt. Die Äußerung über den Tanz schockierte den Jüngling aus Burgdorf. Er hatte aus dem Munde des verehrten Einsiedlers niemals ein derart weltliches Wort erwartet. Bruder Klaus bemerkte die Befremdung des jungen Mannes und wiederholte deswegen mit Nachdruck den Satz: «Ja, als ob er zum Tanze ginge.» Er hatte damit durchaus recht, denn, sich wirklich ins göttliche Leben versenken, ist nicht das gleiche, wie einem sittsamen Jungfrauenverein beitreten, in dem es brav und langweilig zugeht. Wenn ein Mensch von der göttlichen Liebe ergriffen ist, wird er innerlich oft so stark herumgewirbelt wie bei einem Tanze, bei dem er nicht weiß, ob er nun steht oder fliegt; zugleich aber kämpft er oft einen so schweren Kampf, daß ihm dabei Hören und Sehen vergeht. Sich ernsthaft mit Gott einlassen, ist das kühnste Abenteuer, das ein Mensch unternehmen kann – dies gab Bruder Klaus dem Burgdorfer Jüngling zu bedenken.

Schließlich gestand der Jüngling stotternd weitere Unzulänglichkeiten, die ihm zu schaffen machten: seine Schwachheit, im Guten zu verharren, zu leicht von seinen Vorsätzen abzulassen und zu gerne zum Unerlaubten zurückzukehren. Er fürchtete, daß dadurch seine Verbindung mit Gott sich löse. Jetzt glich die Unterredung beinahe einer Beichte. Es war ein freiwilliges Beichtgespräch, in welchem die Seelenführung anstelle des bloßen Zuspruchs trat. Bruder Klaus machte dem bekennenden Jüngling nicht die Hölle heiß, noch hielt er ihm eine beschämende Strafpredigt, sondern antwortete ihm: «Du mußt rasch wieder aufstehen!» Nur nicht liegenbleiben und sich in nutzlosen Selbstanklagen ergehen! Entscheidend ist, sogleich den Kampf mit sich wieder aufzunehmen und sich ja nicht selbst aufzugeben. In der heutigen Zeit müßte man allerdings die Frage nach der erotischen Not noch etwas weiter ausführen, müßte die frühere Prüderie und auch den heutigen Freibrief ablehnen und einen Eros in der Ordnung preisen. Dabei gehen wir von Platos Wort aus, nach welchem der Eros ein Sohn von Reichtum und Armut ist, anders formuliert: Eros schließt sowohl Göttliches als Dämonisches in sich, zwei Möglichkeiten, die man offen der reiferen Jugend darlegen müßte.

Bruder Klaus redete keineswegs dem Jüngling nach dem Munde. Als dieser sich beiläufig etwas herausstrich, verwies ihm dies der Einsiedler mit den Worten: «Nichts Gutes sollst du von dir selbst rühmen.» Alle Prahlerei und Aufschneiderei schadet nur, verdeckt die eigene Hohlheit und vernebelt den klaren Blick genau so wie die unfruchtbaren Minderwertigkeitsgefühle. Eine nüchterne Selbsteinschätzung allein hilft dem Menschen, der sich selbst um so weniger zutraut, als er von Gott alles erwartet.

Zum Schluß bemerkt der Jüngling, daß dies das wenige sei aus vielem, was er aufgezeichnet und in seinem Gedächtnis behalten habe. Hätte er alles aufgeschrieben, würde dies ein ganzes Buch füllen. Der kurze Bericht aber genügt und gibt ein anschauliches Bild von Bruder Klausens Gespräch mit der Jugend. Es kamen nicht alle Probleme der jungen Menschen zur Sprache; außerdem sind viele Fragen von heute ganz anders gelagert als damals. Bruder Klaus aber beantwortete die aufgeworfenen Fragen mit eindeutiger Klarheit. Er war gegenüber der Jugend nicht reserviert, beantwortete freimütig deren Fragen und vermied es, die früheren Zeiten wahllos zu preisen. Die richtungweisende Antwort beeindruckte sichtlich den Jüngling. Der schweizerische Nationalheilige sprach mit dem Burgdorfer Jüngling im wesentlichen gar nicht anders als der russische Staretz Sossima mit Aljoscha: Beide erfüllten deren tiefste Sehnsucht.

Von einmaliger Aufgeschlossenheit war Don Boscos (1815–1888) Beziehung zur Jugend. Sein Name ist in aller Welt bekannt. Don Bosco war ein dermaßen unkonventioneller Heiliger, daß bei ihm die traditionelle Schablone gänzlich aus den Fugen geriet. Leider sind fast alle Biographien über ihn in einem biederen Ton geschrieben, so daß sie nichts von dem in ihm lodernden Feuer vermitteln. Der priesterliche Dichter Peter Dörfler schrieb unter dem Titel «Der Bubenkönig» eines der besten Bücher über Don Bosco. Natürlich ist diese Schilderung dichterisch gestaltet, weshalb die Gelehrten über die unwissenschaftliche Art den Kopf schütteln; dies besagt nichts anderes, als daß Dörflers Darstellung dem großen Sohn Italiens nahe gekommen ist. Wahrscheinlich hätte Don Bosco über die genannte Monographie schelmisch gelächelt. Dörfler unterschlägt keineswegs das Geheimnisvolle und Prophetische Don Boscos, das sich selbst in seinen Träumen kundtat. Fern von allem Klerikalismus ist Don Bosco ein echter Priester, ein Mensch von gewinnender Schlichtheit und ursprünglicher Kindlichkeit, bei dem der Seelsorger mit dem Erzieher ein tiefes Bündnis eingegangen ist.

Don Bosco ist in jeder Hinsicht ein ganz ungewöhnlicher Heiliger. Aus seinem strahlenden Gesicht mit den dunklen, glänzenden Augen sprechen Güte und Offenheit. Er verkörpert das sympathische Wesen des einfachen, italienischen Volkes mit seiner Freude an Spiel und Gesang, jenem Volke, dem eine warme Menschlichkeit eigen ist. Der junge Bosco mühte sich, als Seiltänzer auf schwankendem Seil zu gehen, probierte allerlei Taschenspielerkunststücke, Dinge, die nicht der Schablone eines heranwachsenden frommen Heiligen entsprechen. Er erweckt eher den Eindruck, als ob er ein Tausendsassa wäre, er, der in seiner Art ein unnachahmlicher Gaukler Gottes war.

Don Bosco hat die Jugendarbeit nicht gesucht; ohne sein Zutun ist er in sie hineingewachsen. An jenem Morgen, da der Küster einen frechen Bengel aus der Sakristei hinausjagte und Don Bosco ihn zurückholen ließ, kam er mit der Turiner Jugend in einen näheren Kontakt. Der einstige Hirtenjunge von Becchi war selbst in Armut aufgewachsen, hatte seinen Vater früh verloren, und gerade darum verstand er die verwilderten Pflasterbuben so gut. Seine freundschaftlichen Beziehungen zu ihnen verursachten den wohlmeinenden Kirchenchristen nachgerade eine Gänsehaut. Sogar seine Mitpriester glaubten, er sei verrückt. Zwei Geistliche bemühten sich, ihn unauffällig in eine Irrenanstalt zu überführen, ein Vorhaben, das Don Bosco auf köstliche Weise durchkreuzte und ins Gegenteil umkehrte, so daß die Kutsche mit den beiden Kollegen dort vorfuhr. Waren nicht viele Heilige in den Augen der gutsituierten Gesellschaft Narren, vor denen man die Mitmenschen glaubte schützen zu müssen? In Wirklichkeit lag Don Boscos Tätigkeit ein prophetischer Traum zugrunde, in dem er die Aufforderung erhielt, sich der Jugend anzunehmen, und zwar nach dem Befehl Gottes: «Fange sofort an.» Wenn jeder Heilige in seiner Sendung den Sinn und Zweck seines Lebens sieht, dann durfte Don Bosco sagen: «Ich bin für die Jugend gesandt.»

Es ist unmöglich, in Worten von der gewinnenden Art des italienischen Heiligen zu reden, von seiner starken, inneren Anteilnahme an den geringgeachteten Pflasterbuben, von seiner Treue und seiner Liebe zu ihnen. Er besaß eine rätselvolle Macht über die Jugend, gerade weil er ihr gegenüber auf jede Macht verzichtete. Man denke nur an seinen mit dreihundert jugendlichen Strafgefangenen unternommenen Ausflug, den er alleine führte und bei dem es ihm gelang, die Schar auch wieder zurückzuführen, ohne daß sich einer aus dem Staube gemacht hätte. Doch hüte man sich, Don Boscos Tun zu idealisieren. Er arbeitete mit einer schmutzigen, manierlosen Jugend, die in jenen Jahren vom Land in die Stadt strömte, um dort ein notdürftiges Auskommen zu finden und dabei in eine seelisch gefährdete Situation geriet. Don Bosco verstand es, mit jener Jugend, die sich von der Kirche distanzierte, den Kontakt aufzunehmen. Selbst die schlimmsten Schlingel wußte er für sich und seine Sache zu gewinnen. Schon damals war er mit seinen Einsichten den Zeitgenossen weit voraus: «Wenn ich den jungen Menschen eine Freude bereite, so sind sie auch darauf bedacht, mir eine Freude zu machen!»
Gewiß war es Don Bosco wichtig, daß diese Jünglinge wegen ihrer schweren Arbeit auch richtige Mahlzeiten bekamen. Kurz entschlossen band er sich eine Schürze um seine schwarze Soutane und kochte ihnen selbst Minestra und Polenta. Es störte ihn nicht im geringsten, wenn die Buben die Spaghetti mit den Händen faßten und in den Mund hineingleiten ließen. Don Bosco begnügte sich nicht nur damit, ihre leiblichen Bedürfnisse zu befriedigen, ihm ging es auch um das Erwachen ihrer Seele. Er gründete Heime, lehrte die Jungen lesen und schreiben, schuf Werkstätten, in denen sie sich beruflich

weiterbilden konnten. Don Bosco pflegte auch am Abend, bevor die Buben in die Betten krochen, noch einige Worte an sie zu richten. Dank seinem psychologischen Einfühlungsvermögen vergaß er nicht, daß diese Jugend während des Tages schwere Pflasterkübel auf dem Rücken schleppte und daher keine langfädigen Ansprachen mehr ertrug. Nach Shakespeare ist «Kürze des Witzes Würze», weswegen Don Bosco nur wenige Worte gebrauchte: «Verbinden wir uns zu einem einzigen Herzen! Ich bin hier, um euch unter allen Umständen zu helfen. Und ihr seid voll guten Willens! Seid offen, seid offenherzig, wie ich es mit euch bin. Wenn einer in Gefahr sein sollte, so lasse er sich stützen, er sage es mir; wenn einer gefehlt haben sollte, versuche er nicht, es zu verbergen; vielmehr sorge er dafür, das Schlechte wieder gutzumachen. Wenn ich die Dinge weiß, und zwar von euch selbst, so werde ich mich darum kümmern, Auswege zu finden. Ich bin nicht jener, der die verurteilen wollte, denen Gott schon verziehen hat...» [3] Das ist kurz und bündig gesprochen, kein Wort zuviel und kein Wort zuwenig. Die kurzen Ansprachen waren anschaulich, der Vorstellungswelt der Jugend angepaßt und trafen ins Schwarze.

Don Bosco pflegte den Tag mit einer derartigen Ansprache zu schließen. Er nannte sie seinen Gute-Nacht-Gruß oder auch sein «Wort ins Ohr». Noch einmal sei ein solches Flüsterwort erwähnt: «Ich will nicht, daß ihr mich mehr als euren Vorgesetzten, sondern euren Freund betrachtet. Habt deshalb keine Furcht vor mir, keine Angst, vielmehr viel Zutrauen; das ist es, was ich wünsche, wonach ich euch frage, wie ich es mir zwischen wahren Freunden erhoffe. Offen gestanden, verachte ich die Strafen, es gefällt mir nicht, eine Warnung auszusprechen, indem ich Bestrafungen nachahme, wenn einer gefehlt hat; das ist nicht mein System.»[4] Seine Worte waren nicht einstudiert; spontan redete das Herz zum Herzen, und darum schlugen seine Gedanken bei der Jugend auch ein. Don Bosco lehnte bewußt allen Zwang ab, und gerade deshalb war sein geistiger Einfluß auf die jungen Menschen groß. Sie vertrauten ihm, da sie spürten, daß diesem Manne nichts Natürliches fremd war, weil er im Übernatürlichen wurzelte.

Im strengen Sinne des Wortes führte er keine Gespräche mit der Jugend, weil er sprach und die jungen Leute ihm zuhörten. Zu einer sachlichen Diskussion hätten den Pflasterbuben die Voraussetzungen gefehlt. Don Bosco berührte in seinen Ansprachen an die Jugend konkrete Situationen – trotzdem war es ein Dialog, wenn auch ein Gespräch anderer Art. Don Bosco redete und die Jungen antworteten durch ihr Verhalten. Zum Teil haben die Buben großartig geantwortet und haben dabei manche studentischen Diskussionen in den Schatten gestellt.

Man kann gegen Don Bosco den Einwand erheben, seine Hilfeleistung sei einseitig den Jünglingen zugute gekommen. Vielleicht ist es ein Mangel, daß er für die Mädchen nichts getan hat, obwohl ein einzelner Mensch nicht alles zu tun vermag. Trotzdem wird Don Bosco der geborene Erzieher genannt. Das wird wohl stimmen, und doch ist dies zu allgemein geurteilt. «Über das vorbeugende System» heißt die Schrift, die er auf Drängen seiner Anhänger niederschrieb. Dabei seufzte er: «Man will, daß ich meine Methode darlege. Aber! Das weiß ich selbst ja nicht einmal. Ich habe immer so gehandelt, wie es mir der Herr eingab und wie es die Umstände verlangten.»[5] Tatsächlich ist nicht sein Präventivsystem wichtig, das mild im Vorgehen und fest in den Grundsätzen war; er redete mit den Jungen die Sprache des Herzens, ein Verhalten, das mit der wissenschaftlichen Pädagogik wenig zu tun hat. Don Bosco näherte sich der Jugend auf einem neuen Weg; er tat es nicht, um sie in einen Verein oder sonst eine Formation einzugliedern. Auch sollte man das unstreitig vorhandene organisatorische Talent nicht allzusehr betonen, denn es gibt viele geschickte Organisatoren, die trotzdem keine Don Boscos sind. Heute wird Don Bosco eine charismatische Persönlichkeit genannt. Dieser Begriff aber droht in der Gegenwart zu einem Modewort zu werden. Der Schlüssel für sein Verhalten liegt im Geheimnis seiner Persönlichkeit. Er war ein christozentrischer Mensch, ein verborgener Heiliger – dies erklärt alles, sofern es hier etwas zu erklären gibt. Heiligkeit ist immer ein Halt gebietendes Mysterium, eine göttliche Kraft, die das Unmögliche doch möglich macht. Don Bosco hatte jenes gewisse Etwas, das man haben sollte, wenn man sich mit jungen Menschen einläßt. Warum versagen so viele Erzieher in ihrem Beruf? Warum hassen fast alle Schüler zeitlebens ihre Lehrer? Wohl nur deshalb, weil sie der unumgänglich notwendigen Liebe zur Jugend ermangeln. Die jungen Leute müssen die meinetwegen ganz verhaltene Liebe zu ihnen spüren, denn keine noch so geschickte Didaktik vermag sie zu ersetzen. Die Liebe aber kennt kein weichliches Nachgeben, sie ist kraftvoll und richtungweisend. Sie ist das Zentrale, das kein Lehrbuch vermittelt. Wer diese Liebe nicht in sich fühlt, sollte nicht vor die Jugend treten – es wäre besser, er würde mit grüner Seife hausieren. Nur die Liebe zu den jungen Menschen hat ein Gespür für ihre Schwierigkeiten und ein Einfühlungsvermögen in ihre Lage. Das Geheimnis von Don Boscos Gespräch mit der Jugend lag in der Liebe, die ihn zu diesem anziehenden Heiligen der Neuzeit gemacht hat.

Läßt sich das Gespräch der Heiligen mit der Jugend auch in unsere Zeit übertragen? In veränderter Form gewiß. Die Heiligen müßten wieder zur Jugend reden. Was käme alles zutage, wenn die jungen Menschen von heute wieder auf die Heiligen hören und mit der ganzen Intensität zum Beispiel Franziskus bestürmen würden? Wenn sie ihn fragten: «Was hast du in jenem Moment empfunden, als du dein Kleiderbündel in aller Öffentlichkeit deinem Vater vor die Füße legtest? Warst du nachher befreit und hattest du keine bedrückenden Gefühle? Sollten wir unsere Siebensachen auch so hinwerfen und ohne einen Blick zurück in die religiöse Freiheit hineinschreiten? Wie können wir in der modernen Zeit die radikale Christusnachfolge verwirklichen? Gib uns doch Antwort darauf!» Ich glaube, Franziskus würde unheimlich lebendig auf uns zuschreiten; etwas ganz Neues würde damit aufbrechen und die Dinge verwandeln.

Aber auch wir Erwachsenen bemühen uns, angeregt und inspiriert von den Heiligen, um eine neue Zwiesprache mit der Jugend. Allerdings darf die neue Beziehung nicht zum voraus in die modischen Schlagworte von Partnerschaft und Mitbestimmung eingewickelt werden. Dieses angeblich neue Profil ist einfach nicht wahr und auf die Dauer undurchführbar. Trotzdem ist es notwendig, während längerer Zeit auf die unvergorenen Reden der heutigen Jugend zu hören, immer wieder hinzuhören und sie nicht sofort mit unseren, für sie nicht maßgebenden Erfahrungen zu belehren. Die jungen Menschen wollen ernstgenommen werden, was freilich nicht immer leicht ist, weil sie oft ihre Überzeugungen von heute auf morgen wechseln. Nie darf man vergessen, daß die Pubertät eine seelische Gleichgewichtsstörung in sich schließt; diese Periode des Umbruches ist für sie und ihre Umgebung unangenehm. Die heutige Jugend gehört zudem einer anderen Generation an, und darum denkt sie in vielen Dingen anders als wir. Auch geht sie einer düsteren Zukunft entgegen, und viele von ihnen haben keine andere Aussicht, als ein kleines Rädchen in einem unübersehbaren Maschinenwerk zu werden. Das ist keine pessimistisch-deprimierende Perspektive, sondern der wahre Sachverhalt unserer kranken Gesellschaft, der gegenüber sich begreiflicherweise die Jugend auflehnt. Ebenso ist es notwendig, gewisse Andersartigkeiten der jungen Leute zu ertragen. Man muß sie verstehen und nochmals verstehen; es wäre müßig, sich an ihren komischen Äußerlichkeiten zu stoßen. Das arrogante Auftreten vieler Jugendlicher ist manchmal eine bloße Maske, hinter der sich ein hilfloser oder gar verbitterter Mensch versteckt. Die heutige Jugend sucht, ob sie es nun weiß oder nicht weiß, eine seelische Heimat, die sie gegenwärtig nicht hat. Im Verkehr mit der Jugend drängen sich die Worte Theresias von Avila auf: «Immer großmütige Entschlüsse fassen, denn davon hängt alles ab.» [6] Kleinbürgerliche Gesinnung vertragen die jungen Menschen schlecht. Vor allem muß man auf ihre Fragen auch eine begründete Antwort geben, und oft ist es geboten, hart zu antworten, wenn sie skeptisch und zynisch werden. Geben wir bereitwillig zu, daß in diesem Jahrhundert wenig substantielle und viele nichtssagende Worte zur Jugend gesprochen wurden, Worte, die sie enttäuschen und zuletzt unheilvoll verwunden mußten. Sie geriet darob in Gefahr, gar niemandem mehr zu glauben. Das zwanzigste Jahrhundert hat der Jugend weder echte

Leitbilder noch große Aufgaben vor Augen gestellt. Doch dürfen wir ihr auch sagen, daß wir bei ihr den geistigen Drang und das aufgeschlossene Interesse vermissen.
Es bedarf einer neuen Sprache im Verkehr mit der Jugend, einer Sprache, die nicht von der gelehrten Terminologie der pädagogischen Hochschulen geprägt ist. Das neue Gespräch ist etwas anderes als die uferlosen Diskussionen, die, von der Jugend zwar geliebt, doch den Menschen leer ausgehen lassen. Wir erwarten von den jungen Menschen nicht, daß sie die Dinge gleich anfassen, wie wir es getan haben. Trotzdem ist uns eine Generationenverbindung bedeutsam, weil wir das Erbe der christlichen Tradition an die Jugend weitergeben möchten, damit sie es auf ihre Art verarbeite und weiterführe. Aber so sehr wir uns über diese Fragen und Antworten mühen, wir können es doch nicht von uns aus bewerkstelligen.
Es müßte ein neuer Heiliger kommen, ein Heiliger von heute, dem es gelingt, das Gespräch mit der Jugend aufzunehmen. Ein Heiliger aus der Vergangenheit käme wohl kaum in Frage, weil der Jugend das Geschichtsbewußtsein fehlt. Wann kommt der neue Heilige, der es wieder versteht, in einem neuen Stil mit den jungen Menschen zu reden? Ich weiß es nicht, ich kann bloß mit brennendem Herzen nach ihm ausschauen und bitten: Ach, daß er doch käme, daß er bald käme, daß er heute käme!

# Das Leben in der Ehe

Viele Menschen regen sich darüber auf, daß vorwiegend Klosterfrauen und Ordensstifter heiliggesprochen werden. Der Unmut ist begreiflich, weil er einer Zurücksetzung der in der Welt lebenden Christen gleichkommt. Wahrscheinlich war die Aufmerksamkeit der Ritenkongregation zu einseitig auf den geistlichen Stand ausgerichtet. Nun, Ordensstifter und Klosterfrauen in allen Ehren, wir hoffen aber doch, daß inskünftig auch Frauen und Männer in das Verzeichnis der Heiligen eingetragen werden, die sich im Alltag der Ehe auf eine außerordentliche Weise bewährt haben. Es gibt aber schon verheiratete Heilige, die, umgeben von einer Lebensgefährtin und einer Kinderschar, ihr Leben gelebt haben. Zwar hat man diese verheirateten Heiligen nicht wegen ihrer vorbildlichen Ehe heiliggesprochen, aber ihre Ehe bildete auch kein Hemmnis für ihre Kanonisation.

Das Thema «Heilige in der Ehe» ruft mannigfachen Überlegungen, die die bisherige Hagiographie aus ihrer Problemlosigkeit hinausführen könnten. Merkwürdigerweise hat man diese Frage bis dahin wenig beachtet, obwohl viele Eheleute an diesem Thema brennend interessiert sind. Das nicht ganz verständliche Übergehen hängt mit dem Gedanken zusammen, den Ida Friederike Görres in der ihr eigenen Offenheit folgendermaßen ausdrückte: «Wir haben den Mut nicht, wir Katholiken, das ewige Menschengesicht zu sehen – am wenigsten in unseren Heiligen.»[1] Die Christen schämen sich komischerweise ihres gottgegebenen Menschentums mit seinen natürlichen Bedürfnissen und huldigen der verschrobenen Auffassung, die Heiligen hätten immer nur himmlisch und nie irdisch empfunden. Aus dieser stilwidrigen Meinung ist das abgeschmackte und verzerrte Heiligenschema hervorgegangen, das so viele Menschen abgeschreckt hat. Die frische, frohgemute Natürlichkeit stammt auch von Gott, und die Heiligen waren keine verkrampften Wesen und haben menschlich empfunden. Zwar besteht zwischen dem Menschlichen und dem Christlichen manchmal eine sichtliche Spannung, die oft dramatischen Charakter annimmt. Es gehört jedoch zum Geheimnis der Heiligen, daß sie an dieser Spannung nicht zerbrechen oder darob innerlich zerrissene Menschen werden, sondern zwischen dem Menschlichen und dem Christlichen eine Verbindung, ja eine Harmonie herstellen, indem sie das Menschliche heiligen und das Heilige vermenschlichen. Die heilige Franziska von Rom war darauf bedacht, «Gott in ihrem Manne und ihrem Manne in Gott» zu gefallen, und hat damit die beiden Pole in das gewünschte Verhältnis gebracht. Gewiß ist auch den Heiligen die Erfüllung nicht immer auf den ersten Anhieb gelungen, aber sie haben sie zuletzt praktisch und nicht nur theoretisch erfahren. Sie haben das Männliche und das Weibliche in ihrer notwendigen Ergänzung verstanden, weil die Ehe eine Schöpfungsordnung ist.

Nach Péguy sind die christlichen Eheleute die großen Abenteurer des zwanzigsten Jahrhunderts. Diese ungewöhnliche Auffassung hat viel für sich, denn viele Familienväter haben einen schwereren Kampf ums Dasein zu bestehen als die in einem Kloster wohlversorgten Mönche und Nonnen. In allen

Jahrhunderten war die Ehe die größte Entdeckungsfahrt für den Menschen, eine an Freuden und Leiden reiche Zweisamkeit. Es ist überaus erregend, die Heiligen auf dieser abenteuerlichen Fahrt zu verfolgen und das vielfarbige Spektrum in sich aufzunehmen. Man ist entzückt und überrascht wie vom Anblick eines Regenbogens.

Viel mehr Heilige waren verheiratet, als man gewöhnlich annimmt. Die heilige Paula, die Freundin des Hieronymus, die heiligen Königinnen Mathilda und Adelheid, die heilige Hedwig, die heilige Birgitta, auch Männer wie Bruder Klaus und Thomas Morus teilten mit ihren Gatten das eheliche Lager. Die Aufzählung könnte noch fortgeführt werden von Angelica von Foligno bis zu Anna Maria Taigi, und man wäre trotzdem noch nicht am Ende. Für sie alle war es selbstverständlich, in den Ehestand zu treten; dabei haben sie die Verbindung mit einem Lebensgefährten nicht als einen Verzicht auf die Heiligkeit erlebt.

Freilich gab es auch Heilige, die sich scheuten, die Wirklichkeit der Ehe zu vollziehen. Alexius verließ noch in der Hochzeitsnacht das Haus, brachte sein Leben in der Fremde zu und beschloß dann sein Dasein als unerkannter Bettler unter der Treppe des elterlichen Hauses. Die herrliche Legende berichtet nichts vom Schmerz der einsam zurückgelassenen Gattin; sie wird nur erwähnt, und kein Wort dringt von ihr zu uns. Man müßte einmal die Betrachtung der Legende radikal umdrehen und sie vom Aspekt der Frau aus entfalten, damit man eine Vorstellung von der ungeahnten und erschütternden Dramatik der Welt der Heiligen bekäme. Auf alle Fälle ist es geboten, die Heiligen immer wieder unter neue Gesichtspunkte zu rücken, weil dies viel zu ihrer Verlebendigung beiträgt. Man würde sie hernach nicht mehr zu den verstaubten Gestalten zählen. Das Thema «Heilige in der Ehe» wird plastischer, wenn einige Paare in ihren konkreten Situationen betrachtet werden.

Elisabeth von Thüringen (1207–1231) gehört zu den volkstümlichsten Heiligen Deutschlands. Neben dem lieblichen Legendenkranz, der sie umrankt, verdankt sie die hohe und allgemeine Verehrung ihrem überaus menschlichen Verhalten. So wenig sich Elisabeth in das steife Hofzeremoniell einzufügen vermochte, so wenig läßt sie sich, ohne ihr Gewalt anzutun, in die übliche Heiligkeitsschablone hineinzwängen. Stets war sie eine zu unmittelbare, spontane Natur, die immer wieder etwas tat, mit dem man nicht gerechnet hatte.

Ihre Ehe wurde schon von den Eltern beschlossen, als sie noch in der Wiege lag, weswegen später das braungelockte, ungarische Königstöchterlein auf die Wartburg nach Thüringen kam. Obwohl es eine aus dynastischen Gründen und nicht aus freiwilliger Neigung geschlossene Ehe mit Ludwig von Thüringen war, stand ihr Lebensbund unter einem guten Stern. Die beiden Ehegatten, die schon als Kinder miteinander gespielt hatten, liebten einander auch später innig. «Ihrer beider Herzen hatten sich in süßer Liebe miteinander so verbunden, daß sie nicht lange voneinander getrennt sein mochten.» [2] Die alte Chronik betont ausdrücklich die Innigkeit ihrer Liebe. Die ausgesprochen zärtliche Ehe trug nicht wenig zu Elisabethens Charme bei. Sie flog jeweilen dem heimkehrenden Gatten entgegen, umarmte ihn voller Freude und «küßte ihn mehr als tausendmal herzlich auf den Mund.» [3] Die ihren Gatten stürmisch küssende und fest umschlingende Elisabeth bleibt gewöhnlich in der Elisabeth-Literatur unerwähnt. Für dieses Verschweigen können keine echten Gründe angeführt werden. Bei Elisabeth handelt es sich doch nicht um eine öffentliche Zurschaustellung ihrer Gefühle, was wenig Geschmack verraten würde. Ihr Verhalten war der temperamentvolle, echt ungarische Ausdruck ihrer Wiedersehensfreude. Es ist doch keine Sünde, wenn Gatte und Gattin sich zärtlich küssen und bei ihrer ehelichen Umarmung wonnesame Gefühle empfinden. Das spricht unzweideutig für eine viel bessere Ehe, als wenn sich die beiden Lebensgefährten kalt und gleichgültig gegenüberstehen. Sollte vielleicht eine unterkühlte Haltung das Merkmal einer christlichen Ehe sein? Das sei ferne! Elisabeth hing mit einer tiefen, weiblichen Liebeskraft an ihrem Gatten. Man muß die Dinge an den ihnen zukommenden Ort stellen und sie nicht ins Unnatürliche verzerren.

Zwar bekam sie zuweilen wegen des asketischen mittelalterlichen Heiligkeitsideals auch Gewissensskrupel, indem sie sich fragte, ob sie Ludwig nicht mit zu «übergroßer Liebe» zugetan sei und diese Minne ihrer Gottesliebe nicht Abbruch tue? Ludwig mußte ihr solche Bedenken ausreden und sie aufmuntern, mit ihm fröhlich zu sein in Gott. Tatsächlich war er sehr verständnisvoll für die außerordentliche Frömmigkeit seiner Frau; jedenfalls stellte er sich ihr nie hemmend in den Weg. Er stand ihr weit mehr bei als ihr grobschlächtiger Beichtvater Konrad von Marburg, der sich nicht scheute, diesen zarten Frauenleib mit der Rute eigenhändig zu züchtigen.

Nach der Vita «war der heilige Engel zwischen Elisabeth und Ludwig oft Bote»[4]. Das ist das Schönste, was man von zwei Ehegatten sagen kann. Solange der Engel zwischen ihnen hin und her geht und gleichsam ihren Vermittler spielt, ist es trotz gelegentlicher Meinungsverschiedenheiten um eine Ehe gut bestellt. Es läßt sich jungen Neuvermählten gar nichts Besseres wünschen. Freilich setzt dieser Wunsch voraus, daß man an Engel auch wirklich glaubt und in ihnen nicht bloße Phantasiegebilde sieht.

Die helle Verzweiflung ergriff Elisabeth, als sie vom Tod Ludwigs erfuhr. Es wurde ihr schwarz vor den Augen, und sie schrie: «Tot, tot soll mir nun alle weltliche Freude sein.» [5] Laut schreiend, wie ein von Sinnen gekommener Mensch lief sie herum. Sie war weder gefaßt noch beherrscht; eine maßlose Trauer hatte sie so sehr überwältigt, daß ihr Seelsorger darob den Kopf schüttelte. Seine Mißbilligung zeigt nur, daß er nicht die leiseste Ahnung von der abgründigen Trauer eines Frauenherzens hatte. Elisabeths Schmerzensschrei: «Weh mir armen Weibe!» [6] ist der Urschrei einer liebenden Frau. Es ist herrlich schön, daß die Heilige mit so starken Gefühlen an ihrem Gatten hing. Bedauerlicherweise deuten die Heiligenbiographen diese Innigkeit der ehelichen Verbundenheit gewöhnlich nur flüchtig an; würde man ausführlicher darauf eingehen, wären diese Biographien weniger langweilig, und vielleicht würden dann auch die jungen Mädchen gelegentlich wieder nach ihnen greifen, und sei es nur aus Neugierde.

Es gab somit zärtliche, von einer geradezu stürmischen Liebe erfaßte Heilige. Die heilige Birgitta von Schweden scheute sich nicht zu bekennen, daß sie «die Lust des Fleisches früher glühend geliebt habe» [7], wenn sie auch später anders darüber dachte. Es ist kein ernsthafter Einwand gegen die festliche Zeit einer enthusiastischen Liebe, wenn man sie mit dem jugendlichen Alter der Heiligen zu entschuldigen sucht. Besser eine kurze Ehe in holder Seligkeit, als eine langjährige Ehe, die im öden Einerlei versandet.

Eine besondere Beachtung verdient die Ehe des Kaisers Heinrich II. (973–1024) mit Kunigunde. Es geht in diesem Zusammenhang nicht darum, die sächsische Kaiserzeit heraufzubeschwören, die nur richtig gesehen wird, wenn man den Goldgrund der Tradition einbezieht [8]. Auch die persönliche Heiligkeit Heinrich II. steht nicht zur Diskussion. Er wurde nicht wegen seiner asketischen Übungen in das Verzeichnis der Heiligen eingetragen, sondern weil er das Anliegen der Kirche und jenes des Reiches in seiner Person noch harmonisch zu vereinigen vermochte, während später Kirche und Reich in einen unheilvollen Gegensatz zueinander gerieten. Uns ist in diesem Zusammenhang die Ehe von Heinrich und Kunigunde wichtig, über die viele falsche Urteile bestehen.

Man behauptete schon, Heinrich habe unter seinem Stand geheiratet und sei von den Fürsten zu dieser Ehe genötigt worden. Beide Aussagen hängen völlig in der Luft und sind geschichtlich nicht zu belegen. Man weiß nicht genau, in welchem Jahre die Ehe geschlossen wurde, sicher aber vor der Jahrtausendwende. Aller Wahrscheinlichkeit nach hat Heinrich die luxemburgische Grafentochter aufrichtig geliebt, war doch zu allen Zeiten die Liebe der einzig legitime Grund für eine Eheschließung. Kunigunde war klug, hübsch und anziehend; sie konnte lachen und zuweilen auch zürnen. Unvergeßlich bleibt, wie sie ihrer Nichte, der Äbtissin Uta von Kaufungen, eigenhändig eine Ohrfeige verabfolgte, als diese in ihren klösterlichen Verpflichtungen nachlässig war. Kunigunde war Heinrich durchaus ebenbürtig, war sie doch fähig, in Abwesenheit ihres Gatten die Regierungsgeschäfte in die Hand zu nehmen und das Reich zu verwalten.

Einige Jahre nach Heinrichs Tod entstand die Fama, Kunigunde habe bei ihrer Eheschließung Jungfräulichkeit gelobt, weshalb die beiden Gatten eine Josefsehe geführt hätten. Heinrich habe sie nie erkannt und sie nur wie eine Schwester geliebt. Die Josefsehe, damals ungebührlich hochgeschätzt, entsprach dem mittelalterlichen Heiligkeitsideal. Heinrich Günter hat dieses Gerücht in seiner Heinrich-Monographie in das Reich der Fabel gewiesen, genau wie die Feuerprobe, der sich Kunigunde angeblich wegen einer Verführung unterzog[9]. In Wirklichkeit war Heinrich seiner Kunigunde von Herzen zugetan. Er nannte sie mehrfach «unsere geliebte Hausfrau und Königin, mit der wir ein Leib und eine Seele sind»[10], also eines nicht ohne das andere. Wenn Heinrich so nachdrücklich betont, «ich und Kunigunde sind zwei in einem Fleisch», ist das nicht nur ein persönliches Bekenntnis, sondern er hat damit das Erlebnis jeder christlichen Ehe ausgesprochen. Wo dieses fehlt, ist auch keine Ehe vorhanden. Heinrich redet in den erhaltenen Urkunden stets mit den zärtlichsten Worten von «unserer geliebten Gemahlin»; er hätte dies sicher nicht getan, wenn dieses Gefühl nicht in ihm gelebt hätte.

Freilich fiel auch auf Heinrichs Ehe mit Kunigunde ein Schatten: dem Paar waren Kinder versagt. Als dies ihnen zur Gewißheit geworden war, trugen gewiß beide Teile schwer an der herben Enttäuschung. Viele Vermutungen knüpften sich an die Tatsache der Kinderlosigkeit, und so entstand das Gerücht der Josefsehe. Dabei wünschten sich Heinrich und Kunigunde so sehr Kinder, nicht nur weil sie zum Glück einer Familie gehören, sondern auch zur Fortsetzung ihrer Dynastie. Heinrich litt an mehreren Gebrechen, weshalb wahrscheinlich der Grund der Kinderlosigkeit bei ihm lag. Trotzdem gab es keine

Entfremdung zwischen den Gatten, im Gegenteil, sie schlossen sich um so inniger zusammen, was die einzig richtige Antwort auf das Enttäuschungserlebnis ist. Sie waren gleicher Gesinnung und besaßen gemeinsame Interessen. Das Reich lag ihnen am Herzen und die Ausbreitung des christlichen Lebens. Das Paar kam überein, Gott zum Erben einzusetzen; in der Folge ließen sie Kirchen bauen, förderten die Klöster und statteten den von ihnen erbauten Dom zu Bamberg so reichhaltig aus.
Die Kirche sprach zuerst Heinrich heilig und etliche Jahrzehnte später auch Kunigunde, die nach dem Tode ihres Gemahls die kaiserlichen Gewänder ablegte und fortan das Kleid der Nonnen trug, womit sie ein leuchtendes Zeichen ihrer Loslösung vom Irdischen gegeben hat. Es kam in der Geschichte ganz selten vor, daß ein Ehepaar der Ehre der Altäre teilhaftig wurde. Um so höher sind Heinrich und Kunigunde einzuschätzen; sie verkörperten jene heilige Ehegemeinschaft, von der wir hoffen, sie werde von der Kirche mehr und mehr kanonisiert. Deswegen behalten die beiden Heiligen ihre hohe Bedeutung, mag auch die Zeit der Könige vorbei sein. Bei unserer Beurteilung ist nicht etwa monarchistische Gesinnung im Spiele, die Ehrfurcht vor dem heiligen Paar läßt uns an zwei Menschen denken, die über ihren kaiserlichen Kronen noch die höheren Kronen der Heiligen erlangten.
Die meisten Ehen der Heiligen waren mit Kindern gesegnet. Kinder gehören zu einer Ehe, wenn auch die Aufgabe der Ehe sich niemals in der Fortpflanzung des Menschengeschlechtes erschöpft. Wer sie zum ausschließlichen Ziel der Ehe erklärt, macht den Lebensgefährten zum bloßen Mittel zum Zweck, was der Würde des Menschen Abbruch tut. Die eheliche

Verbindung hat ihre Berechtigung in sich selbst, und der Christ sollte auch für die ehelichen Freuden Gott danken. In der Regel jagten auch in der Ehe der Heiligen einige Kinder in der Stube herum, lärmten und saßen nicht ganz artig auf dem Stuhl. Selbstverständlich hatten die Heiligen an ihren Kindern auch ihre Freude, ein Gefühl, das in jedes Elternherz gelegt ist. Trotzdem verlief das Verhältnis der Heiligen zu ihren Kindern nicht immer konfliktlos. Zwar gibt es noch keine Untersuchung über die Lebensläufe solcher Kinder, aber wir wissen, daß oft auch diese gestrauchelt sind und ein unerfreuliches Ende genommen haben. Dies mag rechtschaffene Eltern in ihrem Kummer über ihre mißratenen Kinder trösten, wenn es auch ein schwacher Trost ist. Selbst die besten Eltern haben das Schicksal ihrer Kinder nicht in der Hand – man kann nur für sie beten und darin nicht müde werden. Den Heiligen war auch hierin dasselbe Los beschieden. Wir müssen diese Verbindungslinie zwischen ihnen und uns deutlicher ziehen, weil solche Erfahrungen tröstlich sind.

Es geschah auch, daß das Verhältnis der Heiligen zu ihren Kindern zu schweren Konflikten führte. In dieser Hinsicht erlebte die heilige Johanna von Chantal (1572–1641) ein nicht leicht zu begreifendes Los, für das nur wenige Menschen das richtige Verständnis aufzubringen vermochten. Ein Dominikanerpater sagte mir einmal: «Dieser Frau fehlte es offenbar im Kopf.» Vielleicht aber ging dem guten Pater einfach der Atem aus. Johanna lebte als Dame von Format in einer glücklichen Ehe, bis eines Tages ihr Gatte einem nie ganz aufgeklärten Jagdunfall zum Opfer fiel. Sie fühlte sich aufs schwerste getroffen, und es gelang ihr lange nicht, dem unglückseligen Schützen zu vergeben. Franz von Sales half ihr, den grausamen

Schicksalsschlag zu überwinden, weil der Bischof selbst ihre Seelenführung übernahm. Nach einigen Jahren entschloß sich die Witwe, im Gehorsam gegenüber ihrem Seelenführer, zur Gründung einer neuen Klostergemeinschaft, ein Vorhaben, mit dem ihre Angehörigen nicht einverstanden waren. Beim Abschied umarmte sie alle, einen nach dem andern, mit großer Würde, ohne ihre Gefühle zu zeigen. Im letzten Augenblick legte sich ihr Sohn, Lieblings- und Sorgenkind zugleich, aus trotziger Liebe auf die Türschwelle und sagte zu ihr: «Nun gut, Mutter, ich bin zu schwach und zu unglücklich, um dich zurückzuhalten. So wird man wenigstens sagen, daß du dein Kind mit Füßen getreten hast.» [11] Diese Äußerung mußte das tapfere, aber zitternde Herz wie ein Schwert durchbohren. Ihre Empfindungen sind schlechterdings nicht in Worte zu fassen. Der Erzieher, der die Szene beobachtete, fragte: «Madame, hätten die Tränen des jungen Mannes wirklich Ihren Entschluß rückgängig machen können?» Die entschiedene Frau erwiderte: «In keiner Weise, aber was wollen Sie, ich bin Mutter.» [12] Es wäre uneinsichtig, von einem unmütterlichen Verhalten zu reden. Im Schritt über den auf der Schwelle liegenden Sohn zeigte sich eine Härte, der die Heiligen oft ausgesetzt waren. Noch stärker lassen sich die süßlichen Heiligenbildchen gar nicht widerlegen, als es in der Tragödie dieser Mutter Johanna von Chantal geschehen war. Die burgundische Schloßherrin brachte ein unvergleichliches Opfer dar; man ist versucht, von einem Isaak-Opfer zu reden, wie es Abraham auf dem Berge Moria zu vollziehen bereit war, das ebenfalls nicht mit einem ethischen Maßstab gemessen werden darf. Um Gottes Willen verzichtete Johanna von Chantal auf das Liebste und hatte darum ein Anrecht darauf, von den Urteilen der kleinbürgerlich denkenden Christen verschont zu bleiben. Wir finden eine Tragödie von Sophokles oder von Shakespeare in ihrer dramatischen Wucht großartig, aber gegenüber einem erschütternden Drama in einem Heiligenleben kehren wir den philiströsen Standpunkt eines Jahrgängervereins hervor und zeigen nicht das geringste Verständnis für einen heroischen Entschluß. Wäre es nicht eher angebracht, von einer seelischen Reinigung zu reden, die sich durch den Anblick einer Heiligentragödie im Betrachter vollziehen müßte? Reinhold Schneider hat das abgründige Geschehen mit dem ihm eigenen Sinn für das Tragische in der Novelle «Der Abschied der Johanna von Chantal» meisterlich geschildert und damit zu verstehen gegeben, daß er eine Ahnung von den dunklen Geheimnissen Gottes hatte. Jedenfalls ist damit einer der schwersten Konflikte einer Heiligen angedeutet, der viele Eltern nachdenklich zu stimmen vermag, denen das Umgekehrte beschieden ist, indem ihre Kinder kaltblütig über sie hinwegschreiten. Beides kann man nur erdulden als eine unverständliche Bürde, die Gott dem Menschen auferlegt hat, damit er in der äußersten Not gerettet werde.

Zuweilen gab es in den Ehen der Heiligen auch Meinungsverschiedenheiten zwischen Mann und Frau, worüber sich niemand ernstlich verwundern wird. Jede eheliche Gemeinschaft wird von zwei Menschen aus Fleisch und Blut geführt; das will in diesem Zusammenhang besagen, es stoßen Wille und Gegenwille oft hart aufeinander. Der heilige Ludwig von Frankreich (1219–1270) heiratete mit kaum zwanzig Jahren die vierzehnjährige Margarethe de Provence, deren frauliche Wärme es ihm angetan hatte. Sie stand allezeit an seiner Seite und begleitete ihn auch auf seinen Kreuzzügen, deren Strapazen sie tapfer ertrug. Franz von Sales schrieb über diese Treue: «Hätte jemand diese tapfere Fürstin gefragt, wohin sie fahre, so hätte sie sicherlich geantwortet: ‹Ich fahre dorthin, wohin der König fährt.› Und hätte man sie weitergefragt: ‹Aber, wissen Sie auch genau, wohin der König fährt?›, so hätte sie geantwortet: ‹Er hat es mir wohl im allgemeinen gesagt, doch bin ich gar nicht besorgt zu wissen, wohin er fährt, sondern nur, daß ich mit ihm fahre.› Hätte man darauf erwidert: ‹Haben Sie also keinerlei Plan bei dieser Reise?›, so hätte sie gesagt: ‹Nein, ich habe keinen anderen als den, bei meinem lieben Herrn und Gemahl zu sein.›» [13] Margarethe kam drei Tage nach seiner Gefangennahme durch die Sarazenen mit einem Sohn nieder, den sie wegen ihrer Trauer Tristan nannte.

Trotz des starken Zusammengehörigkeitsgefühls klangen die beiden Seelen nicht immer ganz zusammen. Die beiden Ehegatten sprachen nicht dauernd über hohe, geistige Probleme, sondern oft auch über ganz belanglose Dinge des Alltags. Bekanntlich kleidete sich Ludwig, obwohl er König von Frankreich war, betont einfach, was Margarethe nicht gefiel. Sie hätte ihren Gatten lieber in prächtigen Kleidern gesehen, ein begreiflicher Wunsch, denn die meisten Gatten wünschen ihren Lebensgefährten gut angezogen. Wem ein schöner Anblick nichts bedeutet, dem mag dies gleichgültig sein. Garderobengespräche nehmen in vielen Ehen einen breiten, zu breiten Raum ein; sie sind auch eine menschliche Angelegenheit und gehören zu den alltäglichen Dingen. Ludwig war bei aller Zuneigung zu seiner liebreizenden Lebensgefährtin nicht gewillt, ihr in diesem Punkte zu entsprechen. Es ergab sich daraus ein eheliches Geplänkel, das zu belauschen vergnüglich ist. Ludwig sagte voller Charme zu seiner Margarethe: «Schön, du willst, daß ich mich kostspieliger kleide? Gut, es geschehe, ich muß mich dir fügen und du dich mir. Ich wünsche also, daß du so freundlich bist und all deinen Putz ablegst. Du passest dich meiner Art an und ich mich deiner.» [14] Wir wissen nicht, wie Margarethe auf den spaßigen Vorschlag reagierte, offensichtlich wollte Ludwig mit einer kleinen List seine Gattin überspielen.

Es wird nicht immer so scherzhaft zugegangen sein, zumal die Mutter Ludwigs, die ihm während seiner unmündigen Jahre die Herrschaft sicherte, von einer geradezu krankhaften Eifersucht auf die hübsche Schwiegertochter erfüllt war. Das Schwiegermutterproblem bildet in vielen Ehen eine schwere Belastung, weil viele Mütter nicht verstehen, daß sich ein junger Mensch viel stärker zu seiner Lebensgefährtin als zu ihr hingezogen fühlt, obschon dies doch im Evangelium steht. Ludwig stand mehr als einmal zwischen den beiden Frauen, was wiederum alles andere als eine beneidenswerte Situation war. Entweder enttäuschte er seine Mutter, oder dann hatte seine Gattin das Gefühl, er stehe nicht zu ihr. Selbst der Erbauer der Sainte-Chapelle in Paris besaß nicht den Zauberstab, um diese bedrückenden Probleme mit einem Schlag aus der Welt zu schaffen, obwohl er ein lauterer und frommer Mensch war, der ein Gott zugewandtes Dasein führte. Die alltäglichen Ereignisse belasteten auch die Ehen der Heiligen und hinderten sie daran, stets auf einer Höhenstraße zu wandeln. Darüber wundert sich nur jemand, der den Traum und nicht die Wahrheit des Lebens liebt.

Solange es bei gelegentlichen Meinungsdifferenzen sein Bewenden hat, mag es noch angehen, denn sie gehören zum Leben, zumal in der Ehe zwei Menschen zusammenkommen, verschiedenen Geschlechtes, verschiedener Herkunft, verschiedener Erziehung und verschiedener Gewohnheiten. Bis sich solche Unterschiede ergänzen und decken, gibt es gelegentlich Reibungen, und es bedarf der Liebe und der Geduld, damit die zwei Willen ein Wille werden. Dieses hohe Ziel erreicht man nicht ohne Schwierigkeiten, doch gab und gibt es zu allen Zeiten Ehenöte, da dies mit der gebrechlichen Einrichtung der Ehe zusammenhängt.

Eine eigene Note weist die konfessions- und religionsverschiedene Ehe auf. Monika (332–387) hat hiefür ein Beispiel gegeben, eine Frau, die gewöhnlich im Hinblick auf Augustin betrachtet wird. Oft wird das im Unwillen geäußerte, aber für viele Mütter so trostreiche Wort des Ambrosius erwähnt: «Geh, laß mich. So wahr du lebst, unmöglich ist es, daß ein Sohn solcher Tränen verlorengehe.»[15] Augustin hat seiner Mutter in den «Bekenntnissen» ein literarisches Denkmal gesetzt, wie es kaum einem anderen Sohn vergönnt war, trotzdem hat Monika ihre Eigenbedeutung, die gerade in ihrer Ehe mit Patricius sichtbar wird.

Monika war nicht fehlerlos. Sie hatte sich in ihrer Jugend durch Nascherei eine Liebe zum Alkohol angewöhnt, weshalb sie mit der Zeit beinahe gierig trank. Wegen dieser Neigung zum Wein erlaubte sich einmal die Magd, die Herrin des Hauses eine Trunkenboldin zu nennen, ein Schmähwort, das sie jäh zur Besinnung brachte. Auch war sie in Standesvorurteilen befangen, die namentlich in ihrem Verhalten gegenüber Augustins Konkubine zum Ausdruck kamen. Sie fand Augustins Bettgenossin für eine Ehe weder würdig noch standesgemäß, obwohl er einen Sohn von ihr hatte und ihre Entlassung in seiner Seele eine nie mehr heilende Wunde hinterließ. Monika willigte dafür in die Verlobung mit einem noch minderjährigen Mädchen ein, eine Verbindung, die jedoch gar nicht zum Ziele führte. Alle diese Wirrungen und auch seine manichäische Phase trugen dazu bei, daß Augustin später auf erotischem Gebiet die Weichen falsch stellte, was sich für die Christenheit nachteilig auswirkte.

Im vorliegenden Zusammenhang interessiert uns Monikas Ehe mit Patricius. Sie war eine Christin und ihr Gatte ein Heide. Zwar lag es in seiner Absicht, sich einmal taufen zu lassen, doch schob er es immer wieder auf. Beide Eltern wünschten in ihrem Ehrgeiz eine ruhmreiche Laufbahn für ihren Sohn. Auch Monika dachte hierin zunächst irdisch, und erst später war sie um sein Seelenheil besonders besorgt. Wir wissen nicht, wie sich die Ehe Monikas mit Patricius im täglichen Leben gestaltete, obschon Augustin über den Charakter seiner Eltern reflektierte. Die Ehe wird nicht leicht gewesen sein, da der leutselige Patricius ein zum aufbrausenden Jähzorn neigender Mann war. Seine eheliche Untreue mußte Monika tief verletzen, wenn sie dies auch nach außen mit Ruhe ertrug. Monika war ein in jeder Beziehung ungewöhnlicher Mensch, nicht umsonst zählt sie zu den heiligen Frauen.

Jede konfessionell verschiedene Ehe schließt eine zusätzliche Schwierigkeit in sich, die im Zustand der Verliebtheit gerne übersehen wird: man ist im Wesentlichsten nicht eins. Eine solche Ehe kann nur gelingen, wenn man einen ehrlichen, hohen Respekt vor der andern Konfession empfindet. Zudem hilft hier das Wort des Paulus: «Der ungläubige Mann ist geheiligt durch die Frau, und die ungläubige Frau ist geheiligt durch den Mann.» [16] Monika gelang es zuletzt, ihren Gatten einzig und allein durch ihre ganz unmoderne Unterwürfigkeit zur Taufe zu bewegen. Sie «diente ihm als ihrem Herrn», schreibt Augustin [17], und bemühte sich, ihn durch ihre Sitten für Gott zu gewinnen.

Unsagbar schwer war die Ehe Rita von Cascias, der Heiligen in aussichtslosen Fällen. Von ihrem ungestümen Mann zuerst vergöttert und hernach geschlagen, hat sie alles, auch ihn selbst, zuletzt durch ihre immer gleichbleibende Sanftmut überwunden.

Doch soll hier das Eheschicksal der heiligen Radegundis (518–587) erzählt werden, das noch tragischer war als jenes der Italienerin. Nicht alle Ehen der Heiligen haben einen harmonischen Verlauf genommen. Die deutsche Fürstin genießt in ihrem Heimatland fast keine Verehrung, während man ihrer als einer ruhevollen Leuchte an ihrer südfranzösischen Bestattungsstätte eifrig gedenkt. Sie war die Tochter eines thüringischen Gaukönigs, der mit seiner Familie dem furchtbaren Blutbad zum Opfer fiel, das der Merowinger-König Chlotar angerichtet hatte. Einzig Radegundis und ihr Bruder entgingen ihm. Das grauenhafte Verbrechen zitterte unvergeßlich in ihren Seelen nach. Man verschleppte Radegundis in Feindesland, gewährte ihr eine gute Bildung, und gleichzeitig wurde dort ihre Frömmigkeit geweckt. Chlotar begehrte sie um ihrer Schönheit willen zu seinem Weibe, doch sie, erfüllt von einer sehr begreiflichen Abneigung, versuchte zu entfliehen.

Der Fluchtversuch mißglückte, und Radegundis sah keine Möglichkeit mehr, ihrem bitteren Ehe-Schicksal zu entrinnen. Sie war nun eine gefangene Fürstentochter und mußte, ob sie wollte oder nicht, das Lager mit dem verhaßten Chlotar teilen. Welch schmerzende Gefühle mochten sie bei der ehelichen Umarmung mit dem Mörder ihrer Eltern erfüllen! Unvorstellbar sind die Empfindungen der Neunzehnjährigen, während der ruchlose Mann an ihrem Herzen lag. Es gibt konkrete Situationen der Heiligen, die sich mit der größten Phantasie nicht ausmalen lassen. Chlotar war wohl äußerlich getauft, trotzdem war er heidnisch geblieben. Er war voll von unbeherrschten Leidenschaften, war ebenso tückisch wie grausam und überhäufte Radegundis mit Geschenken und im nächsten Augenblick wieder mit Schmähworten. Seine Roheit war nur durch einen dünnen christlichen Firnis überzogen. Er spürte die innere Abwehr seiner Gattin, die ihn nie zärtlich erwartete. Vorwurfsvoll bemerkte er einmal: «Ich bin eher mit einer Nonne als mit einer Königin vermählt.»

Sechs Jahre dauerte die quälende Ehe, und sie wäre noch fortgesetzt worden, wenn ihr nicht ein neues Ereignis ein unerwartetes Ende bereitet hätte. Eines Tages ließ Chlotar während der Abwesenheit von Radegundis ihren einzigen, überaus geliebten Bruder ermorden. Offenbar wollte er ihr noch das Letzte nehmen, was ihr aus ihrer Heimat geblieben war. Damit aber war das Maß voll. Die unerträglich gewordene Ehe brach jäh zusammen. Der neue Mord war für Radegundis eine Katastrophe, die ihre eheliche Gemeinschaft unter sich begrub. Als Germanin hätte sie die Blutrache an ihrem Gatten vollziehen müssen, als Christin aber vermochte sie diesem Gebot nicht nachzukommen.

Radegundis entschloß sich, heimlich ihren Gatten zu verlassen und das Band ihrer bitteren Ehe entzweizuschneiden. Was in ihr vorgegangen war und wie sie ihre Flucht bewerkstelligte, entzieht sich unserer Kenntnis. Eines Tages erschien sie in höchster Aufregung in der Kathedrale von Noyon, unterbrach während des Gottesdienstes den zelebrierenden Bischof

Medardus und sagte ihm: «Ich will dem Herrn mein Leben weihen – lege mir die Hände auf und weihe mich auf der Stelle!»[18] Es war keine Bitte, sondern ein Befehl. Der Bischof schaute erstaunt auf die erregte Königin und wußte nicht, was er tun sollte. Radegundis aber duldete kein Zögern und bedrängte ihn mit zitternder Stimme: «Bischof, wenn du den Zorn eines Menschen mehr fürchtest als Gott, dann fordert Gott am Jüngsten Tag meine Seele von dir.»[19] Der hohe Geistliche fühlte sich in die Enge getrieben und erfüllte ihren Wunsch, dies um so mehr, als die Szene in einen Tumult auszuarten drohte.

Die entwichene Königsgattin führte fortan im Kloster zu Poitiers ein streng asketisches Dasein, um ihr eigenes und das sündhafte Leben ihres verlassenen Gatten zu sühnen. Mit liebender Zärtlichkeit pflegte sie Aussätzige. Sie reinigte Latrinen; keine Arbeit war ihr zu niedrig. Chlotar versuchte seine unvergeßliche, aber nie begriffene Gattin zurückzuholen, aber man machte ihm klar, daß er die gottgeweihte Radegundis für immer verloren habe. Sie war hart gegen sich selbst und voll Mitleid gegen andere. Ihre Freundschaft mit dem Dichter Fortunatio hat die Milde eines Sommerabends und war von keinem romantischen Gefühl getrübt. Im Jahre 587 starb Radegundis inmitten ihrer Nonnen, deren geistliche Erziehung sie geleitet hatte. Die zur Nonne gewordene Königin war eine hoheitsvolle Frau, die aus einem von schweren Schicksalsschlägen heimgesuchten Leben doch noch ein heiliges Kunstwerk zu gestalten vermochte. In höchster Seelennot floh sie zum Altar – fliehen wir in unserer Bedrängnis im Geiste zu ihrem holden Wesen, das die Umwandlung der Vergangenheit in die Zukunft lehrt!

Katharina von Genua (1447–1510) gehört mit ihrem feinen, ovalen Gesicht und den tiefschwarzen Augen dem sensiblen Geschlecht der Grecoschen Madonnen an. Die Heilige wurde ohne ihr Wissen mit einem leichtsinnigen Lebemann von roher Gemütsart verheiratet, der von ihr verlangte, daß sie sich elegant kleide und im gesellschaftlichen Leben die Aufmerksamkeit auf sich ziehe. Trotzdem kümmerte sich der verschwenderische Renaissance-Mann um seine junge Gemahlin wenig, interessierte sich für andere Frauen und hatte auch eine außereheliche Tochter. Katharina unterzog sich zunächst den mondänen Wünschen ihres ebenso eitlen wie oberflächlichen Ehegatten, obwohl sie innerlich darunter litt und an den Rand der Schwermut geriet. Zuletzt verstummte sie und verlor sich gänzlich an Gott. Der Riß zwischen den beiden Ehegatten vertiefte sich noch mehr. Wohl lebten sie äußerlich zusammen, innerlich aber befand sich jedes in einer anderen Welt. Es bereitete der feinfühligen Katharina unendliches Leid, an einen ihr wesensfremden Mann gekettet zu sein. Erst gegen Ende des Daseins ihres Gatten, als die Vitalkräfte sich erschöpft hatten, begann er unter ihrem Einfluß ein ehrsameres Leben zu führen, wenn er auch trotzdem schwierig blieb.

Durch einen Lichtstrahl von oben erlebte Katharina von Genua ihre Bekehrung: «O ewige Liebe, ist es möglich, daß du mir in einem einzigen Augenblick alles vorhergesagt und enthüllt hast, was keines Menschen Wort ausdrücken kann?» fragte sie sich selbst. Katharina erlebte die Einigung mit Gott schon in diesem Leben. Immer ausschließlicher fühlte sie sich der Gottesliebe zugetan. Die bedeutende Mystikerin reinigte unablässig ihre Seele und drückte sich in der Sprache der Liebe aus. Der von ihr diktierte «Traktat vom Purgatorium» ist aus einem warmen, christlichen Herzen herausgeflossen und hat sogar die Lehre der Kirche beeinflußt. Ihre Ausführungen sind derart tief und rein, daß man mit hymnischen Worten über sie reden sollte.

Diese innerlich in seltener Höhe schwebende Frau hatte einen Erdenkloß von Mann an ihrer Seite. Es ist kaum zu begreifen, daß sie diese seelische Spannung auszuhalten vermochte. Es gelang ihr nur, weil sie in der Ordnung Gottes verblieb und daher wußte, daß es ihre vom Allmächtigen aufgetragene Aufgabe war, für ihren dumpfen Gatten zeitlebens zu sorgen. Katharina hat ihr Lebensschicksal vorbildlich gemeistert. Von ihr stammen die Worte: «Wenn ich von der Liebe spreche, so dünkt mich, daß ich die Liebe schmähe. So weit sind meine Worte von der Wirklichkeit entfernt. Doch sollst du wissen, daß, wenn ein Tropfen von dem, was mein Herz enthält, in die Hölle fiele, die Hölle in das Paradies verwandelt würde.» Ernst Hello kommentierte diese Aussage mit den Worten: «Das ist die Sprache des heiligen Katharina von Genua. Es sind Aussprüche, Ausrufe, es ist Schluchzen und Schweigen.»[20]

Radegundis und Katharina haben gleiche und doch wieder verschiedene Eheschicksale erfahren. Darf man im tadelnden Tone sagen, Radegundis habe sich durch ihre Flucht ihrem Ehegelöbnis entzogen? War Katharina größer, weil sie mit letzter Kraft die betrübliche Ehegemeinschaft durchgehalten hat? Das wäre von außen geurteilt, was bei einer unglücklichen Ehe immer falsch ist, bei Heiligen sogar doppelt falsch. Bleiben wir vor allem eingedenk, daß wir niemals Richter sein können und Gott allein die Herzen kennt. Ob man eine unharmonische Ehe bis zum bitteren Ende erträgt oder ob man sich ihr durch eine Trennung von Tisch und Bett entzieht, ist eine ganz persönliche Entscheidung, in die ein Dritter nicht hineinzureden hat. Es gab Heilige, die aushielten, und es gab solche, die flohen, und beide glaubten dem Willen Gottes nachzukommen, der für uns Menschen oft ebenso dunkel wie unbegreiflich ist und dennoch immer der Wille Gottes bleibt.

Das Nachdenken über die Heiligen in der Ehe drängt vorerst die vielen, allzuvielen Ehebücher mit ihren angeblich guten Ratschlägen in den Hintergrund. Sie sind, mit wenigen Ausnahmen, nicht höher zu bewerten als dummes Geschwätz. Es gibt keine Idealehe, keine Hochehe, keine vollkommene Ehe und auch keine Partnerschaftsehe, ein Wort, das sich anhört wie «Gesellschaft mit beschränkter Haftung». Alle diese Formulierungen kommen als bloße Slogans dem Zeitgeist entgegen und verwirren die Menschen noch mehr. In Wirklichkeit gibt es keine Rezepte für eine gute Ehe und auch keinen Reiseführer durch das eheliche Land. Ebensowenig ist eine neue, den Zeitverhältnissen angepaßte Konzeption der Ehe möglich. Das ist ein utopisches Denken, dessen Wahn nur mit einer bitteren Enttäuschung endigt. Die Ehe ist, wie die Berge oder das Meer, in einer unveränderlichen Ordnung verankert. Sie ist auf der Grundlage der gegenseitigen Liebe und Treue aufgebaut. Ihre Struktur bleibt in allen Zeiten unerschütterlich. Auch die Heiligen verfügten über kein Allerweltsheilmittel zur Lösung der Eheprobleme.

Die Ehe ist ein Schicksal. Dieses heidnische Wort wird im vorliegenden Zusammenhang im christlichen Sinn verwendet: sie untersteht der Fügung Gottes. Kein Mensch weiß bei Beginn seiner Ehe, welchen Verlauf sein Lebensbund nimmt, ja, er hat es nicht einmal in der Hand, und mag er sich noch so anstrengen, ob seine Ehe die ersehnte Erfüllung bringt oder zum Scheitern verurteilt ist, weil dies zu seiner Bestimmung gehört, die er letztlich nur in Demut entgegennehmen kann. Die Verwirrung der Gefühle in der modernen Zeit ist durch den Verlust des religiösen Verständnisses der Ehe bedingt. Sie ist von Gott angeordnet und frei von allem Asketismus von Christus bestätigt: «Habt ihr nicht gelesen, daß, der im Anfang den Menschen gemacht hat, der machte, daß ein Mann und eine Frau sein sollten, und sprach: Darum wird ein Mensch Vater und Mutter verlassen und an seinem Weibe hangen, und werden die zwei ein Leib sein? So sind sie nun nicht zwei, sondern ein Leib..»[21] Diese Worte sind endgültig. Freilich vermochten die nachfolgenden christlichen Generationen sich nicht auf der Höhe dieses Verständnisses zu halten. Schon in der alten Kirche wurde die Ehe manchmal als bloße Konzession an das Fleisch, als ein Kompromiß mit der Welt verstanden. Den Theologen fehlte es oft an Zartsinn, das Wesen der Ehe evangeliumsgemäß zu bestimmen, wie aus Balleys Buch «Mann und Frau im christlichen Denken» ersichtlich ist. Doch sind es klägliche Geister, die in der Gegenwart noch immer das rigorose Urteil der Kirchenväter über die Geschlechtlichkeit anprangern und dabei die tiefen Gedanken übersehen, die sich auch bei ihnen über «die Frau und das Heil der Welt» finden. Die Auffassung von der Ehe als einem «weltlich Ding» verkennt ihren tiefsten Inhalt und hat nur dazu beigetragen, die Ehe den Ansichten des Staates auszuliefern. Die Profanierung geht auf diesem Wege weiter, bis man schließlich von einer «Ehe auf Zeit» redet, ähnlich wie man von einem Kühlschrank mit Garantiefrist auf zwei Jahre spricht. Das ist reiner Unfug, über den es sich nicht lohnt, auch nur ein einziges Wort zu verlieren. Eine Ehe wird geschlossen, «bis Euch der Tod trennt». Wir müssen den Mut aufbringen, wieder für die Unauflöslichkeit der Ehe für Christen einzustehen. Die Ehe ist ein ewiger Bund, weil sie in der Schöpfungsordnung beschlossen liegt, und ist niemals ein zeitlich kündbarer Vertrag. Man sollte nur eine Ehe eingehen, zu deren Verbindung die eigene Seele sich gedrängt fühlt und die Worte des Engels an Tobias mitempfindet: «Dir war sie bestimmt von Ewigkeit.» [2] Eine Ehe-Scheidung ist immer ein Unglück; Christus hat sie nur bei Unzucht toleriert. [23]

Die Ehe ist ein Mysterium, von dem der Apostel schrieb: «Das Geheimnis ist groß.» [24] Das Seligkeit oder Hölle in sich schließende Geheimnis läßt sich kaum ergründen. Das Geheimnis besteht in der Analogie zum Göttlichen, und die eheliche Liebe ist ein Gleichnis der göttlichen Liebe. Es ist unerlaubt, das Geheimnis zu profanieren und der Öffentlichkeit preiszugeben; es will gleich einem köstlichen Herdfeuer gehütet und gehegt sein, damit es nicht erlösche. Das Hohelied Salomos redet wundervoll vom Ehe-Erlebnis: «Die Liebe ist eine Flamme des Herrn.» [25] Größeres läßt sich wohl kaum über die eheliche Liebe sagen, denn die «Flamme des Herrn» zu erleben, heißt einen Vorgeschmack des Himmels zu empfinden.

Die Ehe ist ihrem Wesen nach sakramental. Die eheliche Vereinigung ist ein Gebet des Körpers, das freilich die seelische Vermählung voraussetzt. Durch die sakramentale Auffassung der Ehe wird die körperliche Verbindung zweier Menschen ins Geistige erhoben, weswegen die eheliche Liebe Quell und Symbol für die Liebe zum Ewigen ist. Gott hat die Ehe gesegnet, eine Wahrheit, an der nicht gerüttelt werden darf. In den Ehen entscheidet sich in aller Unscheinbarkeit das Geschick eines Volkes.

Es ist falsch, zu behaupten, die Ehe ermögliche dem Menschen nicht, die ganze Vollkommenheit des christlichen Lebens zu erreichen. Würde diese Auffassung zu Recht bestehen, dann wäre das Sakrament der Ehe das armseligste aller Sakramente. Wir betonen dagegen mit allem Nachdruck, daß auch die Ehe ein Weg zur Heiligkeit ist. Warum sollte sie es nicht sein? Wir wehren uns gegen das heutige zynische Gelächter über die ehelichen Intimitäten und ebenso gegen die aus einem asketischen Ideal heraus entstandene theologische Abwertung der Ehe. Vielmehr vertreten wir unbeirrt die Vereinigung von Ehe und Heiligkeit, weil wir überzeugt sind, daß nur diese Auffassung dem modernen Ehe-Zerfall Einhalt bietet.
Die französische Dichterin Marie Noël hat in ihrem Tagebuch etwas vom Schönsten über die Ehe der Heiligen aufgezeichnet: «Die Legende von Hilarius und Quieta ist nicht ausführlich erzählt. In einigen goldenen Worten ist alles enthalten: Sie führten ein vorbildliches Leben und liebten sich so sehr, daß ihre Liebe nach ihrem Tode durch ein Wunder verherrlicht wurde. Hilarius starb zuerst. Er wurde in der Kirche St-Jean in Dijon in einem sehr reichen Grabe beigesetzt. Quieta starb, als die Reihe an sie kam. Als man sie neben ihrem Gatten begraben wollte, hob Hilarius den rechten Arm, legte ihn um ihren Hals und zog sie an sein Herz. Darauf wurden die beiden Gatten, vom gläubigen Volk umjubelt, später auf die Altäre erhoben. Ich würde mich freuen, wenn Jungverheiratete vor diesen Auserwählten der Liebe fromm eine Kerze brennen ließen. Ach, wo werden wir sie finden? Im neunten Jahrhundert sind sie in die Krypta der Kathedrale von Dijon übertragen worden, in zwei getrennte Gräber. O unfromme Priester!» [26]
Jede Erläuterung erübrigt sich. Eine einzige Bemerkung nur

sei erlaubt: Die Priester vermochten nur die Grabgemeinschaft aufzuheben, während wir fest davon überzeugt sind, daß Hilarius und Quieta auch im Himmel vereinigt sind, ihnen und uns zur unbeschreiblichen Freude.

# Trauer und Freude

Der Prophet Jeremia saß auf den Trümmern der Stadt Jerusalem und stimmte seine Klagelieder an: «Meine Augen schwanden dahin, es glühte mir in der Brust; mir brach das Herz ob dem Untergang der Tochter meines Volkes.» [1] Michelangelo hat den leidgeprüften Mann überaus ergreifend gemalt, ihn, der Elend erfahren hatte und in lichtloses Dunkel geführt worden war. Den Kopf in die Hand gestützt, brütet Jeremia in abgründiger Trauer vor sich hin. Wie alle Propheten stellte auch er sich mit seiner ganzen Persönlichkeit dem leichtfertigen Treiben seines Volkes entgegen, um es vor dem Abgrund zurückzureißen. Jeremia schrak nicht vor harten Anklagen zurück; er züchtigte das Volk mit der Geißel des Wortes, allein, alles war vergeblich.

Auch die Heiligen empfanden die Trauer des Lebens, wurden aber, im Unterschied zu den Propheten, stets vom Volk geliebt. Sie traten ihm nicht mit donnernden Worten entgegen, sondern schlugen, sich selbst opfernd, einen ganz anderen Weg ein. Die Welt der Heiligen läßt sich mit nichts vergleichen. Sie hat ihre eigene, nicht leicht erkennbare Ordnung, die sich von jener der Welt prinzipiell unterscheidet. Die Heiligen durchbrachen fortwährend den gewöhnlichen Lebensstil und schritten über sich selbst hinaus. Die üblichen Maßstäbe versagen ihnen gegenüber, und meistens vermögen wir nur einen Bruchteil ihrer Wirklichkeit in uns aufzunehmen.

Dabei sind die Heiligen keineswegs der Welt gänzlich entrückt. Sie wandeln noch in diesem Zeitraum und gehören zu den Pilgern auf Erden. Sie standen vor den gleichen Schwierigkeiten wie wir und mußten ihre letzten Kräfte aufbieten, um das Dasein zu meistern. Es wäre falsch, in ihnen, trotz ihres Höhenfluges, ganz andere Wesen zu sehen. Das waren sie glücklicherweise nicht, denn wären sie es gewesen, könnten sie uns nicht als Vorbild dienen. Jakobus schreibt: «Elia war ein Mensch gleich wie wir» [2], ein Wort, das auch für die Heiligen gilt. Mit geschärftem Blick sahen auch sie die verlorene Orientierung und entdeckten die darinliegende Gefahr. Doch ergriff sie nicht heiliger Zorn, sondern weit eher eine namenlose Trauer, die sie zwang, für die Sünden des Volkes stellvertretend Buße zu tun. «Ich weine, weil Sie nicht weinen», sagte der heilige Pfarrer von Ars im Beichtstuhl zu einem gleichgültigen Beichtkind und nahm die Hälfte der Buße auf sich. Trauer als Grundgefühl des Daseins nimmt im Leben der Heiligen einen breiten Raum ein.

Augustin (354–430) ist als großer Denker in die Geschichte eingegangen. Sein Einfluß war im Mittelalter am größten, und erst in der Neuzeit verebbte er langsam. Er war nicht nur von einer denkerischen Leidenschaft besessen, in ihm lebte auch ein Künstler, was nicht wenig zu der Kompliziertheit seiner Persönlichkeit beigetragen hat. Als passionierter Sucher hat er das Thema von der Ruhe und Unruhe des menschlichen Herzens in seinem Leben in allen Variationen abgewandelt. «Mit innerem Stachel triebst du mich, daß ich in Unruh war, bis deiner ich in innerem Schauen sicher wäre.» [3] Augustin flehte um den Geist des Suchens: «Erwecke uns, ruf uns zurück! Entzünde uns, reiß uns mit fort! Mach glühend uns und süß! Mach, daß wir dich lieben, daß wir zu dir laufen!»[4] Der geistesmächtige Kirchenvater wußte um die Schönheit des Lebens: «Auch das Leben, das wir hier auf Erden leben, hat seinen eignen Reiz und Zauber, eigenartig in seiner Schönheit und rein zusammenklingend und verbunden mit diesen Erdengütern.»[5] Zugleich wußte er um die Vergänglichkeit des irdischen Daseins: «Ja, alles altert, alles endet. Und was entsteht und strebt zu sein, je mehr das wächst, um zu sein, so mehr eilt es, nicht zu sein. So ist der Lauf der Welt.»[6] Augustins Leben mutet wie ein leidgetränkter, metaphysischer Roman von allerhöchstem Rang an.

Vor allem beschrieb der sprachgewaltige Augustin das Widerspruchsvolle im Menschen. «Mir selbst ward ich zum großen Rätsel»[7], und fügte hinzu: «Ein gar tiefes Geheimnis ist der Mensch.»[8] Er nannte die Unentschlossenheit «halb zu wollen, halb nicht zu wollen, eine Seelenkrankheit»[9] und war erschüttert ob der Unfähigkeit des Menschen, seine Lebensprobleme zu lösen. Er sprach vom «Kettengeklirr meiner Sterblichkeit»[10], er, der die Irrfahrten des Aeneas im Gedächtnis behielt, aber seine eigene Odyssee nicht verstand, ja, von seinem «eigenen Gewicht» hinabgerissen wurde. «Die Leidenschaften des Herzens haben ihn verzehrt, die Leidenschaften des Verstandes haben ihn verwirrt. Niedere Leidenschaften haben ihn besessen. Er hat die Erbärmlichkeiten gekannt, die Schwächen, die Zweifel, die Ängste.»[11] Dies alles erlebt man nicht, ohne tiefe Wehmut zu empfinden.

Ein Mensch mit derart schweren Erfahrungen betrachtete die Welt nicht mit lachendem Gemüt. Augustin sah die über dem Dasein lagernde Trauer und kannte als emotionaler Mensch die Tränen. Schon im Leben seiner heiligen Mutter flossen die

Tränen reichlich. Monica zählte zu den «Bürgerinnen Jerusalems in Babylon» [12], die zur Rettung einer untergehenden Welt Unermeßliches beigetragen haben. Augustin hat dem Abschiedsgespräch mit seiner Mutter ein würdiges Denkmal gesetzt: «Ich habe ihr die Augen zugedrückt. Da floß in meinem Herzen eine Trauer zusammen über alle Maßen und floß über in Tränen.» [13]

Augustin war die tränenreiche Lebenstrauer wohlbekannt. Die aus Standesgründen erfolgte Trennung von seiner Konkubine verwundete sein Herz dermaßen, daß es ohne Heilung blieb. Selbst in der entscheidenden Stunde seines Lebens, die die große Wende brachte, fehlten die Tränen nicht. «Ich aber warf mich nieder unter einem Feigenbaum, ich weiß nicht wie, und ließ die Zügel meinen Tränen, und aus den Augen stürzten mir die Ströme, dir zum lieben Opfer.» [14] Der Tränenstrom hatte sein Herz weich gemacht und seine seelische Verkrampfung gelöst; ohne diese Tränen wäre die Wendung zu Gott nicht erfolgt. Augustins «Bekenntnisse» sind in einen Tränenschleier eingehüllt. Daraus erklärt sich denn auch ihre geheime Anziehungskraft.

Die Trauer ist auch beim späteren Augustin noch festzustellen. Daß Rom von den Barbaren erobert wurde, war für den im fernen Hippo wohnenden Bischof unfaßbar; jedenfalls war er in seiner Tiefe schwer getroffen. Das gleiche wiederholte sich, als die Vandalen vor der Stadt standen, während Augustin im Sterben lag. Augustin war von einer unstillbaren Liebe zu Gott erfüllt, aber die Gottes-Sehnsucht war bei dem schwerblütigen Manne nicht frei von Trauer, die auch seine Theologie beeinflußte. Man spürt den düsteren Schatten besonders in seiner Prädestinationslehre, nach der nur wenige

Menschen gerettet und unzählige verdammt werden. Die strengen Calvinisten und Jansenisten haben sich nicht umsonst auf ihn berufen. Schwermut grenzt an Sünde. Diese aber gewann bei Augustin nicht die Oberhand, weil in ihm das helle Feuer einer brennenden Gottesliebe glühte.

Margareta von Cortona (1247–1297) empfand eine namenlose Trauer über die Sünden ihrer Jugend. Sie ließ sich während ihrer Mädchenzeit von einem adeligen Burgherren nur allzu gerne verführen und lebte einige Jahre in Saus und Braus, bis ihr Geliebter unerwartet ermordet wurde. Ihr Lebensgebäude stürzte nun jäh zusammen. In hellsichtigen Augenblicken sah sie in ihrer bezaubernden Schönheit nicht einen Abglanz des Göttlichen, sondern eher eine heimtückische Falle, in die sie ahnungslos hineingeraten war. Durch den Sturz ins Nichts kam ihr die Sündhaftigkeit ihres Lebens drückend zum Bewußtsein, immer neue Bilder bedrängten und verfolgten sie, bis sie in ihrer Not in Tränen ausbrach. Margaretas Tränen lassen sich nicht aus ihrem südländischen Temperament erklären, noch hat sie zu nahe am Wasser gebaut. Das sind zu harmlose Deutungen. Ihr Schluchzen stieg aus dem Urgrund herauf und dauerte nicht nur einige Tage. Die Reuetränen, verbunden mit der Klage über ihr verfehltes Dasein, überfielen sie auch nach der großen Umkehr. In ihrem Bußeifer kümmerte sie sich wenig um das Kind ihrer Sünde und vergaß, daß sie die Mutter des armen Knäbleins war, das wie verloren neben ihr her ging. Mauriac bezweifelte füglich, «ob dies der Wille Gottes war; wir sind nicht sicher, ob sich Margareta in diesem Punkte nicht täuschte». «Die Hagiographie hebt die Heiligen in die Wolken, als ob sie nicht menschlichen Bedingungen unterworfen wären.» [15] Margareta von Cortona zählt zu den großen Büßerinnen der Christenheit; sie profiliert sie in ungewöhnlichem Stil, weshalb sie, wie Maria Magdalena, trotz des ehemaligen Kurtisanenlebens zu den hoheitsvollen Heiligen gehört. Die Trauer war ihr grundlegendes Lebensgefühl, eine seelische Verfassung, die sich bei Margareta zu einem bestürzenden Lebensdrama verdichtete. Sie vermochte sich nicht darüber hinauszuschwingen, denn immer wieder beschwerten die Bilder ihres Abgleitens in jungen Jahren ihre Seele. Die Narben blieben zeitlebens sichtbar bei dieser in aller Niedrigkeit doch überragenden Frau. Sie empfand eine unausschöpfliche Reue und schämte sich ihrer nicht. Sie wußte, daß Reue nicht eine Empfindung ist, die man durch ein Bekenntnis ein für allemal von sich wegschieben kann. Echte Reue ist eine Grundhaltung schlechthin. Margaretas Tränen flossen nicht ins Leere; die sühnende Frau wußte um die ewige Antwort Bescheid.

Margareta fürchtete, von den Menschen als eine Heilige verehrt zu werden, und kam deshalb auf den Gedanken, die Sünden ihrer Jugend vom Dach ihres Hauses laut in die Nacht hinauszuschreien. Die Einwohner von Cortona wurden ob der Verzweiflung ihres Herzens noch mehr auf sie aufmerksam. Die mittelalterlichen Mystikerinnen kannten oft weder Maß noch Grenzen. Später verbarg Margareta ihre Tränen, die sie über den schmerzvollen Leidensweg Christi vergoß. Die Tränen sind aus dem Leben der Margareta nicht wegzudenken; sie sind geradezu die herzzerreißende Sprache ihres Daseins. Wer sich nicht nur aus erbaulichen Gründen ein wenig mit Margareta beschäftigen, sondern auf ihr Urgestein, die Heiligkeit, stoßen will, der wird von ihrer maßlosen Trauer ergriffen. Die Tränen blieben auch nicht aus, als die mystische Stimme ihr

zärtlich zuflüsterte: «Du bist meine Tochter», eine Zusicherung, die ganz dem Jubel angehört.
Als drittes Beispiel sei Papst Pius X. (1835–1914) erwähnt, der in unserem Jahrhundert gelebt hat und heiliggesprochen wurde. Das sympathische Antlitz Pius' X. drückt väterliche Güte aus, und doch war sein Pontifikat hart umstritten. Er selbst kam sich nach der Wahl wie zermalmt vor. Schon bei seiner Ernennung zum Bischof weinte er, und bei der Eidesleistung zum Papst erstickte seine Stimme in Tränen. Es ist nicht leicht, seine Persönlichkeit zu verstehen, weil er nicht so schlicht war, wie es im ersten Moment schien. Pius' Einfalt faßte Milde und Strenge in einem Paradox zusammen. Niemand wagt seine echte Christus-Frömmigkeit in Zweifel zu ziehen, obwohl man ob seiner Härte in der Modernistenfrage erschrickt. Lange Zeit hat man versucht, Pius' Vorgehen mit schlechten Beratern und mangelhafter Differenzierung zu entschuldigen. Der Modernismus ist insofern komplex, als sich darin ein ehrlicher Erneuerungswille mit einer rationalistischen Haltung vermischt. Im Grunde aber bedarf Pius keiner schwächlichen Verteidigung. Wahrscheinlich hat er doch mit einem prophetischen Blick wahrgenommen, was damals die Menschen nicht begriffen haben und wir erst heute richtig bewerten können: Mit dem modernistischen Versuch einer Anpassung an die Neuzeit hat man die Schleuse geöffnet, und als Folge davon haben die Wasser alles überschwemmt. Die Angleichung an den Zeitgeist bedeutet nie Aufbruch, sondern stets Auflösung. Das Christentum lebt nicht von den Zeitströmungen, sondern von der johanneischen Gewißheit: «Unser Glaube ist der Sieg, der die Welt überwunden hat.» [16] Pius empfand tiefen Kummer über eine mögliche Entleerung des

Christentums, weshalb er sich mit seiner ganzen Kraft der modernistischen Strömung entgegensetzte. Die Zeitgenossen des heiligen Papstes fühlten sich damals wie vor den Kopf gestoßen. Pius X. war «eine beispiellose Erscheinung der Papstgeschichte, Erneuerer, Bahnbrecher, wissender Hirte der stürzenden Welt»[17].

Der Vorwurf, er sei in politischer Beziehung ein ungeschickter Papst gewesen, ist nur berechtigt, wenn man die Papstgeschichte ausschließlich unter dem unzureichenden Aspekt von diplomatischen Gesichtspunkten betrachtet. In der äußerst schwierigen Frage der Trennung von Kirche und Staat in Frankreich hat Pius jedenfalls eine charaktervolle Haltung eingenommen, indem er zu einem Kardinal über den laizistischen Gesetzesvorschlag der französischen Regierung sagte: «Eminenz, schauen Sie auf den Gekreuzigten. Was sagt er? Er sagt zu uns: ‹Non possumus.› Das ist unsere Antwort.»[18] Pius bekannte sich damals schon zur armen Kirche, wenn ihm auch die Ablehnung des Vorschlages schwer auf dem Gemüt lastete. Man darf sich von seinem freundlichen Lächeln nicht täuschen lassen; eine mystische Traurigkeit umhüllte zuweilen sein Antlitz.

Pius X. war es wirklich daran gelegen, eine christliche Erneuerung herbeizuführen, gemäß seinem Wahlspruch: «Alles erneuern in Christus.» Zwar erreichte er dieses Ziel nicht von entfernt. Gegen Ende seines Lebens sah er die politischen Gegensätze in Europa sich zuspitzen, worauf sich eine fühlbare Trauer auf ihn herabsenkte. Im Frühjahr 1914 sagte er zum brasilianischen Gesandten bei dessen Abschiedsaudienz: «Wie glücklich sind Sie, daß Sie den großen Krieg nicht sehen werden, der binnen kurzem ausbrechen wird.»[19] Pius' Seele verdüsterte sich mehr und mehr, da er keine Möglichkeit sah, das sich zusammenziehende Stahlgewitter zu verhindern. «Der Krieg kommt», prophezeite er immer wieder mit Düsternis. Er hat um dessen Schrecknisse ganz anders gewußt als jene leichtsinnigen Soldaten, die im ersten Übermut sagten: «Hier werden Kriegserklärungen entgegengenommen.» Als der Krieg dann ausgebrochen war, ließ der Papst sich zu keiner unchristlichen Segnung der Kanonen mißbrauchen, sondern entgegnete dem Vertreter Kaiser Franz Josephs: «Ich segne nicht die Waffen, sondern den Frieden.» [20] Offen gestand er: «Ich leide um all jene, die auf den Schlachtfeldern sterben. Ich leide um ihre Seelen. Ich leide um ihre Familien. O dieser Krieg! Ich fühle, das wird mein Tod sein.» [21] Offenkundig hat er innerlich das namenlose Elend seelisch stark miterlebt, denn er war nach Ausbruch des Krieges nicht mehr fähig, die bedrückende Traurigkeit lange zu ertragen. In der Agonie seufzte er: «Meine armen Kinder, meine armen Kinder. Ich biete mein Leben an ... Millionen Menschen, die sterben ... ich habe es vermeiden wollen, aber ich habe es nicht gekonnt.» [22] Drei Wochen nach Ausbruch des Ersten Weltkrieges starb der vom «bitteren Schmerz» getroffene Papst an gebrochenem Herzen. Es spricht für Pius, daß das Leiden der Menschen dermaßen sein Gemüt angegriffen hat. Viele gehen an der dunklen Heimsuchung des Krieges nur mit dem Gedanken des Sich-Drückens vorüber und versuchen oft, damit noch ein Geschäft zu machen. Es wird ihnen kaum bewußt, daß jeder Krieg immer ein schweres Gericht für die Menschen ist, das ein Meer von Blut und Tränen nach sich zieht. Die Kirche wußte, warum sie diesen Papst heiliggesprochen hat.

Die Trauer der Heiligen hat nichts mit Trübsinn zu tun. Theresia von Avila pflegte über griesgrämliche Heilige den munteren Ausspruch zu tun: «Gott bewahre mich vor Heiligen mit verdrießlichen Mienen.» [23] Die Schwermut führt den Menschen in Verzweiflung und Hoffnungslosigkeit. Schwermut ist eine Krankheit, in der der Geist der Schwere den Menschen ins Dunkel hinabzieht und ihm das Antlitz Gottes verstellt. Auch Depressionen sind ein seelisches Leiden, das nach ärztlicher Betreuung verlangt. Die Trauer der Heiligen aber ist etwas ganz anderes, wohl zu unterscheiden vom Pessimismus eines Leopardi. Ebensowenig darf eine Weltanschauung ohne christliche Hoffnung der Trauer der Heiligen gleichgesetzt werden. Traurig sein ist nicht das gleiche wie trostlos sein. Das Gegenteil ist wahr. Aus der Tiefe der Trauer erwächst die Einsicht, daß Trostlosigkeit an der Oberfläche bleibt. Die Trauer schließt eine schon im Evangelium angedeutete Kraft in sich: «Selig sind, die da Leid tragen, denn sie sollen getröstet werden.» [24]

Offensichtlich gehören Tränen zum Leben der Heiligen. Obschon die Tränen im Dasein vieler Menschen reichlich fließen – Dostojewski meinte einmal, daß die Kruste der Erde bis zu ihrem Mittelpunkt mit ihnen durchtränkt sei –, gehen die Geschichtsschreiber unbegreiflich teilnahmlos an ihnen vorüber. Nur Ernst Hello hat über den Sinn der Tränen ernsthaft nachgedacht: «Tränen sind etwas Geheimnisvolles, und es gehört zu ihrem Wesen, daß sie stets durchdringen.» [25] Tränen stehen in einer göttlichen Ordnung und sagen das aus, was Worte nicht mehr ausdrücken können. Die Heiligen hatten im Gegensatz zu vielen heutigen Männern den Mut, sich ihrer Tränen nicht zu schämen, darum gelangten sie zu innerer Umkehr. Sie waren auch anders als jene modernen Frauen, die meinen, dauernd mit Puderquaste und Taschentüchlein hantieren zu müssen, um ihre echten Gefühle verbergen zu können. Von Jesus wird berichtet, er habe am Grabe des Lazarus geweint und ebenso auch über die Verstocktheit Jerusalems. Tränen machen sowohl blind als sehend und sind ein urmenschliches Empfinden.

Ein großes Geheimnis ist die Tränengabe der Heiligen. Ignatius von Loyola (1491–1556) berichtet in seinem «Geistlichen Tagebuch»: «19. März. In der Messe ständig eine große Fülle von Tränen, ebenso nach der Messe.» «22. März: In der Messe ständig ganz sachte viele Tränen, ebenso nach der Messe.» «23. März: Vor und während der Messe viele und innige Tränen.»[26] Nicht nur einmal finden sich in Ignatius' Tagebuch Eintragungen über Tränen während der Eucharistiefeier, fast täglich vermerkt er sie. Der Stifter des Jesuiten-Ordens war ein Mensch von seltener Tiefe, dessen Seelenleben den meisten Christen unbekannt ist. Später sagte Ignatius einmal zu Pater Polanco: «Früher hielt ich mich für ungetröstet, wenn ich nicht dreimal bei einer heiligen Messe weinen konnte. Aber der Arzt hat mir das Weinen verboten, und das nahm ich auf wie einen Befehl des Gehorsams. Seitdem empfinde ich ohne Weinen weitaus mehr Tröstung.»[27] Das Geständnis zeigt die ausgeprägte Willensnatur des Ignatius, der auch seine Söhne durch Exerzitien großartig zu formen verstand. Er war erfüllt von einer verborgenen Mystik, die seine Mitbrüder dahin formulierten: «Wir sollen Gott in allen Dingen finden. Mit tiefer Bewunderung und süßem Herzenstrost sahen wir, wie diese Gnade, dieses Licht in seiner Seele, wie ein Schimmer über sein Antlitz ausgegossen war und sich kundgab in der Klugheit und Sicherheit aller seiner Handlungen.»[28] Seine Mystik schließt mit ihrer ehrfürchtigen Liebe die völlige Selbstaufgabe in Gott in sich, «als wäre ich eine Schneeflocke». Aus der Einsicht in diese Hintergründe wurde später Ignatius als ein Mann bezeichnet, der «nicht eingegrenzt war vom Größten und dennoch einbeschlossen blieb ins Kleinste» [29].

Die Tränengabe ist nicht weniger wunderbar als die Levitationen der Heiligen. Sie ist ein Geschenk Gottes und kann nicht künstlich nachgeahmt werden. Es ist eine Gnade, wenn dem Menschen während des Gebetes die Tränen kommen, seien es nun Reue- oder Freudentränen. Sie begleiten das Gespräch mit Gott gleich einem empfindsamen Geigenspiel.

Die Trauer läßt sich vom Leben nicht ablösen; wem sie fremd bleibt, der besitzt ein kaltes, steinernes Herz. Wir empfinden sie besonders tief beim Tode eines geliebten Menschen, und doch gibt es eine davon ganz unabhängige Lebenstrauer. Jeder, der sich dem menschlichen Dasein unvoreingenommen stellt, wird oft von dieser Traurigkeit berührt, denn so vieles im Leben bleibt leidvoll. Theresia von Avila schrieb zwar in ihren Briefen: «Wenn wir traurig sind, so bedeutet das, daß wir uns nicht vollständig von allem losgelöst haben.» [30] Eine solche Erkenntnis kommt aus der Tiefe und doch darf die Trauer nicht bloß negativ gewertet werden, denn sie hat es mit dem Leiden zu tun, und Leiden verbindet wiederum mit Gott. Leiden ist eine Auszeichnung; Leiden wird nur noch vom Sterben übertroffen. Wer das Drama der Nacht, die Dunkelheit in den menschlichen Beziehungen gesehen hat, vermag das innere Schluchzen nicht zu unterdrücken.

Die Trauer der Heiligen hat metaphysische Ursachen; das endgeschichtlich eingestellte vierte Buch Esra formuliert sie schlicht und doch mit einer abschließenden Klarheit: «Da

Adam meine Gebote übertrat, ward die Schöpfung gerichtet: Da sind die Wege in diesem Aeon schmal und traurig und mühselig geworden, elend und schlimm, voll von Gefahren und nahe an großen Nöten.»[31] Darin liegt der tiefste Grund der menschlichen Trauer, die seit Adams Fall dem Dasein selbst innewohnt. Sie kann von ihm gar nicht abgetrennt werden, und deswegen läßt sich die Trauer auch aus der besten Gesellschaftsordnung nicht wegschaffen. Sie hat ihren Grund in der Substanz der Welt selbst. Groß war die Trauer bei den Heiligen, aber sie verblieb stets im Raume Gottes. Paulus hilft, diese Trauer ein wenig zu begreifen, wenn er sagt: «Die göttliche Traurigkeit wirkt zur Seligkeit eine Reue, die niemand gereut; die Traurigkeit aber der Welt wirket den Tod.»[32] Die Heiligen waren von dieser göttlichen Traurigkeit erfüllt, und gerade darum sind sie an ihr nicht zugrunde gegangen.

Die Trauer aber ist nur die eine Seite; die andere ist die Freude. Sie ist im Leben ebenso bedeutsam und lebt von der prophetischen Verheißung: «Ich will ihr Trauern in Freude verkehren.»[33] Es geht nicht um jene Freude der Welt, die flüchtig und unstet ist, die sich bald in der Fülle darbietet und sich oft entleert. Die biblische Freude ist zuverlässig und beständig, ist wie ein anderes Leben mitten im gewöhnlichen Dasein.

Strahlend leuchtete diese Freude bei Franziskus (1181–1226) auf, der trotz seiner Verschwendungssucht alles andere als leichtsinnig war. Bruder Leo hob im «Spiegel der Vollkommenheit» stark die Strenge hervor. Nach Franziskus sollte in seiner Bruderschaft «alles von Armut, Pilgerschaft und Verbannung künden»[34]. Immer wieder schreibt Bruder Leo: «Wir, die wir mit ihm gelebt haben, hörten ihn oft sagen, daß er alles hasse, was zur Welt gehöre, und daß er über alles das

Geld verfluchte.»[35] Franziskus bekämpfte auch stets den eigenen Leib als seinen größten Feind.
Doch war die Strenge bei dem Herold des großen Königs in eine außerordentliche Freude eingebettet. Vollkommen heiter erlebte er mit den Brüdern die Armut als eine Fülle und achtete darauf, daß man sich seiner Besitzungen freudvoll entäußere. Die in Franziskus vorhandene süße Melodie seines Geistes schäumte häufig über und ergoß sich nach außen in einen Gesang in französischer Sprache. «Es war immer die höchste und vorzüglichste Sorge des seligen Franziskus, auch außerhalb des Gebetes und der heiligen Messe ohne Unterlaß von innerer und äußerer Heiterkeit des Geistes erfüllt zu sein.»[36] In der Schwermut sah er eine Versuchung und betonte stets, «immer fröhlich zu sein und uns im Herrn zu freuen»[37]. Als er sich die Aussendungsrede Jesu anhörte, die sein Leben entscheidend umgestaltete, empfand er «eine unsagbare Freude»[38]. Er fühlte sich mit seinen ersten Gefährten «verbunden in unermeßlicher Freude des Heiligen Geistes»[39].
Franziskus nannte sich und seine Brüder «die Spielleute Gottes»[40], eine gewagte Formulierung, da man damals die Spielleute gering achtete. Auf dieser Bezeichnung lag der Grundton der Bruderschaft; ihm selbst gaben seine Gefährten den Namen «Bruder Immerfroh». Es wäre irrig anzunehmen, Franziskus habe immer nur die Freude und nie die Tränen geschmeckt. Als Elias von Cortona ihm die Leitung des Ordens aus den Händen riß und in andere Bahnen lenkte, war die stöhnende Klage des Franziskus nicht zu überhören. Der tiefe Kummer zeigte deutlich, daß auch dem Poverello die tragische Erfahrung nicht erspart blieb, obwohl die Sorge nicht sein Lebensgefühl war. Seine Grundstimmung war eine unver-

kennbare Heiterkeit, aus der auch «Der Sonnengesang», dieses urfranziskanische Bekenntnis, hervorgegangen ist. «Daran war dem seligen Franz vor allem gelegen, daß er auch außerhalb des Gebetes und Gottesdienstes allezeit die heilige Freude des inneren und äußeren Menschen bewahre. Das sah er besonders gern auch an seinen Brüdern; und öfters verwies er es einem, wenn er eine traurige oder ärgerliche Stimmung nach außen hervortreten ließ.» [41] Das herrlichste Kapitel der «Fioretti» ist jenes über «die vollkommene Freude», in dem er unübertrefflich ausführt, daß nur im willigen Erdulden aller Widerwärtigkeiten die wahre, evangeliumsgemäße Freude besteht [42]. Diese Einsicht führt in seine innerste Tiefe, in der die heilige Freude verwurzelt war. Schließlich war auch sein Tod von einer strahlenden Heiterkeit überglänzt, denn «er erschien seinen Gefährten heilig in seinem Lächeln» [43].

Ein fröhlicher Mensch war Philipp Neri (1515–1595), den Goethe «den humoristischen Heiligen» nannte. Dem großen Dichter fiel nur das Phänomen auf, aber er reflektierte nicht eingehender über die Herkunft des Humors bei Neri, sonst wäre er zu einem andern Verständnis des Heiligen gelangt.

Er war der Gründer einer Gemeinschaft, die sich in einer kleinen Wohnung bei San Girolamo traf, wo man zusammen musizierte und sich an den Klängen der inzwischen berühmt gewordenen Oratoriummusik erfreute. Philipp Neri huldigte dem kühnen Grundsatz: «jeder Teilnehmer solle nach seinem eigenen Geschmack leben», eine Maxime, die aus der herrlichen Freiheit der Kinder Gottes entstanden und nicht etwa im liberalistischen Sinne zu verstehen ist. Um dieser gewagten Losung willen wollte Neri von keinem gemeinsamen Tisch, von keinem Oberen und von keinen Gelübden etwas wissen.

Nie hegte er Gründerallüren; er versuchte, in seinem Oratorium den Mittelweg zwischen Orden und Freiheit zu gehen. Ohne je Reformvorschläge unterbreitet zu haben, hat er doch viel zur Erneuerung der Kirche im 16. Jahrhundert beigetragen.

Der Apostel von Rom, wie man ihn schon zu Lebzeiten nannte, liebte es, an den Kaufläden vorbeizuflanieren und mit der heranwachsenden Jugend in den Gassen zu bummeln. Er war sehr volkstümlich, war der Spaßvogel in den Straßen Roms und kehrte gerne den lustigen Gesellen hervor, indem er aus Freude auf den Plätzen Roms in die Luft sprang und Eulenspiegeleien trieb. Wegen seiner burlesken Taten waren bigotte Leute oft verstimmt, die dann verächtlich sagten: «Sehet den alten Gecken!» Der aus Florenz stammende Heilige hatte eine Vorliebe für die derben Späße des Literaten Arlotto, was ihm der advocatus diaboli bei der Kanonisation als die eines Heiligen unwürdige Freude ankreidete. Glücklicherweise erlebte Neri seinen Heiligsprechungsprozeß nicht mehr, obwohl er über ein solches Argument schallend gelacht hätte. Es herrschte eine heitere Atmosphäre in seinem Oratorium, wurde dieses aber von irgend einer Seite her bedroht, dann sorgte Philipp Neri dafür, daß die Freude bald wieder einkehrte. Neri «trug seine Fröhlichkeit festlich und strahlend durch die Straßen und Gassen und Gäßchen der Stadt und hinaus noch in ihre Ruinen und Wildnisse. Seine Wahlverwandtschaft mit dem Lichten und Fröhlichen machte ihn sogar bedenklich, um nicht zu sagen voreingenommen, gegen Melancholiker und schwerblütige Charaktere, und er versicherte, die Erfahrung habe ihn belehrt, daß sie dem Heiligen Geist weniger zugänglich seien»[44]. Das römische Volk nannte ihn Pippo buono, ihn, der in einer lachenden Gesellschaft lebte, mit Bekannten und Unbekannten scherzte und sein drolliges Spiel mit ihnen trieb. Es gibt zahlreiche, überaus reizvoll zu lesende Anekdoten über ihn. Wenn jemand mit Skrupeln belastet im Beichtstuhl saß, geschah es oft, daß er ihm eine Ohrfeige versetzte und ihm befahl: «Sei fröhlich!», womit die Sache denn auch abgetan war. Der Schwiegertochter des Vizekönigs von Sizilien, die auf offener Straße vor ihm niederkniete und um seinen Segen bat, legte er wohl segnend die Hand aufs Haupt, zerzauste aber zugleich ihre hübsche Frisur. Es ist nicht zufällig, daß sich auch die Jugend zu ihm hingezogen fühlte, weil er gar nichts Griesgrämliches an sich hatte und ihr übermütiges Verhalten prachtvoll verstand: «Sie mögen auf meinem Rükken Holz spalten, wenn sie nur nicht sündigen»[45], meinte er, und ein anderes Mal sprach er den Jungen zu: «Eßt nur, Kinder, ich werde schon vom Zuschauen dick.»[46] Mit halbrasiertem Bart oder an einem Ginsterstrauß riechend, spazierte er zum Gelächter aller durch die Straßen Roms. Er weigerte sich, die Kardinalswürde anzunehmen und sandte das ihm zugestellte rote Birett mit einem Scherzwort an den Papst zurück. Dies alles ist nicht etwa bloß Ausdruck eines Witzboldes. Der Harlekin auf den römischen Straßen war ein hintergründiger Mensch, dessen originelle Späße nur die Vorderseite sind. Der Tor hatte sich an Gott verloren und trat als solcher alle Überlegungen der Vernünftigen mit Füßen. Pippo buono scherzte und verbarg dahinter seine ekstatische Begnadung. Wenn er die Hostie erhob, vermochte er jeweils die Arme nicht mehr zu senken und mußte alle Kraft anwenden, um nicht bei unpassenden Gelegenheiten in der Luft zu schweben. Heimlicherweise weinte er auch, er weinte sogar viel, so daß man fürchtete, die vielen Tränen könnten seinem Augenlicht schaden. Um ihm gerecht zu werden, muß man in ihm den verborgenen Mystiker wahrnehmen, den er mit all seinen Narrheiten in Christo verdecken wollte.

Im «Dialog über die christliche Freude» hat Kardinal Valino dem Spaßmacher von Rom das schönste Denkmal gesetzt. Schon der Titel verrät, daß er das tiefste Wesen des Heiligen verstanden hat. Diesem Narren um Christi willen war nicht der Witz an sich wichtig, vielmehr war er Ausdruck einer spezifisch christlichen Freude. Stets zog er, wie der Kämmerer aus dem Mohrenland, «fröhlich seines Weges». Die Freude, die an Weihnachten allem Volke widerfährt, durchzitterte ihn. Man baute nach seinem Tode das Oratorium zu einer Kirche um, wie dies mit den Gemächern der Heiligen zu geschehen pflegt. Franziskus und Philipp Neri waren Italiener. Es wäre eine unerlaubte Einschränkung, wollte man vermuten, die Freude sei an das südländische Temperament gebunden. Man trifft die christliche Fröhlichkeit auch im kalten Norden an; beim heiligen Thomas Morus (1478–1535) ist sie gar nicht zu übersehen. Die Welt kennt ihn als Verfasser der berühmten «Utopia», mit der er eine ganz neue Art von Literatur begründet hat. Aber er war alles andere als ein utopischer Denker, der sich in unmöglichen Konstruktionen gefiel, sondern er trat unter dieser Maske als Gesellschaftskritiker auf. Thomas Morus war nicht nur ein kluger Mensch, er war auch ein vorbildlicher Familienvater und ein überaus sympathischer Humanist, den man einfach lieben muß. «Er liebte so sehr das Scherzen, daß er nur dafür geboren schien, Witze zu machen», meinte einmal Erasmus von Rotterdam, der mit ihm eng befreundet war[47]. Dies ist nun freilich nicht ganz richtig gesehen, denn Erasmus sah vieles zu schnellflüchtig. Trotzdem, Thomas Morus verfügte über einen sagenhaften Witz, dank dem er selbst den unangenehmsten Dingen noch eine heitere Note abzugewinnen vermochte. Mit ihm und durch ihn ist der Humor wieder in die Heiligengeschichte eingezogen, den man nicht allzuoft in ihr findet.

Sein Humor war typisch englisch, scheinbar trocken und manchmal nicht leicht durchschaubar. Gewöhnlich wird von Morus ein Gebet um Humor angeführt, aber dieses Gebet ist nicht authentisch, denn man findet es nicht in seinen Schriften. Dem Geiste nach könnte es wohl von Morus sein, aber man weiß, daß es ein Italiener erst vor sechzig Jahren gedichtet hat: «Schenke mir eine gute Verdauung, Herr, und auch etwas zum Verdauen!»

Thomas Morus' Heiterkeit lag namentlich in seinen Scherzen. Es ließe sich ein ganzes Büchlein davon zusammenstellen, das viele Menschen auf diesen Heiligen aufmerksam machen würde, die sonst die hagiographische Literatur scheuen wie der Teufel das Weihwasser. Thomas Morus konnte Scherze zum besten geben, bei denen die Zuhörer oft nicht recht wußten, war es nun Ernst oder Scherz. Dieses beinahe zwielichtartige Spiel gehörte zum Reiz dieses heiligen Mannes. Als Heinrich VIII. ihn in den Kerker werfen ließ, sprach Thomas Morus zum Gefängniswärter: «Ich hoffe, Euch nicht zu stören; aber wenn ich Euch lästig werden sollte, braucht Ihr mich nur vor die Tür zu setzen.» Selbst unmittelbar vor der Hinrichtung tat er einen munteren Spruch, indem er zu einem zuschauenden Mann sagte: «Wollet mir beim Hinaufsteigen helfen, Sire. Für das Hinunterkommen werde ich schon selbst sorgen.» Sogar sein allerletztes Wort auf dieser Welt war ein Scherz. Der des

Hochverrates angeklagte Mann legte das Haupt auf den Block, erhob sich noch einmal, schob den Bart, der ihm im Gefängnis gewachsen war, beiseite und sagte: «Der hat doch keinen Hochverrat begangen, darum soll er auch nicht abgeschnitten werden.» Stellt man sich die Situation vor, in der diese scherzenden Worte gesprochen wurden, kann man ihn nur bewundern.

Doch sank Thomas Morus in keiner Stunde zum bloßen Possenreißer herab, denn dafür war sein lächelnder Geist von einer zu festen, kindlichen Frömmigkeit erfüllt. Lag nun sein Humor nur an der Oberfläche, hinter der sich ein ganz anderer Mann verbarg? Nein, der gehörte durchaus zu seiner Persönlichkeit. Es bleibt beachtenswert, daß Thomas Morus' Fröhlichkeit sich auf dem Hintergrund seiner bevorstehenden Hinrichtung abgespielt hat. Selbst auf dem Blutgerüst heiter zu sein, verkörpert eine geistige Haltung, die das gewöhnliche Verstehen bei weitem übersteigt. Dem heldenmütigen Märtyrer, der die Ehescheidung des weibertollen Königs Heinrich VIII. nicht guthieß und den selbstherrlichen Herrscher nicht als Oberhaupt der englischen Kirche anerkannte, war die letzte Heiterkeit geschenkt, die sich nicht aus einer natürlichen Veranlagung erklären läßt. Sein Widerstand war vorbildlich; für alle Zeiten hat er gezeigt, was es heißt, seinem Gewissen treu zu bleiben. Der scherzende Morus nahm es mutig auf sich, im Widerspruch zu seiner Zeit zu stehen, jedenfalls hat er die Feuerprobe des Glaubens bestanden. Er war der ernst-heitere Mann, der zugleich weinte und lachte, weil beides in seinem Wissen um Gott begründet war. Er wußte, daß auch der Allmächtige über die Torheiten der Menschenkinder lacht[48].

Die Frage nach der Freude bei den Heiligen wurde bis dahin

kaum ernsthaft bedacht. Einzig Otto von Taube ist in seinem Aufsatz «Der Humor bei den Heiligen» diesem Thema ansprechend nachgegangen. Taube war ein Dichter von adeliger Gesinnung, dem «die obere Schar» wichtig war. Wenn auch seine Ausführungen über den Humor bei den Heiligen am Schluß abbrechen, ohne zu einem Ergebnis zu gelangen, hat er doch das Problem aufgeworfen.

Das Thema «Trauer und Freude bei den Heiligen» weist eine andere Tonlage auf als jenes von Optimismus und Pessimismus, zwischen denen der Mensch hin und her pendelt. Schopenhauer nannte den Optimismus eine verruchte Gesinnung, jedenfalls wiegt er so wenig wie die gewerbsmäßig zur Schau getragene Freundlichkeit. Mit dem gläubigen Urvertrauen hat er schon gar nichts zu tun und ist auch nicht mit der christlichen Hoffnung zu verwechseln. Gegenüber der heutigen Welt mit ihren düsteren Perspektiven ist eine optimistische Betrachtung reichlich oberflächlich und erfaßt ohnehin nur die vordergründige Wirklichkeit. Auf die Dauer aber ist mit dem Pessimismus schwer zu leben. Ein pessimistisches Gemüt sieht alle Dinge schwarz und gallig, glaubt fortwährend dunkle Ahnungen zu haben und wirkt auf die Umgebung niederdrückend. Der Pessimismus legt sich wie Mehltau auf die Seele des Menschen. Die Heiligen passen nicht in das allzu simplifizierte Schema von Pessimismus und Optimismus, sondern verlangen nach anderen, tieferen Kategorien.

Wenn man sagt, Trauer und Freude seien die beiden notwendigen Pole des menschlichen Lebens, so gehört dies zu den vielen Gemeinplätzen, mit denen man sich nur allzugern zufrieden gibt. Was von diesen nichtssagenden Selbstverständlichkeiten zu halten ist, hat Leo Bloy in seiner Schrift «Exegese der

Gemeinplätze» ätzend scharf aufgedeckt. Trauer und Freude sind keine bloß angeborenen Gemütslagen. Das ist eine psychologische Betrachtung, die nicht durchaus in Abrede gestellt werden kann und doch nicht genügt. Bei den Heiligen ist immer der metaphysische Aspekt am Platze, weil ihr Dasein doch die irdischen Strukturen überschreitet und in höhere Regionen hinaufragt.

Die Freude der Heiligen ist das Gegenteil von ausgelassener Lustigkeit. Der Spaß hat es nur darauf abgesehen, die Lacher auf seine Seite zu bringen. Lustig geht es beim Karneval zu, lustig wird die Silvesternacht zugebracht – sind aber nicht beide inhaltslos und leer? Zu gerne wird mit einer Galgenstimmung eine unerfreuliche Lebenssituation überspielt, aber dieses gekünstelte Lachen meistert keine der vielen Daseinsschwierigkeiten. Nur allzu leicht geht die Lustigkeit in eine Wurstigkeit über und endigt in einem kläglichen Katzenjammer, den viele Menschen am Aschermittwoch als heulendes Elend verspüren. Die Probleme des Lebens lassen sich nicht mit dem «Fest der Narren» lösen. Das Gelächter ist nie und nimmer der Hoffnung letzte Waffe. Diese amerikanische Ansicht wollte mit dem «Christentum als neue Komödie» Aufsehen erregen und hat dabei übersehen, wie oberflächlich sie an den entscheidenden Fragen vorübergeht.

Die Lustigkeit ist etwas ganz anderes als der Humor, der an sich viel feiner ist. Man unterschied schon zwischen dem kleinen und dem großen Humor, aber vielleicht wäre es besser, zwischen dem göttlichen und dem menschlichen Humor zu differenzieren. Der kleine, menschliche Humor erfreut sich manchmal an einer überaus ergötzlichen Situationskomik und zeigt den Umweg über das Kleine zum Großen, über die geräuschvolle Außenwelt mitten ins Herz auf. Der Humor stellt das Mächtige in seiner Bedeutungslosigkeit und das Geringfügige in seinem Lebensreiz ins Licht. Der große Humor aber ist den Dingen überlegen, weil er durch den Ernst hindurchgegangen ist. Der göttliche Humor ist der Sonnenstrahl des guten Willens; er läßt gelten und lächelt noch unter Tränen, er durchlichtet zuletzt allen Kummer und hellt ihn auf.

Nach dem Psalmisten «sollen die Heiligen fröhlich sein»[49]. Es ist nicht leicht zu sagen, was mit dem Wort «Heiterkeit» gemeint ist. Heiterkeit kennt die Trauer, die Tränen, die Sorge, ohne sie zu verkleinern, und doch hat sie sie überwunden. Die himmlische Heiterkeit ist das Kennzeichen des christlichen Ernstes. Sie ist wie eine freie, gelockerte Lebenshaltung, sozusagen wie ein leichtes Schweben über den Dingen. Der heitere Mensch schlägt weder nach oben noch nach unten aus, er lebt in einer gleichbleibenden Gemütslage, die von einem Urvertrauen getragen ist. Wollte man jemand eine Vorstellung von der Heiterkeit vermitteln, müßte man ihm anraten, Mozart oder Haydn anzuhören, bei denen die Wehmut des Lebens durch die Freude überstrahlt ist. Er springt direkt in die Heiterkeit hinein, ein Lebensgefühl, das nicht eine bloß momentane Stimmung ist, sondern eine grundsätzliche Haltung und als solche in einem religiösen Fundament gegründet ist. Die Heiterkeit kommt wie der Sonnenschein vom Himmel. Heiter waren etliche Künstler, heiter waren die meisten kleinen und großen Heiligen, trotz Elend, Not und Tod. Heiter sein bedeutet, mit erleichtertem Herzen geben und nehmen. Die Heiterkeit ist eine wundersame Melodie; sie ist das letzte Lied des Menschen, das über alles Dunkle triumphiert. Bernanos läßt den sterbenden Abbé Chevance sagen: «Die Heiterkeit der Heiligen, die uns durch eine vertrauliche, schlichte Art beruhigt, ist sicherlich nicht weniger tief als ihre Traurigkeit, aber wir halten sie gerne für naiv, weil sie nichts Gesuchtes, keine Anstrengung erkennen läßt... Oh, meine Tochter, ein einziges Lächeln erleichtert manchmal, gibt den Frieden wieder, die Seele atmet auf...» [50]

Sind die Heiligen über alle Gefühlsschwankungen erhaben? Kennen sie weder Wellenhöhen noch Wellentiefen? Gewiß nicht von Natur aus, aber sie haben sie durch eine seelische Ausgeglichenheit gemeistert und sind zu jener Gelassenheit gelangt, die das große Ziel der mittelalterlichen Mystiker war. Ihre Erfahrung entspricht dem Dichterwort «auch Gram verzaubert» (José Orabuena).

Die Heiligen rufen den heutigen Christen betulich zu: Seid heiter! Wie reimt sich der seltsame Ratschlag mit den düsteren Perspektiven der gegenwärtigen Welt? Wird die Forderung nach Fröhlichkeit nicht deshalb gestellt, weil man persönlich gerade nicht heiter ist? Scheinbar ist es so, aber nicht bei den Heiligen, deren Heiterkeit einfach da ist und von der sie kein Aufsehen machen. Wer sollte denn heiter sein, wenn nicht die Christen? Sie allein können es von Herzen sein, weil sie vom Glauben erfüllt sind, daß die Erlösung vollbracht ist, die alle Mächte der Finsternis überwindet, bis dereinst Gott sein wird Alles in Allem.

# Vom Teufel bedrängt

«Keinen Augenblick akzeptiere ich dich als reale Wirklichkeit. Lüge bist du, meine Krankheit bist du, du bist nichts als ein Fiebergespinst! Du bist meine Halluzination. Du bist die Verkörperung meines Ichs, aber nur des niedrigsten und dümmsten», schrie Iwan Karamasow den Teufel an, der ihn als russischer Gentleman in etwas abgetragener Kleidung und ein wenig schmutziger Wäsche nächtlicherweise besuchte[1]. Iwans Teufelsverneinung ist die Stimme des modernen Menschen, der den Teufel als eine überholte, nicht-existente Angelegenheit bewertet, jedenfalls als ein Thema, das sich nicht auf der Höhe der Zeit befindet. Der moderne Hohn darf uns nicht irritieren, ist er doch nur ein Zeichen dafür, daß wir uns, als bewußte Nicht-Mitläufer, auf dem schmalen Weg befinden.
Sind allein die modernen Themata bedeutsam? Das Wort «modern» kommt von Mode. Es mag noch angehen, von einer modernen Frisur zu reden, aber sich über eine moderne Theologie auszubreiten, bedeutet nichts anderes, als einem der Mode unterworfenen Problem nachzujagen. Moderne religiöse Fragen sind so viel und so wenig wert wie die moderne Hutmode für diesen Sommer. «Modernität ist gegenwärtig der auf der Straße zu öffentlichem Gebrauch liegende Freibrief für jedermann, von höchsten Dingen zu schwatzen», lautet das vernichtende Urteil Franz Overbecks, dem wir die kritische Sicht der modernen Theologie verdanken.[2]

Man hastet heute oft oberflächlich an den unmodernen und unzeitgemäßen Themata vorbei, obwohl in ihnen die ernsteren Probleme verborgen sind. Gerade die vernachlässigten Fragen warten auf eine Antwort, und da die Frage nach dem Teufel zu ihnen gehört, wollen wir uns mit betontem Ernst mit ihr beschäftigen, indem wir darin zwar keine wissenschaftliche Aufgabe sehen, sondern eine Sache des Glaubens.

Es ist unmöglich, den Teufel aus der Welt der Heiligen auszuklammern, ohne auf das vulgäre Niveau der Massenmedien abzusinken. Der Christ, auch der neuzeitliche Christ, muß sich mit ihm auseinandersetzen, mag ihm nun dies genehm sein oder nicht. Er hat Vorurteile wegzuräumen und wird auch einige Überraschungen erleben. Bei dem Thema «Die Heiligen und der Teufel» geht es zum mindesten um eine hintergründige, wenn nicht sogar um eine bedrängende Angelegenheit. Jedenfalls war sie dies für die Heiligen selbst. Den Fragen nach der zweiten Wirklichkeit ist eine bestürzendere Tiefe eigen als den bloß psychologischen, soziologischen und politischen Problemen. Alles Vordergründige lebt vom Hintergründigen – das haben wir im Strudel der Zeit vergessen und müssen es wieder lernen.

Aus der Fülle des Stoffes greife ich diesmal absichtlich nur zwei Beispiele heraus, obwohl es leicht wäre, viele Namen zu nennen, da es kaum ein Heiligenleben gibt, das nicht mit den Mächten in eine reale Berührung gekommen ist. Das Leben der Heiligen ist niemals einer lieblichen Idylle gleichzusetzen. Das sogenannte süße Leben ist für viele Menschen verlockend, doch endet es unfehlbar im Verderben. Dies wußten die Heiligen, die es mit einer abgründigen Wirklichkeit zu tun hatten, einer Wirklichkeit, die die andern nicht sehen wollen, obwohl sie immer wieder darauf stoßen. Vergessen wir für einmal unsere geläufigen Vorstellungen vom Dasein und versuchen wir, in eine mehrdimensionale Welt hineinzuschauen.

Antonius von Ägypten (252–357) wurde von seinen Zeitgenossen «der Große» genannt. Die heutigen Christen wissen mit knapper Not noch seinen Namen. Ich muß es mir leider versagen, das Leben dieses außerordentlichen Mannes eingehender zu schildern. Es hat Augustin den Ausruf entlockt: «Gilt das uns? Was ist das? Hast du es gehört? Die Ungelehrten stehen auf und reißen das Himmelreich an sich, und wir mit unserer Weisheit ohne Herz sind so tief in Blut und Fleisch verstrickt.»[3]

Antonius erregte mit seiner kühnen Himmelsstürmerei die Aufmerksamkeit seiner Zeitgenossen. Er ging, was noch nie geschehen war, in die für damalige Menschen mit Schrecken erfüllte Wüste. Daß jemand die Wüste mit ihrer ausdörrenden Tageshitze und ihrer nächtlichen Eiseskälte als Aufenthaltsort wählt, war ebenso unfaßlich kühn wie die erste Mondlandung in unserer Zeit. Der Anachoret ist, wie der Name sagt, ein Mensch des Aufbruches: er verläßt das gewöhnliche Dasein und siedelt sich außerhalb der menschlichen Gesellschaft an. Antonius führte in der Wüste kein egozentrisches Leben, im Gegenteil, als Mann der Kontemplation entfaltete er eine reiche seelsorgerliche Tätigkeit, die ihm den Namen «Arzt, den Gott dem Lande Ägypten geschenkt hatte», eintrug. «Geh zu Antonius und leg ihm deine Seelennot zur Beurteilung vor und handle seinem Bescheid gemäß, denn durch ihn redet Gott zu dir», riet man den Menschen. Der Eremit besaß ein seelsorgerliches Charisma, das ihn befähigte, die Trauernden aufzurichten und den Ratlosen einen Weg zu zeigen. Einmal kamen Schüler zu ihm und sprachen: «Sage uns ein Wort, wie wir gerettet werden.» Antonius antwortete: «Ihr fragt, als sei ich ein Orakel. Leset die Evangelien, und ihr wisset alles.» – «Nein, nein», wehrten sie sich, «sei nicht zu bescheiden. Wir kennen die Tiefe deines Wissens. Du bist der Vater der Mönche. Wir wollen ein Wort von dir selber hören.» Da sprach Antonius: «Im Evangelium heißt es: Wenn dich einer auf die rechte Wange schlägt, halte ihm auch die andere hin.» Sie antworteten: «Das können wir nicht.» Antonius sprach hierauf: «Gut, dann laßt es sein. Versucht wenigstens, den Schlag auf eine Wange zu ertragen.» – «Wir können es nicht», meinten sie. Da gebot Antonius einem Mönche: «Diese Leute hier sind krank. Sei so gut und koche ihnen ein Süpplein.»[4] Antonius' großartiges Verhalten erträgt nur einen kurzen Kommentar: Von diesem geistlichen Süpplein lebt das Mönchtum bis zum heutigen Tag, und nicht nur das Mönchtum, sondern auch wir! Antonius hätte die überlegene Seelsorge nicht auszuüben vermocht, wären nicht jene unheimlichen Kämpfe mit den Mächten vorangegangen, von denen jetzt wenigstens einige Andeutungen gegeben werden sollen.

Dieser aus allen üblichen Rubriken herausgefallene Mann wurde in seiner armseligen Behausung in der Wüste vom Teufel aufgesucht, der in ihm einen gewaltigen Sturm von Gedanken entfachte: «Er bedrängte ihn nachts und setzte ihm so zu, daß auch die, welche den Antonius sahen, den Zweikampf zwischen ihm und dem Teufel bemerkten ... Der Teufel ließ sich sogar herbei, ihm nachts als Weib zu erscheinen und alles mögliche wahrzumachen, nur um den Antonius zu verführen.»[5] Athanasius bemerkt in der ältesten Vita diese Teufelsbe-

suche nicht nur einmal so nebenbei, sondern spricht immer wieder von Dämonenkämpfen: «Der böse Feind rückte mit einer Schar von Dämonen vor und schlug Antonius so heftig, daß er sprachlos vor Qualen auf dem Boden lag. Antonius versicherte nachher, die Schmerzen seien so grausam gewesen, daß man behaupten könne, Schläge von Menschen hätten niemals eine solche Pein verursacht.»[6] Die Dämonen machten «einen solchen Lärm, daß der ganze Ort zu erbeben schien ... sie verwandelten sich in die Gestalten von wilden Tieren und Schlangen; und gar bald erfüllte sich der Platz mit Erscheinungen von Löwen, Bären Leoparden, Stieren, Nattern, Skorpionen und Wölfen. Sie stürmten auf Antonius los, der von ihnen zerpeitscht und zerstochen am Boden lag, aufblickte und die Worte sagte: Wo warst du? Warum bist du nicht zu Anfang gekommen, um meine Qualen zu beendigen?»[7]
Man las einst Athanasius' Lebensbeschreibung über Antonius mit ungeheurer Begeisterung, und erst als man anfing, die Literatur unter formalistischen Gesichtspunkten zu betrachten, schob man diese Vita in die Gattung der bloßen Lobreden ab, wodurch sie belanglos und unfruchtbar geworden war. Athanasius hat die erschreckenden Teufelskämpfe nicht ersonnen, sondern hatte sie von Antonius selbst gehört gemäß der im Vorwort stehenden Bemerkung: «Ich habe ihn ja oft gesehen.» Der als starker Widerstandskämpfer gegen den Arianismus bekannte Kirchenvater schrieb die Vita zehn Jahre nach Antonius' Tod, somit stammen die angeführten Sätze aus einem echten Augenzeugenbericht. Ein loderndes Wüstenchristentum hat sie hervorgebracht, das man nur unter der Alternative versteht: Entweder ist es aus der Glut von gotttrunkenen Menschen, die das Höchste wagten, herausgewachsen,

oder es ist das Werk von Verrückten, die unsere vernünftige Religion beleidigten. Eine dritte Möglichkeit der Bewertung dieser abgezehrten Gesichter in ihren höhlenartigen Behausungen gibt es nicht. Sie sind es, die uns zu einer ernsthaften Überprüfung unserer lendenlahmen Frömmigkeit auffordern.

Bedeutsam ist Antonius' eigenes Urteil über diese Teufelsangriffe. Er erzählt: «Sie sind listig und bereit, sich in alle möglichen Gestalten zu verändern und zu verwandeln. Oft stellen sie sich, als sängen sie unsichtbar Psalmen und gebrauchten die Worte der Schrift.» [8] Antonius fährt weiter: «Wenn sie erscheinen, verhalten sie sich selbst so gegen uns, wie sie uns antreffen, und nach den Gedanken, die sie in uns finden, gestalten sie auch ihre Trugbilder... Was wir von uns selbst denken, das vergrößern sie noch obendrein. Wenn sie uns furchtsam und feige sehen, dann vermehren sie die Mutlosigkeit durch ihre Erscheinungen.» [9] Schließlich führt Antonius aus: «Aber auch so braucht man ihre Erscheinungen nicht zu fürchten; denn sie sind nichts, und rasch verschwinden sie, wenn man sich schirmt durch den Glauben und das Zeichen des Kreuzes.» [10] Dies scheint mir eine überaus nachdenkenswerte Aussage zu sein, zeigt sie doch eindeutig, daß Antonius keiner massiven Vorstellungswelt huldigte. Die Dämonen sind in seinen Augen nichts, obwohl er ihre schmerzvollen Schläge spürte. Vor seiner Glaubenskraft haben sie sich aufgelöst, ein Gedanke, der in höchstem Maße ungewöhnlich ist.

Der heutige Mensch steht einem Antonius samt seinen wilden Dämonenkämpfen hilflos gegenüber. In einer ebenso kläglichen Lage befinden sich die modernen Biographen, die deswegen einen entdämonisierten Antonius schildern, der so schal wirkt wie künstliche Süßigkeiten. Dieser billige Ausweg verbietet sich von selbst. Der neuzeitliche Christ bedarf einer Anleitung, um über seine kleinbürgerliche Auffassung hinauszugelangen. Diese Hilfe in der Antoniusfrage leistet ihm Matthias Grünewald mit seinem Isenheimer Altar in Colmar. Auf einem der Seitenflügel ist die «Versuchung des Antonius» dargestellt. Mit künstlerischem Instinkt hat der Maler die Anfechtung in den Mittelpunkt gerückt. Sein Antonius ist alles andere als so harmlos, wie man ihn in der modernen Sekundärliteratur findet. Der urtümliche Künstler hat expressionistisch die christliche Wildheit des Anachoreten begriffen und sie ohne jede Abschwächung festgehalten. Es ist die kongenialste Erfassung des Antonius, weil er ihn als den versuchten Menschen schildert, und zwar nicht den von der eigenen Lust gelockten Mann, sondern den vom Teufel schwer bedrängten Christen. Die Dämonen stürzten sich mit ihrer ganzen diabolischen Schrecklichkeit auf ihn und warfen ihn zu Boden, was Grünewald in unerhörten Farben ausdrückte. Antonius hat mit letzter Kraft gegen den furchtbaren Ansturm angekämpft, aber aus seinem Munde stammt das Wort: «Schaffe die Versuchungen ab, und niemand wird gerettet werden.»[11] Mit dem Wort «Versuchung» ist die Kategorie angeführt, unter die diese Teufelskämpfe fallen. Es handelt sich nicht um bloße Ansichten, über die man in guter Treue verschiedener Meinung sein kann, es sind vielmehr Wirklichkeiten, die dem Menschen gewöhnlich verborgen bleiben und ihn trotzdem ständig an den äußersten Rand des Abgrundes drängen. Die Versuchung läßt sich vom menschlichen Dasein nicht ablösen; wer keine Versuchung ausgestanden hat, der weiß nichts vom Leben. Nun aber weiß der Christ, daß niemand über seine

Kraft versucht wird, und wird dabei an Antonius und Grünewald denken, die den Alltag überschritten haben.
Als zweites Beispiel erwähne ich den Pfarrer von Ars (1786–1859), mit dem man bekanntlich keinen großen Staat machen kann. Er war in jungen Jahren sogar ein Deserteur. Man mag sich fragen, ob es so unehrenhaft gewesen sei, sich der Rekrutierung für Napoleons Armee zu entziehen, hat doch dieser Feldherr Millionen von Menschen in den Tod geschickt. Der Pfarrer von Ars ist von einem unergründlichen Geheimnis umgeben, dem kein noch so gewitzigter Historiker auf die Spur kommt. Er war ein Mann ohne jede Bildung, und, äußerlich gesehen, lächerlich unbeholfen. Bis zur Komik schüchtern, kam er daher wie ein Bauer, angetan mit groben Nagelschuhen und geflickter Soutane. Sein Antlitz war von einer namenlosen Traurigkeit geprägt. Im Grunde war Vianney ohne Würde, eher bejammernswert, ein Mensch, der ungefähr das Gegenteil von einem Edelmann war. Seine offensichtliche Einfalt, verbunden mit einer pneumatischen Begabung, machte diesen Heiligen abstoßend und anziehend zugleich. «Er ist beinahe ein zweiter Simon Stylites – er steht auch auf einer kaum fußbreiten Platte zwischen Himmel und Hölle, ganz und gar vertikal, eine Säule, ein Strich, nur Höhe und Tiefe, keine Spur von Weite!»[12] Er pflegte seine Briefe mit den Worten «Vianney, armer, elender Priester» zu unterschreiben. Der Pfarrer von Ars lebte in einer ergreifenden Armut; selbst der Besucher von heute, der sich das Pfarrhaus mit den unverändert gebliebenen Räumen anschaut, empfindet diese Armseligkeit. Ich wurde öfters gefragt: «War er wirklich so dumm, oder ist das eine Verleumdung?» Es war schon schlimm, denn Vianney war in allen weltlichen Dingen linkisch und ungeho-

belt und brachte dadurch die Gebildeten zur Verzweiflung – in göttlichen Belangen aber verband er die Schlangenklugheit mit der Taubeneinfalt. Daß ein derart unintelligenter Tropf eine so segensreiche Wirksamkeit entfalten konnte, zeigt gerade den rational unerklärlichen Toren in Christo.
Der armselige Curé im kleinen Bauerndörfchen Ars war der begnadetste Seelsorger Frankreichs im 19. Jahrhundert, zu dem die Leute zu Tausenden hinströmten. Den freigeistigen Zeitgenossen aber war er ein richtiges Ärgernis. Logisch läßt sich seine seelsorgerliche Tätigkeit schlechterdings nicht begreifen: Der in seinen eigenen Angelegenheiten immer unsichere Pfarrer vermochte die Menschen in ihren schwersten Gewissenskonflikten zu beraten, er, der selber nie getröstet war. Trotz seiner Einfalt verstand der Heilige, den Menschen in einzigartiger Weise die Beichte abzunehmen und sie zu trösten. Er besaß die Gabe des Rates und der Herzensschau, ein Geheimnis, das seiner Seelsorge zugrunde lag. Er selbst pflegte zu sagen: «Ich gebe den Sündern eine kleine Buße auf und leiste den Rest an ihrer Stelle.» Der Pfarrer von Ars tat stellvertretend Sühne. Während eines ganzen Menschenlebens hat er, stundenlang im Beichtstuhl sitzend, die Sünden der Leute mit den Augen Christi betrachtet; deswegen wußte er so vieles, was man weder auf den Hochschulen hört noch in den Büchern liest, so vieles, was sich mit Worten gar nicht sagen läßt. Vianney litt unter den Sünden der Menschen, die er im Beichtstuhl kennenlernte. Um sie zu sühnen, legte er sich scheußliche Bußübungen und seltsame Kasteiungen auf, die er zu verheimlichen trachtete. Sie zählen zu den Tollheiten der Heiligen. Diesen Weg ging der Pfarrer von Ars unter Tränen und Qualen. Leise klagend sagte er: «Sie wissen nicht, was es heißt,

aus einem Pfarrhaus vor Gottes Richterstuhl treten! Ich möchte nicht als Pfarrer sterben!» Gerade darum sollten die Pfarrer nie aufhören, sich immer eingehender mit ihm zu beschäftigen, denn je tiefer sie in ihn eindringen, um so mehr verwandelt sich der klerikale Stolz in christliche Demut. Der bloße Anblick seines geohrfeigten Antlitzes sagt mehr als alle ausgeklügelte Pastoraltheologie, die so wenig von der Menschen Not und Hilfe weiß.

Höchst merkwürdig an diesem sich für die Menschen verzehrenden Priester waren die Teufelsangriffe, deren er sich nicht erwehren konnte. Er selbst erzählte: «Zum ersten Mal hat mich der Teufel eines Abends, gegen neun Uhr, als ich gerade ins Bett gehen wollte, geplagt.»[13] Nacht für Nacht hörte er in seinem Pfarrhaus seine Bettvorhänge reißen, an die Türe pochen und Geschrei im Hof widerhallen. Wer das mit Halluzinationen oder mit überreizten Nerven des Pfarrers erklären wollte, würde arg danebengreifen, denn die Leute, die er rief, hörten genau wie er den furchtbaren Lärm. Oft rissen ihn Schreie, wilde, unheimliche Rufe und furchterregendes Klopfen aus dem Schlaf. Wenn er aber nachschauen ging, ließ sich nichts wahrnehmen. Schließlich war der Pfarrer überzeugt: «Es ist der Teufel, weil ich Furcht empfand; der liebe Gott flößt keine Angst ein.»[14] «Der Geist des Bösen blieb unsichtbar, aber seine Anwesenheit war deutlich fühlbar. Er warf die Stühle um, rückte die großen Zimmermöbel hin und her. Er schrie mit entsetzlicher Stimme: ‹Vianney! Vianney! Du Trüffelfresser! Ach, du bist noch nicht tot. Ich werde dich schon kriegen!› Oder er heulte wie ein Tier, brummte wie ein Bär, bellte wie ein Hund.»[15] Der Pfarrer hat es oft wie eine Hand über sein Gesicht streichen oder wie Ratten über seinen Körper laufen gefühlt. Nach Pézeril dauerte «diese Prüfung fast ohne Unterbrechung fünfunddreißig Jahre, genau bis sechs Wochen vor seinem Tode. Der Teufel hielt ihn in seinen Klauen»[16].

Selbstverständlich haben die Leute auch damals über die Berichte, nach denen der Teufel den Pfarrer von Ars an den Füßen packte und im Zimmer herumzerrte, ungläubig den Kopf geschüttelt. Sogar die eigenen Amtsbrüder taten es. «Sie essen und schlafen nicht. Da singt Ihnen natürlich der Kopf, und die Ratten laufen in Ihrem eigenen Hirn herum», sagten seine Mitbrüder recht kollegial zu ihm und beschuldigten ihn gleichzeitig, er blamiere mit seiner abgenützten Kleidung ihren Stand[17]. Selten verstehen die andern etwas, weil sie die Heiligen stets von außen statt von innen anschauen. Der Pfarrer von Ars regte sich über die platte Erklärung seiner Nachbarpfarrer nicht auf, weil er zu stark erfahren hatte, daß es sich ganz anders verhält. Er wußte um seinen Kampf mit dem Teufel, sagte er doch einmal: «Der Teufel und ich sind sozusagen Kameraden.»[18] Derart massiv waren die zu bestehenden Kämpfe, und es ist leicht, über diesen «Pfarrer für Dienstmädchen» hochmütig die Nase zu rümpfen. Dies beweist nur, daß man zu jenen gehört, die die höchste Gnade in der tiefsten Erniedrigung nicht zu erkennen fähig sind. Es gibt viele schwere Probleme im Leben des heiligen Pfarrers – seine Verzweiflung, seine Fluchtversuche –, die nicht zu erhellen sind. Sein Geheimnis liegt nicht in dem, was er sagte, sondern in dem, was er war.

Antonius gehörte der alten und Vianney der neuzeitlichen Kirche an. Obwohl zwischen ihnen fünfzehnhundert Jahre liegen, gleichen sich ihre Teufelskämpfe, als ob es überhaupt keinen zeitlichen Zwischenraum gegeben hätte. Beide haben keine spekulativen Tiefsinnigkeiten ausgebreitet, sondern haben nur von ihren und anderen Heiligen zuteil gewordenen Erfahrungen gesprochen. Ihre Teufelskämpfe waren reale Erlebnisse, keine theologischen Fündlein.

Die erwähnten Beispiele erfordern eine Reflexion, ja, eine behutsame Verarbeitung einer ganzen Reihe von Fragen. Zunächst einmal: «Gibt es eine Ordnung des Bösen?» Gewiß nicht, weil der Ordnungsgedanke nur dem Guten zugehörig ist.

Ferner sind einige Vorfragen zu beantworten. Vom Teufel darf man weder in der Sprache unserer Gazetten reden noch sich einbilden, mit einer gelehrten Abhandlung, die vorwiegend religionsgeschichtliches und parapsychologisches Material zusammenträgt, könne man das Problem bewältigen. Gelehrte Arbeiten entstehen in den Studierstuben, und ich gestehe bereitwillig, daß ich persönlich die Stunden am Schreibtisch zu den glücklichsten des Lebens zähle. Wenn ich jedoch bedenke, welch schmalen Lichtkegel die Stehlampe auf meine Schreibunterlage wirft, so muß ich mir trotz der geliebten Traulichkeit des von Büchern erfüllten Raumes sagen, daß ein Gelehrter nur ein sehr beschränktes Blickfeld zu sehen bekommt. Niemals wird es ihm möglich sein, die tiefen Abgründe des Lebens auch nur von entfernt zu erfassen, und deswegen wird er auch kaum fähig sein, eine Teufelswirklichkeit mit ihren Schrecken zu erahnen. Dazu ist weder ein Intellektueller noch ein Literat und auch kein Kritiker imstande. Dies bedürfte anderer Voraussetzungen: man müßte sich aus der Sicherheit eines Studierzimmers hinauswagen und die unheimlichsten Dinge mutig ins Auge fassen. Vom Teufel kann man nur mit Furcht und Zittern sprechen, beinahe mit einem Anflug von Schwermut, wenn man bedenkt, wie viele Menschen seine Beute geworden sind und noch fortwährend ihm zum Opfer fallen.

Die Ansicht, nach der alle Teufelsgeschichten aus bloßem Aberglauben entstanden seien, verdient wenig Beachtung. Der Mensch, der vom Aberglauben redet, hört sich diese Begebenheiten mit der gleichen Teilnahmslosigkeit an, wie er die mittelalterlichen Teufelsabbildungen mit Hörnern, Schwanz und Bocksfüßen betrachtet. Für ihn ist die Teufelsvorstellung nichts anderes als die Personifikation des verdrängten Trieblebens. Überraschenderweise sind diese Gedanken auch in den Raum der Kirche eingedrungen. Allzu geschmeidige Theologen von heute huldigen der Meinung, daß der Teufelsglaube mit dem Christentum nichts zu tun habe, betrachten ihn als bloße Attrappe und proklamieren den «Abschied vom Teufel». Damit schwimmt man jedoch im Zeitstrom und bewegt sich in Gedanken, die augenblicklich auf dem Jahrmarkt der Eitelkeiten feilgeboten werden. Es ist oberflächlich, die mittelalterlichen Teufelsabbildungen wegen ihrer primitiven Vorstellungswelt abzulehnen, weil damit das Mittelalter vom Standpunkt der Aufklärung aus beurteilt wird. Nun hat die Aufklärung ihre Verdienste, aber sie kannte die Tiefe nicht, und ihre rationalistische Philosophie verhinderte in der Französischen Revolution die vom Blutrausch besessenen Menschen nicht, wie verrückt um die beinahe ununterbrochen tätige Guillotine zu tanzen, ein entsetzliches Geschehen, aus dem das abstoßende Gelächter der Teufel nicht zu überhören ist.

Als Menschen, die zwei Weltkriege hinter sich haben, wissen

wir um «die andere Seite», wie sich Kubin einmal ausdrückte. Die bloß pragmatische Auffassung des Lebens genügt nicht. Sie wird durch die metaphysische Lebenssicht überhöht, die sich grundsätzlich vom materialistischen Denkschema östlicher und westlicher Prägung unterscheidet. Die nur empirische Ansicht der modernen Zeit ist flach, öde, langweilig und führt zu dem eindimensionalen Menschen, der sich um die Transzendenz absichtlich nicht kümmert und nur die Befriedigung der animalischen Bedürfnisse sucht. Viele Zeitgenossen begehren bloße Alltagserfahrungen zu erleben und sind im übrigen der Meinung, man lasse das Unerklärliche am besten unerklärt. Mit dieser positivistischen Einstellung kommt man nicht sehr weit; es fehlt ihr das, was dem Leben den großen Atem verleiht und was die geistige Leidenschaft in ihrer Tiefe aufwühlt. Immer wieder stößt man doch auf jene Wand, die das bloß pragmatische Denken vor schwerwiegende und unausdeutbare Rätsel stellt. Dort beginnt die zweite Wirklichkeit, die das handgreifliche Dasein überschneidet. Die alltägliche Seite erscheint dem Menschen zuweilen als Hauptsache und ist, näher gesehen, bloß Nebensache. Nur die metaphysische Lebensauffassung kennt Höhen und Tiefen, Abgründe und Aufstiege. Sie ist durch Technik und Wissenschaft nicht entkräftet. Dies ist die oberflächliche Meinung vieler Naturwissenschaftler, über die schon Nietzsche gespottet hat. Die Tiefe des Seins mit seinen Hintergründen tut sich immer wieder vor uns auf und stellt uns vor schwerste Entscheidungen. Die metaphysische Wirklichkeit überfällt den Menschen – die Heiligen aber haben darauf eine exemplarische Antwort gegeben.

Diese Einsicht ist uns nicht aus der Lektüre der Literaten über die «Wiederkehr des Teufels» zugeflossen, denn diese kokettieren nur unverbindlich mit dem Diabolischen. Auch Thomas Manns «Doktor Faustus» bedeutete uns keine Hilfe, weil seine rein ironische Sicht nur das Stilmittel des auflösenden Bürgertums ist. Respekt erheischt einzig Georges Bernanos' Roman «Unter der Sonne Satans». In dieser christlichen Dichtung ist nicht die leiseste Spur von einer bloß literarisch-bleichsüchtigen Teufelsgestalt wahrzunehmen. Der Widersacher erscheint in der Gestalt eines Pferdehändlers auf dem Plan; er ist der schlimmste Feind und Zerstörer des Menschen, der ewige Aufrührer, der nur auf Vernichtung sinnt. Bernanos' Satans-Erfassung liegt eine religiöse Erfahrung zugrunde: er weiß, daß der Teufel keine Zeit hat, irgendwo Wurzel zu fassen, weil er kommt und geht, sich nie bindet und unerträgliche Kälte ausstrahlt. Es vergeht dem Leser, im Teufel einen atavistischen Überrest zu sehen, denn die entsetzliche Angst packt ihn, ein Grauen, wie es der Heilige von Lumbres selbst empfunden hat, als der schreckliche Begleiter seines Lebens in lästerlichem Hohn seinen abscheulichen Mund auf den seinen preßte und dabei die unheimlichsten Dinge sagte, die man nicht zu denken wagt![19]

In welchem Ton soll ich über das Thema «Die Heiligen und der Teufel» schreiben, damit man spürt, daß es sich nicht um eine feuilletonistische Sache handelt? Wenn von Seraphim von Sarow, dem großen Heiligen der Ostkirche, berichtet wird: «Der Teufel ergriff ihn, hob ihn in die Luft, um ihn wieder mit aller Kraft auf die Erde zu werfen»[20], denkt man dabei unwillkürlich an die abgrundtiefe Unruhe, in die sich eine Seele zuweilen verwickelt. Die sinnbildliche Deutung genügt ebensowenig, wie eine grobbuchstäbliche Interpretation zu

befriedigen vermag. Beide Auslegungen verfahren in ihrer Art zu einseitig in ihrem allzu naheliegenden Versuch, das Problem zu bewältigen. Die Heiligen selbst haben ihre Teufels-Anfechtungen mit den Augen des Geistes und nicht mit den Augen des Fleisches gesehen. Diese Blickrichtung allein eröffnet den neuen Zugang zu diesem Problem. Das Mißverständnis der Teufelsauffassung kommt daher, daß die Kämpfe mit den Mächten durch die äußeren anstatt durch die inneren Augen angeschaut werden. Geistiges muß geistig beurteilt werden, das allein entspricht der Realität des Geistes. Die Wirklichkeit des Teufels kann mit empirischen Begriffen nicht richtig ausgedrückt werden. Bosch und Bruegel haben in ihren hintergründigen Bildern deswegen oft Tiere gemalt, die es gar nicht gibt, und haben mit einem geistigen Realismus ohnegleichen die teuflischen Mächte dargestellt. Mit Farben und Motiven haben sie angedeutet, was sich den menschlichen Worten entzieht, und haben es verstanden, uns einen unheimlichen Schauder einzuflößen. Wir stehen mit ihnen dem Abgrund gegenüber und müssen dabei erkennen, unser Erzittern vor dem Teufel ist eine schreckliche Furcht, gegenüber der die Angst vor der Atombombe beinahe harmlos ist.
Die Heiligen waren von der Existenz des Widersachers fest überzeugt. Sie waren es, nicht weil sie dies aus dem Katechismus gelernt hatten, sondern weil sie in ihrem eigenen Leben auf seine Wirklichkeit gestoßen wurden. Was man selbst erlebt hat, läßt sich nicht so schnell vergessen. Es gehört zu den großen Lebenserfahrungen der Heiligen, daß der Teufel wirksam ist. Nur Dummheit mag ihn leugnen. Der Dummheit begegnet man namentlich dort, wo die Gebildeten mit ihrem angeblich gesunden Menschenverstand argumentieren. Die

Bibel und die christliche Tradition sind von der Wirklichkeit des Teufels ebenso überzeugt. Er ist allgegenwärtig, sei es nun in der politischen und finanziellen Welt, in der hemmungslosen Sexualität oder der unwürdigen Freßsucht der Menschen, ja sogar in den Kirchen und Klöstern. «Wahrlich, ich glaube, daß der Teufel in diesem Kissen steckt, das ich unter meinem Kopfe habe», sagte einmal Franziskus[21]. Nach einer mittelalterlichen Legende half der Teufel den Arbeitern beim Bau einer Kathedrale. Sein Name ist Legion – er ist keine bloß interessante Idee. Plötzlich taucht er vor einem Menschen auf, der gar nichts Schlimmes denkt und sich unerwartet von ihm umstellt sieht. Es gibt tatsächlich den Leibhaftigen, der immer wieder Unkraut unter den Weizen sät. Von ihm schrieb Paulus: «Wir haben nicht mit Fleisch und Blut zu kämpfen, sondern mit Fürsten und Gewalten, nämlich mit den Herren der Welt, die in der Finsternis dieser Welt herrschen, mit den bösen Geistern unter dem Himmerl.»[22]

Ist der Teufel ein persönliches Wesen oder nicht? Um der Frage auszuweichen, spricht man heute oft nicht vom Teufel, sondern vom Bösen. Ist mit dieser Neutralisierung des Problemes etwas gewonnen? Auch das Böse ist nach dem Unser Vater-Gebet eine ungeheure Macht, man denke nur an Jeremias Gotthelfs «Die schwarze Spinne». Es ist gewalttätig und oft von stärkerer Anziehungskraft als das Gute. Wer in die Tiefe steigt, um das Böse zu verstehen, wird von einem Grauen erfaßt; niemals kommt er auf den Gedanken, es überhaupt zu eliminieren, denn dann verstünde man die ganze Weltgeschichte überhaupt nicht mehr. Wie will man, um nur ein Beispiel zu nennen, die Gaskammern von Auschwitz ohne die Macht des Teufels auch nur von entfernt begreifen? Mit der

Erklärung, der Sadismus habe hier gewütet, wird das Grauenhafte nicht verständlicher. Dort ist doch das Tier aus dem Abgrund in wirklicher Gestalt heraufgestiegen und hat seinen Vernichtungswillen ausgetobt. Es gibt nicht nur das Böse, es verkörpert sich immer wieder in dem Bösen. Es ist eine schreckliche Macht und nicht nur ein bloßes Wort. Der Nominalismus genügt auch hier nicht. Das Böse ist nicht nur die Abwesenheit des Guten, wie der Neuplatonismus meinte, es ist eine Potenz, die ihren Angriff auf den Menschen richtet. Es besteht kein Zweifel: wenn das Neue Testament vom Teufel spricht, denkt es dabei an eine persönlich-überpersönliche Macht, von der Franziskus gesagt hat: «Die Dämonen sind die Beauftragten unseres Herrn.»[23] Im Evangelium wird er «der Fürst dieser Welt» genannt, und es ist entsetzlich zu denken, daß er die Erde in der Hand hat. Die Frage nach der Persönlichkeit des Teufels ist ein Grenzproblem. Das menschliche Denken und Sprechen ist hier an der Grenze seiner Fähigkeiten angelangt. Die Heiligen bemühten sich nie, das Problem mit einer begrifflichen Methode zu bewältigen, stets haben sie gebetet: «Erlöse uns vom Bösen.»

Auch wußten die Heiligen, daß der Satan eine seltsame Verkleidungsmöglichkeit besitzt. Er erscheint immer wieder in anderer Gestalt und wird nicht sogleich erkannt. Schon Paulus vermerkte, Satan könne sich in einen Engel des Lichtes verstellen[24], und Bruder Klaus sah ihn im Gewand eines Edelmannes[25]. Es ist bedeutsam, den Teufel in seinem Wesen zu erkennen und zu unterscheiden, was er zu sein scheint und nicht ist. Er kann als Moralist und er kann auch als Logiker auftreten. Bekannt ist das Sprichwort, «der Teufel ist ein guter Theologe», der es versteht, Bibelverse zu seinen Gunsten zu zitieren, ein Wort, das man als Warnung über alle theologischen Hörsäle schreiben sollte. Auch intellektuelle Betrachtungsweisen sind ihm gut vertraut. Es ist unsere Aufgabe, unter Anleitung der Heiligen den Teufel ohne Maske zu sehen und ihn auch dort wahrzunehmen, wo er sich ganz alltäglich gebärdet. Gogol hat dies besonders scharfsichtig geschildert. Erinnern wir uns nochmals an Antonius von Ägypten: Der Teufel tritt großsprecherisch auf und ist doch eine klägliche Figur.

Die Heiligen waren nicht bloß von der Existenz des Teufels überzeugt, sie haben es auch erfahren, daß der Teufel aus dem Hinterhalt auf sie zuzukommen pflegte, sie harmlos in ein Gespräch verwickelte, das dann in einem Kampf auf Leben und Tod endigte. Bei der Lektüre dieser Berichte läuft es einem kalt über den Rücken, und das Daseinsgefühl steigert sich zu unerträglicher Pein. Ich erinnere an die selige Crescentia von Kaufbeuren, die mit aller Kraft mit dem Teufel des Unglaubens rang, ein Kampf, den nicht einmal ihre Oberin verstand, die glaubte, Crescentia sei besessen. Nur die christliche Tiefendimension wird in dieser Beziehung der schwäbischen Mystikerin gerecht. Die Teufelsbesuche haben die Heiligen schwer angefochten. Sie haben aber nach einem Wort des Papstes Gregor des Großen gekämpft wie ein Ringkämpfer, nackt, damit der Teufel nichts habe, woran er sie fasse. Obwohl die Heiligen angegriffen wurden, vermochten sie doch nicht mit der gleichen Waffe zurückzuschlagen. Da sie es mit übersinnlichen Mächten zu tun hatten, war es ihnen verwehrt, mit äußeren Gewaltmitteln gegen den Feind vorzugehen. Sie mußten seine Angriffe und Listen ertragen, mußten sich in ihren Bedrängnissen gedulden, bis Gott ihnen zu Hilfe kam.

Als einzige Waffe stand ihnen das Gebet zur Verfügung. Mit Hilfe des Gebetes kämpften sie gegen den Versucher bis zum letzten Augenblick an und, dadurch gestärkt, überwanden sie auch die lähmende Angst. Das Gebet gab den Heiligen den Mut, in der Versuchung nicht vorzeitig nachzugeben. In diesem finsteren Geschehen ist es tröstlich zu wissen, daß die Heiligen durch das Gebet von Gott gehalten werden. Sie haben diese Teufelskämpfe stellvertretend für die übrigen Menschen erlebt.

Die Heiligen haben nie eine ausführliche Dämonologie entfaltet und nie nur den geringsten Versuch unternommen, ihre dunklen Erfahrungen zu systematisieren oder zu dogmatisieren. Auf den seltsamen Gedanken einer Teufelslehre kann nur ein intellektueller Mensch kommen. Solange aber der Teufel eine gedankliche Frage bleibt und man sich bemüht, ihn genau zu definieren, bleibt alles ein intellektuelles Spiel, das niemand weh tut. Die bloß theoretische Haltung verharrt in der abstrakten Sphäre, in der man es nicht mit Satan selbst, sondern mit einem verstandesmäßigen Wissen über ihn zu tun hat, was etwas grundsätzlich anderes ist. Die unsichtbaren Mächte und Gewalten, gegen die der Heilige zu kämpfen hat, entziehen sich der menschlichen Sprache und lassen sich nicht in Begriffe einfangen, da sich ihre Wirksamkeit oberhalb oder unterhalb der Worte abspielt. Die satanische Realität überschreitet das gewöhnliche Sprachvermögen, und die Auseinandersetzung mit ihr überfordert den Menschen. Es ist dem Christen nicht möglich, eine Dämonologie zu entfalten, im besten Fall kann er Fragen aufwerfen und notdürftige Hinweise geben, die die metaphysische Wirklichkeit andeuten. Vielleicht dürfte auch nur ein ganz lauterer Mensch sich mit diesem Fragenkreis einlassen, da die Dämonen jeden nicht fest an Gott gebundenen Christen überrennen. Petrus schrieb: «Der Teufel geht umher wie ein brüllender Löwe und sieht zu, wen er verschlinge.»[26] Hört man in der Gegenwart nicht deutlich dieses schreckliche Brüllen?

Auch auf den Exorzismus müßten wir uns neu besinnen; dies um so mehr als Jesus seine Jünger aufgefordert hat: «Treibet die Dämonen aus.»[27] Sie haben sich in anderer Form auf die moderne Gesellschaft gestürzt. Eine seltsame Selbstzerstörung hat in der heutigen Zeit überhandgenommen: die Schriftsteller zerstören die Literatur, die Maler die Kunst, die Regisseure das Theater und die Theologen die Kirche. Beinahe alle Werte werden untergraben. Im heutigen Leben haben sich viele Viren und Bazillen angesammelt und haben in sittlicher Beziehung die ganze Luft verpestet, wie dies Dostojewskij in den «Dämonen» prophetisch vorausgesehen hat. Es hat sich eine teuflische Besessenheit ausgebreitet, oder wie soll man sich diesen Vorgang ohne die Wirksamkeit des Teufels erklären? Er spricht eine versteckte Sprache, und trotzdem tritt er hervor. Ein neuer Exorzismus ist vonnöten, einer, der die Dämonen verjagt, denn ohne eine Austreibung der Teufel wird die Christenheit nicht genesen und der arme Kranke, als was sich der heutige Mensch verstehen muß, nicht wieder «zu Füßen Jesu» sitzen. Dieses kaum vorstellbare Geschehen wird heute als Utopie verlacht und ist doch die Wahrheit von morgen. Der frühere Exorzismus war zu naiv, indem er sich nur im Zitieren von frommen Bibelworten erschöpfte. Haben wir aber heute die Legitimation zu einem neuen Exorzismus? Eine innere Vollmacht allein vermag die atheistische Besessenheit zu besiegen. Es ist uns wohl bewußt, daß die eigene Kraft nicht ausreicht und wir der Segnung aus der Höhe bedürfen. Sie ist die Vorbedingung dazu und schließt zugleich eine schwere Verpflichtung in sich, die nur eine große Glaubenskraft erfüllen kann. Aber sie gehört zu den entscheidendsten Aufgaben einer sich wieder selbst verstehenden Christenheit.

Die Heiligen sind aus ihrem Kampf siegreich hervorgegangen, weil sie von der unfaßlichen Erscheinung Jesu zutiefst ergriffen waren und wußten, daß auch er vom Teufel versucht worden war. Diese Begebenheit darf nicht exegetisch in eine bloß literarische Komposition des Evangelisten umgebogen werden. Eine derart wässerige Bibelerklärung dreht der Schrift eine wächserne Nase. Diese Versuchungsgeschichte ist deshalb unheimlich, weil darin sogar ein singuläres Gespräch, eine Rede und Gegenrede mit dem Teufel geführt wird. Erst als Christus die Worte sprach: «Hebe dich weg von mir, Satan», verließ ihn der Teufel[28]. Die Heiligen haben inmitten aller Bedrängnisse doch immer gespürt, daß Christus den Teufel besiegt hat. Die Kraft des Teufels ist mächtig, steckt er doch überall, aber ein Hauch Gottes kann ihn wegblasen. Diese Gewißheit tröstete die Heiligen. Der Christ untersteht der Kraft Gottes und nicht der Macht des Teufels. Die Heiligen gründen sich auf die einmaligen, die finstere Nacht der Gegenwart erhellenden Worte des Herrn, die noch niemand in ihrer Tragweite verstanden hat: «Ich sah den Satan wie einen Blitz vom Himmel fallen.»[29]

# In der politischen Entscheidung

«Ein garstig, pfui, ein politisch Lied» sangen nach Goethe die Studenten in Auerbachs Keller. Ihre Apostrophierung des politischen Liedes mit dem Ausruf «pfui» klingt in unseren Ohren nach. Wer wagte hierin Goethe zu widersprechen? Jede Zeitungs-Lektüre dokumentiert die Verbundenheit der Politik mit dem Schmutz der Welt. Diplomatie, Ehrgeiz, Machtgier sind das Wesen der Politik. Der Vergleich der Politik mit einem Teich, in welchem etliche Frösche quaken, ist bekannt. An dieses Bild haben sicher schon manche Menschen gedacht, wenn sie im Fernsehen eine Parlamentsdebatte verfolgten.

Nach Aristoteles ist der Mensch jedoch ein politisches Wesen. Er lebt nicht wie Robinson für sich allein auf einer Insel. Ob er will oder nicht, er kann sich von den politischen Fragen gar nicht dispensieren, auch nicht, wenn er sich zur «schweigenden Mehrheit» gesellt. Die Täufer haben ihren Anhängern verboten, ein politisches Amt anzunehmen, eine Haltung, die auf eine Flucht hinausläuft. Niemand kann sich außerhalb der Welt stellen. Auch die Christen sind mit dem gesellschaftlichen und politischen Leben unlöslich verbunden, und wenn sie sich darum nicht kümmern, überlassen sie das Feld zum voraus dem Feind. Die Politik gehört zum Leben, denn ohne sie gibt es keine menschliche Gemeinschaft.

Nicht nur ist der gewöhnliche Christ mit hundert Fäden mit der Politik verknüpft; auch die Heiligen waren es, und gerade sie interessieren uns vor allem. Es geht in den nachfolgenden Ausführungen weder um Parteien noch um Weltpolitik, weil beide gerne in eine blosse Kannegießerei am Wirtshaustisch ausarten. Vielmehr bleiben wir eingedenk, daß das beinahe unvermeidliche Ineinandergreifen von geistlichen und weltlichen Dingen schwere Probleme in sich schließt. Unsere Frage geht dahin: Wie haben sich die Heiligen in der Situation der politischen Entscheidung benommen? Läßt sich aus ihrem Verhalten eine Anweisung für uns gewöhnliche Christen ableiten? An den Heiligen müssen wir uns doch orientieren, da bei ihnen das Reine in einer unreinen Welt sichtbar wird.

Viele Heilige haben das politische Gebiet nicht einmal gestreift. Konrad von Parzham, Maria Goretti, die kleine Thérèse kamen nicht in die leiseste Berührung mit der Politik. Es ist doch schön, in unserer Gegenwart doppelt schön, daß es auch unpolitische Menschen gibt. Andere Heilige gingen nicht still und unbemerkt ihren Lebensweg, sondern stellten sich der Politik. Nur wenige Beispiele sollen aus der Fülle des Stoffes die andere Möglichkeit veranschaulichen. Es handelt sich bloß um einige Paradigmen, die zur Verdeutlichung des überaus gewichtigen Problems dienen.

In der frühchristlichen Zeit verhielten sich die Christen zurückhaltend gegenüber dem politischen Leben. Nicht einmal Militärdienst leisteten sie, weil er mit der Opferung an die Götter verbunden war. Trotzdem gab es Heilige in der alten Kirche, die gegen ihren Willen in eine politische Entscheidung hineingezogen wurden. Bischof Ambrosius († 397) von Mailand stand seiner Herkunft nach dem Gebiet nicht völlig fremd gegenüber. Der in Trier geborene Patriziersohn hatte Jurisprudenz studiert und wurde gegen seinen Willen als noch nicht einmal getaufter Katechumene vom Volk zum Bischof erkoren – ein nach dem späteren kanonischen Recht unvorstellbarer Vorgang. Der Bischof wider Willen bewährte sich in seinem Amt vorzüglich, besorgte seine Verwaltungsarbeit mustergültig, genoß als christlicher Autor bald großes Ansehen und machte sich um die Gestaltung des Kirchengesanges verdient.

Als ein Mann, der sein bischöfliches Amt kraftvoll vertrat – er sagte zu einem Prokonsul: «Ihr seid noch keinem Bischof begegnet!» [1] –, kam er auch mit den Großen dieser Welt in unmittelbare Berührung und wich vor ihnen keinen Schritt zurück. Er unterschied zwischen guten und schlechten Herrschern insofern, «daß die guten die Freiheit und die schlechten die Sklaverei lieben» [2]. Ambrosius verdankte es seiner Charakterstärke, daß er sich auch im politischen Bereich durchzusetzen vermochte. Er scheute sich nicht, der Kaiserin-Mutter, die eine Kirche für die Arianer bauen wollte, zu schreiben: «Überhebe dich nicht, daß du glaubst, deine kaiserliche Gewalt erstrecke sich auf die göttliche Angelegenheit der Kirche. Die Paläste gehören dem Kaiser, die Kirchen dem Priester.» Mit dieser kühnen Sprache betonte Ambrosius eindeutig die Trennungslinie zwischen Kirche und Staat. Man wünschte, sie wäre beiden Vertretern in dieser Klarheit bewußt geblieben. Wir haben sowohl den Übergriff des Staates in die Kirche als umgekehrt, der Kirche in den Staat, und schließlich auch die unselige Verquickung beider Mächte erlebt. Für Ambrosius stand der Kaiser innerhalb der Kirche und nicht über der Kirche. Er anerkannte auch ein Gebiet, in dem der Bischof als Untertan dem Kaiser Gehorsam schuldete.

Rubens hat ein eindrückliches Bild von Ambrosius gemalt.

Nach ihm verwehrte Ambrosius dem Kaiser Theodosius den Eintritt in die Kirche, weil er in Saloniki in einem Zirkus siebentausend Menschen, darunter Frauen und Kinder, wahllos von seinen Soldaten hinschlachten ließ, um seinen Feldherrn zu rächen. Die Phantasie des Künstlers war an der Bildschöpfung wesentlich beteiligt, denn die Szene hat sich nicht so abgespielt. Aber Ambrosius schrieb dem Kaiser, daß er ihm wegen seiner mit Blut befleckten Hände verbiete, an der Kommunion teilzunehmen, und zwar so lange, bis er für seine furchtbare Untat öffentlich Buße getan habe. Der Kaiser hatte während einiger Monate beim öffentlichen Gottesdienst in den Reihen der Büßer Platz zu nehmen und war vom Sakrament ausgeschlossen. Als dann Theodosius kniend seine Reue bekundete, vergab ihm Ambrosius und hielt ihm später auch die Totenrede.

Ambrosius gehörte nicht zu den Bischöfen, die beständig vom «Wächteramt der Kirche» reden, als ob es ihre Aufgabe wäre, den moralistischen Polizisten zu spielen, der alle Sünder aufschreibt. Aber er fiel auch nicht unter das Urteil des Propheten Jesaja: «Meines Volkes Wächter sind allesamt stumme Hunde, können nicht bellen; sie träumen, liegen, lieben zu schlafen» [3] und stellen sich den Vertretern des Staates einfach als willfährige Werkzeuge zur Verfügung. Das eine ist so falsch, wie das andere verächtlich ist. Ambrosius war eine starke Persönlichkeit und ließ sich als solche in keiner Weise «umfunktionieren». Die Menschen konnten sich an den Worten des Mailänder Bischofs orientieren. Auf ihn darf Jesu Wort über Johannes den Täufer angewendet werden: «Was zu schauen seid ihr in die Wüste hinausgegangen? Ein Rohr, das vom Wind bewegt wird?» [4] Ambrosius war keine Wetterfahne; er war vielmehr ein in Gott gegründeter Mensch und darum befähigt, als Bischof führend voranzugehen. Festigkeit und Unerschrockenheit bilden die unumgänglichen Voraussetzungen für das Auftreten der Christen im politischen Bereich. Ambrosius ist das Beispiel eines Heiligen, den man für sein Verhalten in der Politik als Vorbild hinstellen darf.

Eine ebenso einzigartige Tat vollbrachte Papst Leo I. († 461), dem die Bezeichnung «der Große» und der «Löwe aus dem Stamme Juda» verliehen wurde. Bei aller zitternden Verantwortung fühlte er sich als der Vollstrecker des ewigen Petrus, was man aus seinen Briefen und Predigten spürt. Sein Pontifikat stellt einen der ersten Höhepunkte in der Geschichte des Papsttums dar. Während seines Pontifikates brachen die Hunnen in Italien ein, verwüsteten, was sich ihnen in den Weg stellte, und marschierten gegen Rom. Um die unbefestigte Stadt zu retten, zog Leo, auf Wunsch des Kaisers, an der Spitze einer römischen Gesandtschaft dem gefürchteten Eroberer entgegen. In der Nähe von Mantua fand die Begegnung mit Attila statt. Die beiden Männer standen nicht auf der gleichen Ebene. Attila war der siegreiche, auf Plünderung bedachte Gewaltmensch, Leo dagegen der wehrlose Christ, der einzig und allein der civitas dei verpflichtet war. Trotz der ungleichen Ausgangslage gelang es dem Papst, Attila zu bewegen, den Feldzug abzubrechen und mit dem Reich Frieden zu schließen. Dadurch blieb die Stadt Rom vor der Zerstörung bewahrt. Leo hat ohne jede Gewalt, allein durch den mächtigen Eindruck seiner Persönlichkeit, den Hunnenkönig zum Rückzug zu bewegen vermocht, eine Leistung, die ihresgleichen sucht.

Nach Leo I. verfügen die Christen über etwas anderes als die rohe Waffengewalt: sie besitzen geistige Waffen, auf die schon Paulus im Epheserbrief hingewiesen hat [5]. Auch mit den geistigen Waffen muß oft hart und schwer gekämpft werden, aber sie sind den gewöhnlichen Waffen überlegen, sofern sie richtig gehandhabt werden. Nie dürfen die Christen auf die geistigen Waffen verzichten, sonst wären sie verloren, und wenn sie diese den weltlichen Waffen gleichsetzen, üben sie Verrat. Gewaltlos der Gewalt entgegentreten, das ist die christliche Politik. Sie hat andere Kräfte zur Verfügung als die übliche Politik. Ein Mann wie Leo I., tadellos und rechtschaffen, von großer Willenskraft und unbegrenzter Hingabe an Gott, wußte um diese Zusammenhänge und vermochte deswegen diesen Entscheid herbeizuführen. Die große Tat beweist, was eine nur auf den Geist abstellende Persönlichkeit auch auf dem Gebiet der Politik vermag. Die ungewöhnliche Szene zwischen dem Papst und dem Hunnenkönig beschäftigte selbst noch die Nachwelt lebhaft, bildete sich doch ein ganzer Sagenkranz um dieses Geschehen. Noch Raffael hat diese Szene gemalt.

Das Mittelalter brachte die Gestalt des heiligen Kaisers hervor, eine in ihrem Wesen ungewöhnliche Erscheinung. Karl der Große (742–814) war eine mächtige Persönlichkeit, die den Übergang vom heidnischen Altertum zum christlichen Mittelalter vollzog. Beinahe ein halbes Jahrhundert bestimmte er ausschließlich die abendländische Politik. Karl empfand den Auftrag, die Welt zu ordnen; nach der Formulierung von Wolfram von den Steinen «schuf Karl Ordnung nach eigenem Sinn» [6]. Das ist das entscheidende Problem, das alle Aufmerksamkeit erfordert. Er war voll guten Willens für dieses Amt und hat auch eine imposante Leistung vollbracht. Karl ist vorwiegend der Begründer des Deutschen Reiches, das er mit den nötigen Grundlagen untermauerte. Keine Mühe war ihm zuviel. Er leistete hiefür ein vollgerütteltes Maß an Arbeit. Er stellte zwischen Kirche und Staat eine gute Verbindung her, und die Kirche verehrte ihn denn auch als ihren Beschützer. Persönlich war Karl ein überzeugter Christ, der täglich zur Messe ging und das Reich auch mit dem kirchlichen Geist durchdringen wollte. Er trat für die Sonntagsheiligung ein, sorgte für eine gute Priesterausbildung und forderte auch von den Laien ein Mindestmaß von christlichen Kenntnissen. Der Dom zu Aachen ist sein Werk, ein kirchlicher Bau, wie er seit Jahrhunderten nicht mehr gebaut worden war. Wer ihn heute betritt, empfindet unwillkürlich Ehrfurcht vor dem goldenen Schrein, in dem die Gebeine Kaiser Karls aufbewahrt sind.

Trotzdem darf die Frage nicht unterdrückt werden: Hat Kaiser Karl wirklich den Auftrag, die Welt zu ordnen, erhalten? Wie ist das, näher besehen, zugegangen? Hat er den Auftrag aus der Heiligen Schrift in einem inneren Erlebnis erhalten, oder gab ihm die Kirche die Anleitung dazu? Darüber gibt es keine sichere Nachricht, weshalb über diesen Auftrag auch keine bestimmte Aussage erlaubt ist. Er lenkte seine Politik im Namen Jesu Christi und ist darüber schuldig geworden.

Dabei muß man an seine Ehe mit Himiltrude denken, die er aus politischen Gründen löste, um Desiderata zu heiraten, die Tochter des Langobardenkönigs. Als diese Verbindung nicht zum gewünschten politischen Erfolg führte, schickte er sie ein Jahr nach der Hochzeit wieder nach Hause und vermählte sich nach kurzer Zeit mit der schwäbischen Hildegard. Daneben hatte er, wie die früheren Germanenkönige, noch verschiedene Kebsweiber, deren Kinder mit den ehelichen gemeinsam erzogen wurden. An des Kaisers verschiedenen Ehen nahm die Mitwelt keinen Anstoß, offenbar sprach man nicht darüber. Unglücklich an seiner Politik war vor allem der Entschluß, die widerspenstigen Stämme durch das Schwert zu besiegen und besonders das steifnackige Sachsenvolk zur Botmäßigkeit zu zwingen. Er focht nicht mit dem Schwert des Geistes, sondern gebrauchte rohe Gewalt, führte einen langen, furchtbar grausamen Krieg, der Ströme von Blut kostete und auf beiden Seiten schreckliche Verwüstungen anrichtete. Kaiser Karl breitete das Reich Christi mit Unterdrückung aus und eröffnete damit die heillose Tragödie der christlichen Machtgeschichte mit einer äußerst fragwürdigen Ouverture. Die Sache wird nicht besser, wenn man sagt, Kaiser Karl sei es um eine Gewinnung für den Glauben und nicht um Unterwerfung zu tun gewesen. Gewiß vertrat er Patenstelle bei Widukinds Taufe und beschenkte ihn königlich, aber er schaffte jeden Widerstand mit Gewalt aus der Welt. Anläßlich des entsetzlichen Blutbades zu Verden – südlich von Bremen gelegen – ließ er an einem Tag viertausendfünfhundert Sachsen enthaupten. Nur auf diesem brutalen Weg erreichte der angeblich milde Kaiser die Christianisierung der Sachsen. Ein solches Geschehen läßt sich nicht in ein tragbares Verhältnis zum Evangelium bringen. Was mochte er wohl an diesem Tag empfunden haben? Wir wissen es nicht. Wahrscheinlich beruhigte er sich damit, einen «Akt der Staatsraison» vollzogen zu haben. Der Widerspruch zwischen Kaiser Karls angeblichem Auftrag, die Welt zu ordnen, und der tatsächlichen Verwirklichung ist so klaffend, daß das Reich verwirkt war, kaum war es in die Welt getreten. Darüber müssen die Menschen nachdenken, denen

das Reich ein inneres Anliegen und nicht ein bloßer Traum bedeutet.
Man überging die politischen Untaten mit Stillschweigen, und die Legende verklärte sein Bild immer mehr. Im Jahre 1165 nahm der Gegenpapst Paschalis III. auf Drängen des Kaisers Barbarossa Karl in die Reihe der Heiligen auf. Diese Heiligsprechung wurde durch die römische Kirche nicht bestätigt. «Karl der Große ist also nicht in das Martyrologium eingetragen worden.» [7] Später hat die Kirche die Verehrung stillschweigend geduldet. Uns stockt der Atem. Wir wollen nicht voreilig ablehnen, aber wir können auch nicht zustimmen. Zwar bleiben wir eingedenk, daß Kaiser Karl ein mittelalterlicher Mensch war, der nicht nach heutigen Maßstäben beurteilt werden darf. Aber er wollte doch Christ sein; das Evangelium ist keine veränderliche Größe, die sich, je nach Zeitgeschmack, verschieden auswirkt. Offenbar kann man nicht in die Politik hineingehen, ohne sich zu beschmutzen. Nach Franz von Sales ist die Politik eine unehrliche Beschäftigung. In der Gegenwart gilt die Verehrung Karls nur für die Stadt Aachen, nicht einmal für die Diözese Aachen. Bei einer heutigen Kanonisierung würde Karl wahrscheinlich abgelehnt.
Karl der Große lebte nicht als der einzige heilige Kaiser im Gedächtnis der Nachwelt weiter. Dieser Titel wurde auch Alfred von England, Ludwig von Frankreich, Kaiser Heinrich II. mit seiner Gemahlin Kunigunde zugesprochen. Sie alle haben keine Verteidigungskriege geführt, sondern solche, die zur Festigung ihrer Macht dienten. Alfred vertrieb die Normannen und Norweger aus England; Ludwig huldigte der Kreuzzugsidee. Persönlich waren es fromme Herrscher, die eifrig zur

Kirche gingen, dem ordnenden Recht Nachachtung verschafften und der Verpflichtung eines christlichen Königs nachkommen wollten. Mit ihnen verband sich das Bild des heiligen Königs, ein Leitbild, das lange Zeit dem Abendland voranleuchtete. Dieses Richtbild darf weder kurzerhand als Ideologie verworfen, noch als unantastbares Ideal bewertet werden. Der heutige Christ sieht freilich stärker die mit dem Gedanken des christlichen Königs verbundene Problematik. Auf sie gilt es zu achten, um das Leitbild des Heiligen nicht der Fragwürdigkeit preiszugeben. Es geht nicht an, ihre Fehler totzuschweigen oder ihr ehrliches Bemühen in Zweifel zu ziehen. Wir müssen zwischen dem mittelalterlichen Reich und Christi Reich scharf unterscheiden. Das Wort des Herrn gilt auch heute noch: «Mein Reich ist nicht von dieser Welt.»[8] Allezeit steht der Gedanke zur Diskussion: «Haben die heiligen Kaiser ihren Auftrag auch wirklich erfüllt?» Das fragen wir nicht aus dem Gefühl eines moralischen Weltenrichters heraus, ein Amt, das dem Hagiographen in keiner Weise zukommt. Vielmehr lastet die Tragik aller Geschichte schwer auf unserem Gewissen, ein Bewußtsein, das wir gerade um der Heiligen willen nicht abschütteln dürfen. Das Thema, die heiligen Herrscher inmitten der politischen Entscheidung, ist eine bedrückende, ja, erdrückende Angelegenheit; wir müssen ihre Dramatik in ihrer ganzen Wucht fühlen und dürfen kein Quentchen davon abhandeln wollen. Nur dann sind wir der Frage nicht ausgewichen und erweisen uns als Menschen, die um die Schuld in allem geschichtlichen Geschehen wissen. Ohne Schuld gibt es keine Herrschaft; die Schuld kann vom politischen Handeln nicht abgelöst werden; mit der Zeit häuft sie sich zu einer übergroßen Last. Sie verlangt von den Chri-

sten Sühne, nicht moralische Verurteilung. Kein König steht völlig rein da, nicht einmal David, der die böse Geschichte mit Uria und Bathseba auf dem Gewissen hatte und wegen seiner Bluttat den Tempel nicht bauen durfte. Sie sind allzumal Sünder und mangeln des Ruhmes, den sie vor Gott haben sollten.
Einmalig in der Kirchengeschichte war die Einstellung von Papst Cölestin V. (1215–1296). Sein Sinnen war auf alles andere als auf kirchenpolitische Interessen gerichtet. Peter von Murrone besaß den Drang zum Einsiedlerleben, dem er auch in den unwirtlichen Abruzzen nachkam. Es bildeten sich im Laufe der Zeit ganze Eremitengenossenschaften, deren Leitung Peter von Murrone andern überließ. Von ihm wurden Wunder berichtet, und der Ruf seiner Heiligkeit schwoll wie ein Bächlein bei der Schneeschmelze an. Er war nicht nur der Mensch der Einsamkeit, sondern auch der Mann der evangelischen Einfalt.
Nachdem die Kardinäle wegen der römischen Familienzwistigkeiten nicht imstande waren, einen neuen Papst zu wählen, lenkte der Kardinalsdekan die Gedanken seiner Kollegen auf Peter von Murrone. Noch nie war es in der Papstgeschichte vorgekommen, einen Einsiedler vorzuschlagen. Dies war gegen alles Herkommen. Da aber einige Kardinäle apokalyptischen Gedankengängen zugetan waren, stimmten sie dem unerwarteten Vorschlag zu, und man wählte Peter von Murrone zum Papst Cölestin V. Eine heillose Welt erhoffte von einem heilen Manne die Rettung. Dabei «war es diesem Manne bestimmt, sein ganzes Leben lang vor den göttlichen Dingen zu zittern und sein Zittern zu besiegen durch die Kraft der Liebe und des Gehorsams»[9].
Die Freude war groß über diese Wahl, denn nun schien sich

die alte Sehnsucht nach dem Engelpapst zu erfüllen. Der asketisch eingestellte Cölestin V. entsprach dieser Vorstellung, da er auch im roten Papstmantel sein strenges Leben weiterführte und für sich mitten in seiner päpstlichen Residenz eine enge hölzerne Zelle erbauen ließ. Es war Aufgabe des Papstes, ein ernsthaftes, religiöses Leben zu führen und auch wichtige Entscheidungen zu fällen, kurz, er hatte zu regieren. Nun aber machte sich seine gänzliche Unerfahrenheit in Verwaltungsfragen geltend, beherrschte er doch nicht einmal die lateinische Sprache. Zweifelhafte Elemente machten sich seine krasse Unwissenheit zunutze. Besonders Karl II. von Neapel benützte den hilflosen Papst für seine Hauspolitik. Cölestin V. erließ eine Fülle von Ablässen und Dispensen, gewährte Privilegien, ernannte unfähige Kardinäle und beging eine Ungeschicklichkeit nach der andern [10].

Schon nach einen halben Jahr wurde ihm klar, daß er dem hohen Amte in keiner Weise gewachsen war. Nach seiner Ansicht hatte Gott ihn mit dem päpstlichen Thron prüfen wollen. Frei von jedem Eigensinn des Alters reifte in ihm der Entschluß zum «großen Verzicht», wie die Abdankungsurkunde genannt wird. Niemand aus seiner päpstlichen Umgebung hatte seinen Rücktritt gefordert; Cölestin selbst fühlte, daß er seinen Platz räumen müsse. Im Konsistorium vom 13. Dezember 1294 verlas er seinen Rücktritt, legte hierauf die päpstlichen Insignien ab und zog wieder das Gewand des Eremiten an. Kein Papst vor ihm und keiner nach ihm ist seinem Beispiel gefolgt. Nachdem er die Schlüssel des Himmelreiches abgegeben hatte, wollte er in die Einsamkeit seiner Wildnis zurückgehen. Doch gelang ihm auch seine Flucht nicht mehr. Sein Nachfolger, Bonifaz VIII., ein zügelloser Machtstreber und in jeder Beziehung das Gegenteil von Cölestin V., fürchtete, der Resignat könnte von einer Partei mißbraucht werden, weshalb er ihn kurzerhand gefangennehmen ließ und ihn bis zu seinem Tode zu schwerem Kerker verurteilte.

Cölestins Schicksal schließt die Frage in sich: Kann ein Heiliger in der Welt herrschen? Dieses Problem beschäftigte besonders jene Menschen stark, die die Reichsidee den Nationalstaaten entschieden überordnen. Schon zu Lebzeiten Cölestins war die Enttäuschung über den Engelpapst furchtbar. Dante versetzte ihn, der «aus Feigheit den großen Verzicht tat» [11], in die Vorhölle, während Petrarca seinen Schritt in einer Schrift ausdrücklich billigte. Hat Gott den großen Verzicht angenommen? Hat Cölestin richtig oder falsch entschieden? Wer will darüber urteilen? Auf Drängen des französischen Königs wurde Cölestin V. im Jahre 1313 als Bekenner heilig gesprochen; im sechzehnten Jahrhundert hat man ihm an seiner letzten Ruhestätte in Rom ein prunkvolles, gar nicht zu ihm passendes Grabmal errichtet.

Fraglos ist Cölestin V. an seinem kirchlich-politischen Amt gescheitert. Man folgerte daraus, daß der Heilige nicht in eine unheilige Welt eingehen kann, ohne in ihr als ein völlig fremdes, unbegreifliches Wesen zu erscheinen. In dieser Auffassung liegt jedoch nur die Hälfte der Wahrheit, denn Cölestin fehlten die intellektuellen Voraussetzungen für ein solches Amt. Er war ungeeignet, der Kirche als Papst vorzustehen. Es bedarf dazu noch anderer Gaben als der Liebe zur Einsamkeit. Dies muß trotz aller Ehrfurcht vor der untadeligen Frömmigkeit Cölestins gesagt werden. Er erkannte seine eigenen Schranken und wuchs in seinem Scheitern in seine Heiligkeit hinein. Cölestin versagte, aber er versagte unter dem Kreuz.

Die Politik richtet sich nach anderen Gesetzen. Politik und Heiligkeit sind zwei entgegengesetzte Pole. Der Versuch, eine heilige Politik zu verwirklichen, endigt immer in einem namenlosen Trauerspiel. Aus dem Schicksal des Engelpapstes ist mehr zu lernen als aus der politischen Memoirenliteratur der Gegenwart, die gewöhnlich nur eine fadenscheinige Selbstrechtfertigung der Untaten darstellt. Ignazio Silone schloß sein Cölestin-Schauspiel «Das Abenteuer eines armen Christen» mit den Worten: «Das Schicksal mancher Heiliger auf Erden gehört zu den dunkelsten Geheimnissen der Kirche.» [12] Cölestins Leben ist eine erschütternde Tragödie, die die Antinomien zwischen Heiligkeit und Politik in einer Zerreißprobe veranschaulicht. Auch in dieser Beziehung führt das einlinige Denken nicht zum Ziel, denn es wird der Tiefe und Vielschichtigkeit des christlichen Lebens nicht gerecht.

Einen aufschlußreichen Beitrag zum Thema «Der Heilige inmitten der politischen Entscheidung» leistete Katharina von Siena (1347–1380), die aus der Stadt mit dem schwarz-weiß gestreiften Dome stammt. Sie ist in jeder Beziehung eine Heilige von ärgerniserregender Ungewöhnlichkeit und hat mit einem bürgerlichen Christentums-Verständnis nichts zu tun. Früh kam es zu einem schweren Konflikt zwischen dem jungen Mädchen und seinen Eltern, wobei die Rollen seltsam vertauscht waren: Katharina vertrat ein strenges Christentum, während ihre Mutter das Alltäglich-Übliche wünschte. Katharina erlebte schon als Kind Visionen, woraus sich ihre Urbeziehung zum Christentum erklärt. Sie führte als junges Mädchen in ihrer häuslichen, lichtlosen Kammer ein asketisches Leben. Noch heute kann man den Stein sehen, der ihr als Schlafkissen gedient hat. Ungeachtet ihrer Eigenwilligkeit war sie schweigsam und schüchtern und trotzdem erfüllt von einer kühnen Entschlossenheit. Die mystischen Erfahrungen der jungen Färbertochter übersteigen alle Vorstellungen, haben doch die Christen noch heute Mühe mitzukommen. Das beschwingte Mädchen erlebte die mystische Hochzeit und trug seither einen wunderschönen Ring an ihrem Finger, den nur sie allein sah. Auch die unsichtbaren Stigmata wurden ihr zuteil. «In er Ekstase treten gleichzeitig Seelenzustände auf, die von Abgrundtiefen zu höchsten Höhen reichen: erschrecktes Staunen und erobernde Kühnheit, Trunkenheit und Schmerz, überschwengliche Freude und tiefste Anbetung. Mitten im Aufruhr ist Ruhe, in der Ruhe Ungestüm und Ausbruch.» [13] Katharinas Natur bestand aus Feuer, deswegen war sie eine Heilige im großen Stil. Das Urteil, «weder in ihrer körperlichen Erscheinung noch im Umgang sei sie eine sympathische Frau gewesen» [14], verrät die Verblüffung des bürgerlichen Christen, der endlich eine wirkliche Heilige und keine fromme Attrappe vor sich sah. Allein schon ihre starke Ausstrahlungskraft widerspricht dieser Behauptung. Vaninis Bildnis wiedergibt eine unmodische, befremdende Schönheit; die halbgeschlossenen Augen deuten einen Blick in die innere Welt an. Die Heilige war eine Verkörperung jener grandiosen Sybillen, deren geistiges Porträt später Michelangelo an die Decke der Sixtinischen Kapelle gemalt hat.

Die ekstatische Jungfrau sah mit Schrecken den Verfall der Kirche. Daran war nach ihrem scharfsichtigen Urteil vor allem der verdorbene Klerus schuld. Sie prangerte ihn unablässig an: «Ihr Säulen der Kirche seid schwächer geworden als Strohhalme; keine Blumen seid Ihr, die Düfte ausströmen, sondern Gestank, denn die ganze Welt habt Ihr verpestet.» [15]

Katharina ist, um die Korruption aufzudecken, vor starken und stärksten Worten nicht zurückgeschreckt, Anschuldigungen, wie sie kein Kirchenkritiker von heute in den Mund zu nehmen wagt. Aber sie hat es nicht aus Lust an der Kritik getan, sondern ihre Worte flossen aus einer brennenden Liebe zur Kirche. Diese Tochter der Toskana war der Wahrheit verpflichtet und nicht einer devoten Höflichkeit, die der Christenheit nur geschadet hat.

Aus ihrer Liebe zur Kirche erklärte sich ihr Interesse an der Politik, das man oft mißdeutete. Ihre erstaunlichen Briefe erschienen unter dem Titel «Politische Briefe», einer unglücklichen Überschrift, die oft mißverstanden wurde. Katharina kannte den Unterschied zwischen religiöser und politischer Sphäre nicht. Für sie gab es nur ein Gebiet: das christliche. Ihre angeblich politischen Briefe enthielten viele religiöse Ausführungen, und ihre religiösen Gedanken griffen in das politische Leben ein. Mit dem Ränkespiel der üblichen Politik hatte Katharina nichts zu tun; jedenfalls nahm ihre Seele keinen Schaden durch das politische Spiel.

Vor allem stieß sich Katharina am unwürdigen Aufenthalt des Papstes in Avignon, weil er damit das ihm zugewiesene Rom verlassen hatte und nun seine Herde nicht mehr richtig zu weiden vermochte. In zahlreichen Briefen bestürmte sie den Papst in Avignon zur Heimkehr nach Rom. Ihre Schreiben waren gedanklich klar und von brennender Glut eingegeben; ihre Sprache war ebenso mutig wie kühn. Zuletzt reiste sie selbst nach Avignon, wo sie der Papst erst zehn Tage nach ihrer Ankunft gnädig zu empfangen geruhte. Er wollte sie durch freundlich anerkennende Worte beschwichtigen, doch Katharina blieb fest und ging nicht auf das listige Spiel ein. Die Heilige brachte es fertig, daß der von ihr sichtlich beeindruckte Papst tatsächlich nach Rom zurückkehrte – freilich nicht als wehrloser Hirte der Christenheit, wie sie es gehofft hatte, sondern mit einem Söldnerheer. Das Problem komplizierte sich stark, weil der Papst den Kirchenstaat besaß, der damals noch eine Macht war und mit den umliegenden Staaten in ständiger Fehde lag.

Die italienischen Städte waren unter sich stark zerstritten, weshalb Katharina oft als Friedensvermittlerin auftrat. Ihre Parole war: «Frieden, Frieden» – unstreitig die Lösung schlechthin für eine der Kriegslust verfallene Welt. Katharina verabscheute den Krieg aus tiefster Seele. Zu ihrem Schmerz gelang es ihr nicht, den Frieden zwischen dem Papst und der Stadt Florenz herzustellen. Die Florentiner traten ihr scheinheilig entgegen, dachten aber nicht daran, ihre Abmachungen zu halten. Katharina durchschaute zu wenig die durchtriebene Doppelzüngigkeit der Politiker, die oft ja sagen und dabei nein denken.

Die energische Heilige von Siena hat das gewünschte Ziel nicht erreicht. Man machte dafür ihre naive Natur verantwortlich und behauptete, das einfache Mädchen aus dem Volk habe zu wenig von der hohen Politik verstanden. Mit einem solchen Augurenlächeln ist Katharinas Problem nicht abgetan. Die hohe Politik ist, kritisch besehen, gar nicht hoch, sondern oft nur von machtstreberischen Instinkten geleitet. Katharina ließ sich auf keine Kompromisse ein, denn sie war von einer durchsichtigen Lauterkeit. Immerhin ist es bemerkenswert, daß sich die kirchlichen und die weltlichen Politiker mit dem einfachen Mädchen abgaben, ja, abgeben mußten. Sie konnten es nicht einfach ignorieren, weil sie seine christliche Vollmacht spürten. Wohl hat Katharina in der Welt den Erfolg nicht erlebt, aber sie hat den Auftrag Gottes erfüllt, mitten in einer trüben Welt sein Zeichen aufzustellen.

Jedenfalls hat die Heilige eines begriffen, von dem alle Politiker nichts verstehen; sie hat zutiefst erkannt: «Meine Sünden tragen schuld an allem Übel.» [16] Diese Einsicht rückt alle politischen Worte und Taten unter einen anderen Aspekt: sie vertraute auf die Kraft der Sühne. Der ganz außerhalb des politischen Denkens liegende Glaube macht ihre eigentliche Stärke aus. Katharina ist nicht bei den politisierenden Frauen einzuordnen, die nicht weniger und auch nicht mehr als die politisierenden Männer vermögen. Die Heilige ist von einem höheren Rang. Selbst als sie den politischen Bereich durchkreuzte, gehorchte sie stets ihrem eigenen und nie einem fremden Gesetz. Sogar in ihrem Scheitern steht sie noch auf einer Stufe, von der die Nur-Politiker nichts ahnen. In Katharinas Tun leuchtet das Überpolitische auf, das sie zu handhaben wußte, weil sie gerade außerhalb des politischen Wirbels stand. Ein über den Ereignissen stehender Mensch allein behält den klaren Blick. Da Katharina am Rande der Welt lebte, war es ihr möglich, die Geschehnisse in der Mitte der Welt anders zu beurteilen. Gerade damit stellt sie die Biographen noch heute vor viele Rätsel. In ihrer Niederlage bestand ihr Sieg. Sie repräsentiert die Macht der Ohnmächtigen. Katharina hat sich mit dem Schmutz der Politik eingelassen, ohne selbst schmutzig zu werden, eine Kunst, die nur ganz ausnahmsweise gelingt. Aus diesem Grunde gehört sie auch im politischen Bereich zu den wegweisenden Persönlichkeiten.

Die Ausführungen über die Heiligen in der Politik zeigen, daß es keine eindeutige Antwort auf das schwierige Problem gibt, sondern nur verschiedene Versuche. Die Politik ist nicht dazu da, eine bessere Welt zu schaffen – das ist Utopie und nicht Politik – sondern um die Welt so gut und so anständig als möglich zu verwalten. Politik treiben heißt, Geschichte gestalten, ein schweres Tun, weil die Geschichte immer den Menschen zu verschlingen droht. Deshalb lassen sich aus der politischen Betätigung der Heiligen keine allgemein verbindlichen Rezepte für die beste Bewältigung der politischen Probleme herausdestillieren. Wer von den Heiligen in dieser Hinsicht eine Lösung erwartet, wird enttäuscht werden. Sie haben nie ein politisches Programm vorgelegt, nie einen Leitfaden aufgestellt, wie eine zerbrochene Ordnung der Welt wiederhergestellt werden müsse. Es gibt keine christliche Politik, wohl aber eine Politik, die von Christen gemacht wird. Sie ist so gut und so schlecht, wie die betreffenden Menschen echte oder bloße Namenschristen sind. Wer sich ernsthaft in das Thema vertieft, vermag aus ihm einige Richtlinien zu entnehmen, die ihm bei seinem Weg durch den politischen Bereich helfen. Freilich können sie nur behutsam formuliert werden. Die Zurückhaltung ist nicht in einer Resignation begründet, wohl aber in der Erkenntnis, daß der Christ auch in der Politik das Kreuz zu tragen hat und daß die Verpolitisierung alles Lebens – an den Universitäten, in der Literatur, sogar in der Familie – ein Unglück bedeutet.

Die Heiligen haben sich nicht aus Ehrgeiz am politischen Leben beteiligt. Der Ehrgeiz ist eine starke, wohl nicht ganz entbehrliche, aber gefährliche Triebfeder im Menschen. Er verführt Mann wie Frau nur zu leicht dazu, alles wegzuschieben, was ihnen im Wege steht. Der ehrgeizige Mensch ist ein vergifteter, um nicht zu sagen ein besessener Mensch. Alle, die sich selbst zu einem Amt drängen, sind nicht die geeigneten Persönlichkeiten dafür. Das Amt sollte den Menschen suchen, und nicht der Mensch das Amt.

Eng mit dem Ehrgeiz ist der Machtgedanke verbunden. Vom Willen zur Macht waren die Heiligen frei. Der machtsüchtige Mensch wird immer seine Befugnisse überschreiten. Die Macht ist nicht an sich böse, denn Macht muß sein; ohne Macht ist der Staat ein unhaltbares Gebilde. Jeder Herrscher besitzt ein gewisses Machtbewußtsein, trotzdem schließt es eine ungeheure Versuchung in sich. Marx hat sie in seinem Denken völlig übersehen, weswegen die Verwirklichung des Kommunismus unheilvoll ausfiel. Viele erliegen der gleißnerischen Verführung der Macht. Sie wird zum Selbstzweck, und daraus erwächst das Übel. Die Heiligen haben die Macht lediglich als Lehen aufgefaßt, das nur in der beständigen Verantwortung vor Gott gebraucht werden darf. Diese hohe und seltene Kunst haben sie in ihrer politischen Tätigkeit bewiesen. Nur zu oft verflocht man in der Geschichte unheilvoll Religion und Macht, während sie in Wirklichkeit unvereinbar sind. Die Heiligen wußten um den tiefen Unterschied von Religion und Macht, eine Erkenntnis, die auch die Christen zum Umdenken veranlassen sollte, da sie oft in unklaren Vorstellungen befangen sind.

Es ist eine Frage, ob der politisch tätige Mensch ein reines Herz behalten und ob er der Wahrheit verpflichtet sein kann. Julien Green schrieb einmal: «Der Teufel ist überall tätig, besonders aber in der Politik.» Wahrhaftig, der Teufel treibt sich nicht nur in der Politik herum, sondern auch in den unsauberen Handelsgeschäften, in den theologischen Streitigkeiten, kurz: überall. Das Wort des französischen Dichters gleicht einem

Blitz, der das dunkle Gebiet der Politik taghell erleuchtet. Der Teufel sitzt in all den zweideutigen Verhandlungen, in all den rücksichtslosen Egoismen der Nationen und hat seine Hand in all den mörderischen Kriegen im Spiele.

Es ist notwendig, daß es Menschen gibt, die sich als Christen politisch betätigen. Sie dürfen es aber nicht, wie Cölestin V., in argloser Unerfahrenheit tun, sondern müßten um die lauernden Gefahren Bescheid wissen. Drei Pfeiler sind für einen in der Politik tätigen Christen bedeutsam.

Der Christ weiß sich dem Gewissen verpflichtet. Nicht Demokratie, nicht Staat, nicht die Nation kann die oberste Richtschnur sein. Dieser Stellenwert kommt einzig und allein dem an Gott gebundenen Gewissen zu. Es ist das Organ, mit dem der Mensch die Stimme Gottes vernimmt. Die politische Entscheidung muß eine Gewissensentscheidung des Einzelnen sein; dies hat Thomas Morus mit leuchtendem Beispiel dargetan, der nicht umsonst der Heilige des Gewissens genannt wird. Das Gewissen entscheidet, und damit es dies auch tun kann, muß es im Menschen geweckt und geschärft werden. Das Gewissen allein begreift, daß es bei den großen Entscheidungen der Politik um die heute schwer gefährdete Seele eines Volkes geht.

Wenn das Gewissen funktioniert, stellt sich zum andern die nötige Verantwortung ein. Das Verantwortungsgefühl läßt sich von den politischen Entscheidungen nicht ablösen. Die schreienden Missetaten sind stets einem korrupten Verantwortungsbewußtsein zuzuschreiben. Deswegen kann der Christ gar nie genug Verantwortung spüren; Bruder Klaus hat eindeutig solche politische Ratschläge erteilt. Das politische Handeln muß vor Gott verantwortet werden können.

Schließlich ist der Christ, der sich in der Politik betätigt, nie ein bloßer Pragmatiker, der sich überlegt, wie man die Dinge am besten schaukelt, und damit seine Unfähigkeit für ein schöpferisches Denken verrät. Aller Opportunismus widerspricht der christlichen Haltung und führt zuletzt nur in eine Sackgasse hinein. Vielmehr geht es heute mehr denn je darum, daß einer Politik eine ernsthafte, christlich vertiefte Gesamtkonzeption zugrunde liegt. Für den Christen gibt stets das Geistige, und nicht der politisch-wirtschaftliche Fragenkreis den Ausschlag. Eine Weltgestaltung ohne die Pfeiler Gottes ist zuletzt immer zum Scheitern verurteilt. Der unüberhörbare Donnergang der Geschichte nötigt die Menschen förmlich, die Geschichte ganz neu zu sehen, zumal sie erhabener und furchtbarer ist als man gewöhnlich annimmt. Das Abendland begann, wie Hugo Rahner einmal ausführte, als Plato seine «Gesetze» niederschrieb, und es trieb dem Verfall entgegen, als man dieses Werk ignorierte. Auf Platos Grundlage entstand Augustins «Gottesstaat», der die Frage aufwarf: «Was sind letztlich Staaten ohne Gerechtigkeit anderes als große Räuberbanden?» [17] In den Werken dieser beiden Denker sind die wahren Grundlagen aller Politik enthalten, ohne deren Kenntnis kein Mensch in die politische Arena steigen sollte.

Die Politiker nehmen von derartigen Reflexionen keine Notiz; sie belächeln sie mitleidig als Ausfluß einer weltfremden Gläubigkeit und richten darum immer mehr Unfug in der Welt an. Die Christen dagegen wissen um die Problematik aller Politik und können sie nur bewältigen, indem sie intensiver über die politischen Entscheidungen nachdenken. Das Problem Christentum und Politik bleibt in der Frage, in der positiv ausgerichteten Frage, aber doch in der Frage. Es gibt keine endgültigen Lösungen, sondern höchstens Richtlinien. Niemals würden die Heiligen der Meinung zustimmen, Politik und Moral hätten nichts miteinander zu tun, denn damit würde die Grundsatzlosigkeit zum Prinzip erhoben.

Die Heiligen sind auch in der Politik über das verbreitete Freund-Feind-Verhältnis hinausgelangt. Sie erinnern uns daran, daß der Christ in seiner politischen Arbeit ein freier Mensch ist, für den es keine politischen Zwangssituationen gibt, weil ihn auch hierin Christus befreit hat. Nach dem Verständnis der Heiligen fallen die letzten Entscheidungen im Unsichtbaren, und nicht im nächsten Wahlkampf. Ebenso haben die Heiligen, ohne viel Worte zu machen, den Mut betont. Nie sind sie den Weg des geringsten Widerstandes gegangen, sondern haben stets ihre ganze Person in die Waagschale geworfen. Auf den Mut können die Christen nicht verzichten; sie bedürfen seiner mehr als je. Die Heiligen haben das Vorbild des Mutes, der Unerschrockenheit, des Widerstandes vorgelebt, eine tapfere Haltung, die vor allem den Gegener beeindruckt. Die Sprache des Mutes ist die politische Sprache der Christen von wundersamer Gewalt. Mitten im politischen Kampfe weisen die Heiligen die Christen auf das hin, was größer ist als alle Politik: sie bringen das Überpolitische zum Aufleuchten. Eine unpolitische Politik ist das politische Geheimnis der Heiligen.

# Von der Vision überfallen

«Ach, wer sich nach der Ekstase sehnt, weiß nicht, was sie bedeutet», sagte der ekstatisch begnadete Philipp Neri [1]. Damit hat er ein Richtmaß für alle Beschäftigung mit Visionen aufgestellt. Jedes Interesse an diesen Erscheinungen, das aus Neugierde erfolgt oder nach Beweisen für die übersinnliche Welt hascht, erübrigt sich. Eher müßte man davor warnen, dem Feuer zu nahe zu kommen, weil man sich zu leicht die Finger verbrennt. Diese Erscheinungen erfordern deshalb ein behutsames Vorgehen.

Visionen, Levitationen usw. gehören zu der Welt der Heiligen. Die körperlichen Begleiterscheinungen der Mystik nehmen in ihrem Leben einen breiten Raum ein, obwohl Visionen kein eindeutiges Zeichen für die Heiligkeit sind. Sie besteht in einer ausgesprochenen Gottesnähe. Es gab Heilige wie John Fisher, dem nie eine Vision beschieden war; trotzdem leuchtete in seinem Leben das Licht Gottes auf. Andere wiederum wurden von den Visionen förmlich überfallen, ob sie nun wollten oder nicht, sie wurden gar nicht gefragt. Manche Heilige versuchten sich ihrer zu wehren, weil sie das Außerordentliche und das damit verbundene Aufsehen fürchteten; es hat ihnen nichts genützt, indem die Vision sie einfach überwältigte. Letzten Endes waren sie wehrlos und hatten diese Ereignisse hinzunehmen. Die Visionen bereiteten den Heiligen nicht unbedingt Wonnegefühle; natürlich sahen und hörten sie Dinge und Worte, die kein Auge gesehen und kein Ohr gehört und in keines Menschen Herz gekommen sind. Aber es gab auch mit namenlosem Schrecken verbundene Visionen. Bruder Klaus gesteht einmal, sein wildes, im ersten Moment befremdendes Aussehen stamme von einer schreckhaften Vision mit großem Lichtglanz. Oft zitterten die Heiligen geradezu in ihren Visionen. Unaussprechliche Gefühle sind die Begleitumstände der Visionen, die den Menschen vor nicht leicht zu beantwortende Fragen und Rätsel stellen.

Das Thema «Der Heilige von der Vision überfallen» erfordert zunächst einige konkrete Beispiele. Aus der Fülle des Stoffes seien einige erwähnt, Paradigmen, die eine erste Vorstellung vom gewaltigen Reichtum der visionären Welt vermitteln.

Eine Vision widerfuhr Benedikt von Nursia (480–547), dem Vater des abendländischen Mönchtums. Papst Gregor der Große berichtet darüber: «Während er so in frühester Stunde hinausblickte, sah er plötzlich, wie sich ein Licht von oben her ergoß, die ganze Finsternis der Nacht verscheuchte und so hell aufleuchtete, daß dies in der Finsternis strahlende Licht den Tag übertraf. Etwas sehr Wunderbares war mit dieser Erscheinung verbunden; es wurde ihm nämlich, wie er später selbst erzählte, auch die ganze Welt wie in einem einzigen Sonnenstrahl vereinigt vor Augen geführt.» [2] Der heilige Papst begnügte sich nicht damit, nur den Hergang der Vision zu schildern, er versuchte sie auch zu deuten: Durch das Licht der inneren Beschauung wird das Innerste der Seele erweitert und dehnt sich so in Gott aus, daß sie die ganze Welt überblickt. Tatsächlich widerfuhr Benedikt in früher Morgenstunde das ungewöhnliche Erlebnis der Zentralschau, dem man selbst in der Geschichte der Mystik selten begegnet. Der Mensch erfaßt in ihr das Geheimnis der Dinge und vermag durch das Äußere hindurch in ihr Inneres zu schauen. Dabei war Benedikt ein ausgeglichener Geist, der in seiner Regula für Maß und Mitte eintrat und alles Extreme und jede Schwärmerei mied. Der Bericht über das mystische Morgen-Erlebnis des Gründers von Monte Cassino ist kurz gehalten und verbietet, allzu weitgehende Folgerungen daraus zu ziehen. Die wenigen Worte aber deuten darauf hin, daß Benedikt ein Visionär war, und es ist durchaus möglich, daß daraus das Ideal der stabilitas loci hervorgegangen ist. Wenn der ruhelose Mensch der Neuzeit sich selbst wieder finden soll, müßte er auf das Ideal Benedikts zurückgreifen.

Viel ausführlicher sind die Visionen des Josef von Copertino (1603–1663) überliefert. Dieser Heilige ist unserer Zeit wenig bekannt, und doch nennt ihn Bloy «einen der außerordentlichsten Männer, die je gelebt haben» [3]. Nach einer unglückseligen, liebeleeren Jugend mit schweren Krankheiten erwies Josef von Copertino sich als ein unbegabter, unpraktischer Jüngling, der zu nichts zu gebrauchen war. Nur auf die Fürsprache eines Onkels nahmen die Kapuziner den jungen, unfähigen Mann auf, und er schlüpfte mehr durch die theologischen Prüfungen, als daß er sie bestand. Stets war er das Gegenteil eines gelehrten Mannes, da ihm das Latein Mühe machte und noch vieles mehr.

Ungemein starke ekstatische Erlebnisse überfielen den siebenundzwanzigjährigen Mann. Völlig unerwartet schwebte er, zum Entsetzen aller gaffenden Zuschauer, in der Luft. Dies kam nicht nur einmal vor, sondern das Schweben während der Messe wurde zum täglichen Ereignis. Wie ein Vogel flog er auf den Altar. «Diese geheimnisvolle Gewalt konnte über ihn kommen, wann er irgendwo saß, oder mitten in einem Gespräch, oder sie ließ ihn dastehen mit gefalteten Händen. Meistens aber warf es ihn auf die Knie; dann gab er einen lauten Schrei von sich und blieb mit ausgebreiteten Händen dort.»[4] Der ausgestoßene laute Schrei flößte keine Furcht ein, was man bei der Heiligsprechung positiv bewertete. Verbunden mit den Ekstasen war eine starke Anziehung der Tiere; die Vögel flogen zu ihm hin und ließen sich von ihm streicheln. Natürlich gab der fliegende Heilige viel zu reden, wie es nicht anders zu erwarten war. Seine Vorgesetzten unterzogen ihn eingehenden Verhören, die für Josef von Copertino sehr unangenehm waren, wenn ihm auch nicht die geringste Häresie oder gar Verbindung mit dunklen Mächten nachgewiesen werden konnte. Die inquisitorische Behandlung setzte dem Heiligen stark zu. Er machte eine Periode tiefer Niedergeschlagenheit durch, bei der «so wenig Licht in seine Seele fiel wie durch das enge Fenster in seine Zelle. Ich hatte früher nie gewußt, was Traurigkeit ist», sagte er[5]. In seiner Niedergeschlagenheit begann er mit dem Allmächtigen zu hadern: «Ich beklagte mich oft bei Gott über Gott. Für ihn hatte ich alles verlassen, und er, statt mich zu trösten, überlieferte mich einer tödlichen Herzensangst.»[6] Trotzdem stellten sich die Visionen erneut ein. Oft brauchte er nur die Namen Jesu oder Maria zu erwähnen, und schon fiel er mit einem Seufzer in Ekstase. Die Ekstasen während der Messe dauerten oft fünf Stunden; kam er wieder zu sich, fühlte er sich geschwächt und seufzte: «Eine große Macht war es, eine große Macht.» Das Volk war von diesem ungewöhnlichen Heiligen überaus begeistert, zumal er mit seinen hellseherischen Fähigkeiten den Menschen wie kaum jemand zu raten wußte. Er besaß die Gabe der Herzensschau. Die Ordensoberen dagegen waren gegenüber diesen täglichen Ekstasen hilflos, weil der Mann nicht in ihren gewohnten Vorstellungskreis einzuordnen war, obschon auch Franziskus Ekstasen erlebt hatte. Sie freuten sich keineswegs über seine Erscheinung, sondern waren eher ratlos, ja sogar furchtsam, denn sie ängstigten sich über den großen Zulauf, den Josef von Copertino genoß. Er war für seine Ordensbrüder eine umstrittene Persönlichkeit. Um das Ärgernis wegzuräumen, verfügten sie kurzerhand seine Inhaftierung. Josef von Copertino war in diesem Zusammenhang zu erwähnen, weil er vortrefflich dokumentiert, daß die Visionäre für die Kirchenmänner zunächst oft eine Verlegenheit bedeuteten. Auch Josef von Copertino erregte ihr Befremden, ja, er war für sie ein Ruhestörer. Erst einige Zeit nach seinem Tode, als er sozusagen «ungefährlich» geworden war, fand man es am Platze, aus seinen Klosterräumen in Osino ein kleines Museum einzurichten. Später wurde er heiliggesprochen, und heute ist man dabei, einen Film über ihn zu drehen.

Entscheidend ist die Frage, wie Josef von Copertino sich selbst verstanden hat. Die mit seinem Schweben verbundene Sensation war ihm höchst unangenehm. Aus der Einfalt seines Herzens heraus sagte er: «Die Diener Gottes gehen so ganz leichtsinnig aus sich heraus, das Große im Menschen aber liegt in seinem Innern», und «durch die äußeren Dinge gelangt Gott bis zur Türe des Herzens; durch die inneren aber tritt er zu uns ein und bleibt darin.» [7] Seine Frömmigkeit war geradezu enthusiastisch. Nach seiner Auffassung sind jene Menschen, «die Gott lieben, wie Betrunkene, die aus sich heraustreten und dabei singen, tanzen oder Ähnliches tun» [8]. Der Sinn seines ungewöhnlichen Schwebens war, die Schwere des Daseins zu besiegen; er wies damit in die Richtung nach oben. Bei ihm wurde die sichtbare Wirklichkeit durch eine übersinnliche erhellt. Deutlich zeigte er, daß die Naturgesetze nicht das Letzte sind, da er selbst in einer höheren Realität lebte. Hello schrieb über ihn: «Wenn er nicht gelebt hätte: erfinden könnte ihn niemand. Er ist außergewöhnlich unter den Außergewöhnlichen. Es gibt keinen Heiligen bei den Bollandisten, der mehr als er die Menschen in dem, was ihnen gewohnt ist, in Verwirrung bringt.»[9] Niemals aber war der einfältige Josef von Copertino ein bloßes Kuriosum, vielmehr zählte er zu den Gott-Trunkenen. Seine Ekstasen waren eine Art mystischen Tanzes, in dem er sich vom Erdboden aufschwang und Gott in die Arme sank.

Eine ebenfalls visionäre Gestalt war Crescentia von Kaufbeuren (1682–1744), die dem süddeutschen Raume angehörte. Im einfachen Kloster, in dem sich ihre Zelle befindet, werden heute noch ihre Sachen gepflegt aufbewahrt. Crescentia ist vielleicht nicht das, was man eine Heilige für unsere Zeit nennt; trotzdem wird sie noch immer vom einfachen Volk sehr verehrt. In aller Unscheinbarkeit hatte sie ungewöhnliche Einsichten, weshalb es sich lohnt, sich mit ihr zu beschäftigen. Sie war armer Weberleute Kind und wollte früh ins Franziskaner-Kloster eintreten, wurde jedoch immer abgewiesen, weil sie die geforderte Aussteuer nicht beizubringen vermochte. Erst auf die energische Fürsprache des evangelischen Bürgermeisters hin nahm man sie auf. Er war der Meinung: «Es wäre ja schade, wenn so ein Engel in der Welt verderben würde.» Crescentia aber wurde im Kloster von einer verständnislosen Oberin überaus gequält, doch die Novizin ertrug alle Kränkungen vorbildlich. Man hält es nicht für möglich, daß früher derart grobe Behandlungen in einem Kloster vorgekommen sind, dort wo Menschen miteinander dem Himmel entgegenstrebten.

Bald nach ihrem Klostereintritt überfielen und bedrohten Crescentia Dämonen, die selbst von den übrigen Schwestern wahrgenommen wurden. Unheimlich in den Formen, spotteten sie allen Vorstellungen. Die unmögliche Mutter Oberin sah in Crescentia eine Besessene und behandelte sie mit einem geradezu grotesken Unverständnis. Crescentia war zum Kampf gegen die Dämonien ihres Zeitalters berufen und hat den unsichtbaren Streit überaus tapfer durchgestanden.

Schon das junge Mädchen war ekstatisch begnadet. Mit drei Jahren erlebte sie eine ihrem Alter entsprechende Kindheitsvision [10]. Während ihrer Jugendzeit sah sie häufig ihren Schutzengel, der sie stets begleitete. Bald nach ihrem Klostereintritt hatte sie eine Vision, in der Christus, mit einem schweren Kreuz beladen, aus der Zelle der Oberin trat. Diese Erscheinung bewog sie, alle Quälereien ihrer Vorgesetzten, als von Christus kommend, im Gehorsam zu ertragen. Crescentia geriet häufig in Verzückung, in der ihr Gesicht erblaßte, ihr Leib erstarrte und sie stundenlang unbeweglich blieb. Während der Ekstasen war sie nicht ansprechbar, es sei denn, man rief sie im Namen des Gehorsams an, dann erwachte sie sogleich aus der Verzückung. Anläßlich einer solchen Entrückung erfuhr sie die innere, unsichtbare Stigmatisation, Ereignisse, die von ihren Mitschwestern beobachtet und bei der Vernehmlassung zum Seligkeitsprozeß zu Protokoll gegeben wurden.

Dabei blieb Crescentia ein frohes, gesundes Schwabenkind, das mit ganzer Kraft betete und eine strenge Askese übte. Im Laufe der Zeit wurde sie zur Beraterin von unzähligen Menschen, die zu dem kleinen Klösterchen nach Kaufbeuren wallfahrteten. Auch führte sie einen großen Briefwechsel mit fürstlichen Persönlichkeiten. Ihre Parole war: «Mein Leben ist Lieben, mein Lieben ist Leiden.» [11] Es ist noch ein Wort von ihr überliefert, scheinbar eine phantastische Äußerung, näher besehen aber ist es eine vom Geist des Evangeliums geprägte Aussage: «Man muß in allen Menschen Gott sehen, der in ihnen verhüllt sei, auch im Sünder.» [12] Diese christliche Einsicht bewahrte sie selbst vor der Versuchung des Pharisäismus. Gott in allen Menschen, selbst in den sündigen Menschen zu sehen, ist der neue Weg der Christen. In den letzten Lebensjahren empfing Crescentia die Berufung zum Sühne-Leiden für ihre Zeit. Sie sah mit dem Heraufsteigen des Zeitalters des Rationalismus eine Gefahr für die Christenheit und setzte alles daran, ihre Generation zu retten. Darin bestand ihre wesentliche Bedeutung, die leider die damalige Geistlichkeit nicht begriff. Diese Aufgabe verdiente in heutiger Zeit neu aufgenommen zu werden. Die Theologie ist von einer abergläubischen Wissenschaftlichkeit erfaßt, eine Situation, in der eine Besinnung auf die überwissenschaftliche Mystik einer Crescentia doppelt wichtig ist. Sie selbst war eine Gestalt des Barock, der eine mächtig ausholende Bewegung war, in der sich sowohl Triumph als Äußerlichkeit seltsam mischten. Crescentia sah aus dem Barock die Aufklärung entstehen, weshalb sie mannhaft gegen die drohende Glaubensverminderung kämpfte. Sie war vor allem eine echte Mystikerin, die wohl schwäbisch gemütvoll war und doch wiederum etwas Erschreckendes an sich hatte, weil sie, sich selbst übersteigend, in neue Dimensionen vorgestoßen war.

Crescentia zu deuten ist nicht leicht, denn allzu fremd erscheint uns ihr Verhalten. Der heutige Mensch hat zunächst kaum einen Zugang zu ihr, wenn er auch dunkel ihre Größe ahnt. Warum aber ist Crescentia in Ekstase geraten? Gewiß nicht um der Kuriosität willen. Ihre Visionen sind ein Zeichen dafür, daß den Menschen gesagt werden soll: Hier ist etwas geschehen, was nicht alle Tage geschieht. Vor diesem ganz und gar Ungewöhnlichen soll der Mensch stille-stehen, damit ihm zum Bewußtsein kommt, daß es noch etwas anderes gibt als das Alltagsgeschehen mit seiner Gier nach Geld und Vergnügen. Über das gewöhnliche Sein ragt ein übernatürliches Sein hinaus, etwas, das den meisten Menschen unerklärlich bleibt. Die Visionäre leben diese Wahrheit, und wer ihnen in die Augen schaut und auf sie hört, dem dämmert eine Ahnung auf von der übernatürlichen Welt, die immer in unsere natürliche Welt hineinbrechen will.

Von ganz anderer Art war die Visionärin Jeanne d'Arc (1412–1431). Sie war eine der beschwingtesten Heiligen und hat das Denken der Menschen ungemein stark beschäftigt. Die Statue dieser Nationalheiligen steht in vielen Kirchen Frankreichs, da sie die Seele dieses Landes verkörperte. Zwar meinte Simone Weil: «Die heute große Reden über sie führen, hätten sie fast alle verurteilt.» [13] Der Vorwurf ist nicht ohne weiteres zurückzuweisen – folglich wären auch wir auf der Seite ihrer Richter gestanden! Das ist ein schrecklicher Gedanke. Man widerlegt ihn nur, indem man demütig und nicht geistreich wie die modernen Schriftsteller über die heilige Johanna spricht, wohl wissend, daß sie dem alten Frankreich der Heiligen und der Kathedralen angehörte, das in der Französischen Revolution brutal zerstört wurde. Nicht der idealistische Schiller, der ihr eine Liebesgeschichte andichtete, weil er an ihrer Mystik vorbeischaute, auch nicht der ironische Shaw mit seiner Entmythologisierung und schon gar nicht Brecht mit seiner stupiden Klassenkampftheorie haben Jeanne d'Arc richtig erfaßt. Dies vermochten nur Charles Péguy, der ihre Geschichte als immerwährendes Mysterienspiel empfand, und Georges Rouault mit seinem Gemälde «Unsere Johanna». Er hat sie auf ihrem Pferd sitzend dargestellt, den Blick nach oben gerichtet, womit er ihren übergroßen Auftrag angedeutet hat. Das Leben der Pucelle ist reich an ungelösten Problemen; die frühere Hagiographie hat sie allzu leichtfertig übergangen und sie fälschlicherweise ins Licht der Romantik gerückt. Die Befreierin Frankreichs läßt sich in ihrem christlichen Realismus nicht leicht in die übliche Heiligenschablone einordnen, und wer von den transzendenten Mächten absieht, mißversteht sie zum voraus. Ihre Sendung bestand darin, das Land der Väter von den Feinden zu befreien, damals und auch heute, wo sie ihm gefährlich werden können wie zu ihrer Zeit die Engländer.

Der jungen Johanna erschienen im häuslichen Garten die heilige Margaretha und die heilige Katharina. Kaum hatte sie sich vom Schrecken erholt, küßte sie voller Seligkeit den Boden, den die beiden Heiligen berührt hatten. Bemerkenswert ist ihr Schweigen über die Erscheinungen. Das unerfahrene Mädchen zog niemand ins Vertrauen, nicht einmal ihre Mutter und ihren Beichtvater. Johanna selbst war von der Wirklichkeit der ihr erschienenen Engel und Heiligen felsenfest überzeugt. Sie hat sie gesehen und hat sie sprechen gehört. Aber nicht genug damit: sie gehorchte ihren Anweisungen. Litt sie an Halluzinationen? Diese Frage stellte natürlich die Neuzeit, und wer sie bejaht, ist blind für die Aufgabe ihres Lebens. Die Erscheinungen wiederholten sich. Die beiden Heiligen gaben dem lothringischen Landmädchen den ungeheuren Auftrag, Frankreich von der Fremdherrschaft der Engländer zu befreien und den schläfrigen Karl VII. in Reims zu krönen, weil er der rechtmäßige König des Landes war. Dies war ihr übermenschlicher Auftrag, und damit hat sie Frankreich die große Hoffnung geschenkt. Es war ihr nicht klar, wie sie diese Befreiung einleiten sollte, da sie nicht die geringsten militärischen Kenntnisse besaß. Wenn aber Heilige einer Heiligen einen Befehl erteilen, so weichen alle Widerstände. Ohne sich von ihren Eltern zu verabschieden, machte sich die gehorsame Tochter Gottes auf den Weg und führte den göttlichen Befehl aus. Sie tat es und mußte es tun, weil die Stimmen der beiden Heiligen sie unablässig dazu drängten. Sie hat damit eine unfaßliche Leistung vollbracht, die nicht aus natürlichen Ursachen zu erklären ist. Alle Abenteuerlust lag dieser Gestalt fern, wichtig war ihr nur ihre Aufgabe.

Allerdings mußte sie ihre Sendung mit ihrem Leben bezahlen. Bei einem Ausfall fiel sie in die Hände der Burgunder, die sie den Engländern auslieferten. Ein unter dem Vorsitz eines hinterhältigen Bischofs stehendes Gericht machte der reinen Gestalt in einer unreinen Welt einen schamlosen Prozeß. Die Richter waren Männer, denen es mehr um die Welt als um das Ewige zu tun war. Johanna verhielt sich während der Verhandlungen überaus mutig; man liest ihre unerschrockenen Antworten nur mit klopfendem Herzen. Die Richter hetzten sie wie ein Wild, eine Gemeinheit, die Bernanos den Ausruf entlockte: «Wir sähen sie lieber von Wölfen zerrissen, als von den Zähnen dieser schulmeisterlichen Füchse und Ratten zermürbt.»[14] Das junge Mädchen aber leistete einen unverkennbaren Widerstand gegen diese fragwürdigen Vertreter der Kirche. Die heilige Johanna in Männerkleidung und Pagenschnitt erkühnte sich, die Gelehrsamkeit der Theologen in Frage zu stellen, ohne auch nur von entfernt an eine Frauenrechtlerin zu gemahnen. Das war die Erhebung der wahren Jugend gegen eine verrostete Priesterschaft, wie sie sich in der Geschichte nur selten abspielt. Johanna erlebte dunkle Stunden, namentlich als sie nach der ersten Verurteilung den Verrat an ihren Stimmen beging, der nur mit der Verleugnung des Petrus im Hof des Hohenpriesters zu vergleichen ist. Es gelang dem abgefeimten Gerichtshof, Johanna während einiger Stunden die Seele zu stehlen. Das war der schrecklichste Augenblick im Leben des heldischen Mädchens. Dann erbarmten sich die beiden Heiligen der verlassenen Heiligen, und sie fand sich zu ihrem Selbst zurück, widerrief und bestieg den Scheiterhaufen. Mitten aus den Flammen rief sie mutig, daß ihre Stimmen sie nicht getäuscht hätten; dann ging sie in Feuer und Rauch unter. «So gibt es wohl kein ergreifenderes Phänomen in der ganzen an Leid und Tränen überreichen abendländischen Geschichte, als die Märtyrerin von Rouen. Alles Leid des Genius wird überstrahlt von der Schmerzensgloriole dieser von Mitwelt und Nachwelt mit aller denkbaren Schande übergossenen, dennoch unberührbaren, ja, wie es scheinen könnte, unversehrbaren Heiligen.» [15] Das Gericht hatte wohl ihren Körper vernichtet, ihr Wesen aber lebt und wird ewig leben, weil sie ein durch überirdische Stimmen geleiteter Mensch war.

Zu den vielen ungelösten Problemen gehört auch die Frage: Wie konnte eine Heilige Krieg führen? Diese Frage ließe sich auch gegenüber dem Alten Testament anführen, doch die Bibel tut es nicht. Johanna selbst hat keinen Menschen getötet.

Sie hat viele Tränen über die im Kampfe gefallenen Soldaten vergossen, namentlich über solche, die ohne innere Vorbereitung ihr Leben verloren. Sie hat darüber geweint «mit soviel Tränen, daß sie hernach sagte, sie hätte nicht gewußt, daß ein Mensch soviel der Tränen zu vergießen hat» [16]. Im vorliegenden Zusammenhang scheint mir die Frage nach ihren Visionen vor allem wichtig zu sein. Visionen haben Johanna den Weg gezeigt; ohne die Stimmen ihrer Heiligen ist sie nicht vorstellbar. Wer die Stimmen nicht ernst nimmt, kommt zu solch läppischen Hypothesen, wie sie Anatole France vertreten hat, nach denen Johanna nur eine vorgeschobene Strohpuppe in der Hand von nicht mehr feststellbaren Hintermännern gewesen sei. Zu derart haltlosen Vermutungen greifen die Ungläubigen und brauchen demzufolge das Übernatürliche nicht anzuerkennen. Die reitgewandte Johanna, der die Messe unendlich viel bedeutete, ist ein überaus anschauliches Beispiel für die unmittelbare Beziehung der Heiligen zur jenseitigen Welt. Die Heiligen haben dieses Mädchen geradezu gelenkt. Johanna verdankt ihnen alles. Sie veranschaulicht großartig, daß Menschen durch Visionen geleitet werden können. Diese Erkenntnis kommt ihrem Geheimnis am nächsten, obwohl es immer ein Mysterium bleiben wird, das es zu respektieren gilt. «Die historische Gestalt der Jungfrau» gleicht nach Bloy «einem von der Zeit und den Barbaren verschont gebliebenen Kirchenfenster, das in überaus zarten und reinen Farben die Verkündigung darstellt.» [17]

Bernadette (1844–1879) ist einige Jahrhunderte von ihr getrennt. Um es gleich zu Beginn zu sagen: Bernadette ist etwas für sich, und Lourdes ist etwas für sich. Wenn auch Verbindungsfäden zwischen ihnen bestehen, ist es doch nötig, die beiden Größen auseinanderzuhalten. Die Geschichte der Bernadette spielt sich im Zeitalter der Technik ab, zu dem sie in stärkstem Gegensatz steht. Sie selbst hat ihr Erlebnis in einfachem, beinahe vertraulichen Stil angedeutet: «Für die Geschichte habe ich es gewagt; man soll sich nur auf das beziehen, was ich die ersten Male gesagt habe. Vielleicht habe ich seitdem dies oder das vergessen, aber auch die andern können vergessen. Das Einfachste, was man über mich sagen und schreiben wird, wäre das Beste.»

Bernadette stammte aus einer verkommenen Familie. Gewöhnlich wird diese nur als arm geschildert, weil ihre feuchte Wohnung in einem ehemaligen Gefängnis lag und die tägliche Nahrung aus einer Maissuppe bestand. Diese Zeichnung ist unscharf, denn das familiäre Milieu war unerfreulich. Der Vater trank; außerdem erwischte man ihn bei einem Diebstahl. Bernadette hatte an ihrer Mutter ebenfalls keine Stütze, denn auch sie wollte das Geschehnis in der Grotte unterdrükken und befahl ihrer Tochter: «Du hast nichts gesehen! Verstehst du? Nichts!» Bernadette wuchs wie eine Wunderblume aus diesem Sumpf hervor. Für ihre Aufgabe war sie ganz unvorbereitet und ohne den geringsten menschlichen Beistand. Sie litt an schweren Asthma-Anfällen. Erst mit fünfzehn Jahren lernte sie notdürftig lesen und schreiben. Zu einer Meisterschaft brachte sie es nie. Gott hat die reine Seele dieses Kindes für eine Mission auserwählt, und sie hat sich mit ihrer ganzen, unbefangenen Bereitschaft zur Verfügung gestellt.

Die Visionen überfielen sie völlig unerwartet, wie ein Blitz aus heiterem Himmel. Bernadette wußte gar nicht, daß es Visionen gab. Das arme Kind sammelte mit seiner Schwester und einer Freundin Holz. Es war im kalten Februar 1858. Bernadette ging in die Grotte hinein, setzte sich auf einen Stein, zog ihre Strümpfe aus, um durch das Wasser zu waten. In diesem Moment geschah das Unerklärliche! Bernadette geriet in eine Verzückung und sah in einem Licht eine weiße Gestalt. Sie drückte sich ungeschickt aus, «eine Dame» sagte sie, «sei ihr erschienen», und erriet nicht einmal, daß es Maria war. Das Mädchen empfing von ihr den Befehl, nach einer Quelle zu graben, die heilspendendes Wasser gebe. Das Vorkommnis ist rational nicht verständlich. Bernadette wußte auch keine Deutung zu geben. Auf alle Fragen erklärte sie nur: «Ich weiß es nicht.» Das französische Mädchen verhielt sich vornehm in den wiederholten Ekstasen und machte die Zuschauer geradezu betroffen. Nach den Entrückungen benahm sie sich überaus bescheiden und offensichtlich auch hilflos verlegen. Ihre schwarzen Augen blickten klug in die Welt; sie besaß die Weisheit des Herzens und einen unerschütterlichen Glauben. Groß war die Verständnislosigkeit in ihrer Familie, die Verlegenheit der kirchlichen Würdenträger und das Ärgernis der Freidenker, die, befangen wie sie waren, die Erscheinungen als einen Skandal für das aufgeklärte Frankreich empfanden. Das ganze Land geriet in Aufregung, weil die Quelle tatsächlich zu sprudeln begann und sich außerdem Heilungen ereigneten. Unbestreitbar war Bernadette eine Ekstatikerin, wohl wissend, daß sie Werkzeug war und einen Auftrag auszurichten hatte, den sie, allen schwierigen Umständen zum Trotz, auch ausführte. Nachdem das Wunder geschehen war, trat sie vom öffentlichen Schauplatz ab und nahm im Kloster Zuflucht. Man behandelte sie dort nicht besonders freundlich, denn die Schwestern waren schwer enttäuscht darüber, daß sie keine Visionen mehr hatte. Auch ärgerte sich die Novizenmeisterin nicht wenig, weil Bernadette nur das Neue Testament lesen wollte und die frömmelnde Literatur beiseite schob. Das beklemmende Leben im Kloster dauerte nicht allzulange; die Heilige starb in ihrem sechsunddreißigsten Altersjahr.

Bernadette zählt zu den Kinder-Heiligen. Mit diesem seltsamen Phänomen pflegt sich die wissenschaftliche Theologie nicht zu beschäftigen. Die Visionärin von Lourdes liebte Maria; später nahm auch Christus in ihrem religiösen Leben einen bedeutsamen Platz ein. Das Drum und Dran eines Wallfahrtgeschäftes ist eine fragwürdige Sache, an der Bernadette keinen Anteil hatte. Doch darf man nicht übersehen, daß die Grotte eine Stätte des Gebetes ist und daß sie als solche in den Herzen der Lourdesbesucher große Hoffnungen erweckt. Es sagt nichts aus, wenn ein moderner Mensch gleichgültig an Bernadette vorübergeht; wer sich aber mit ihr beschäftigt, muß zugeben, daß sie nur aus der Erwählung zu verstehen ist. Es gibt eine Reihe von «Schwestern im Geiste», die von Bernadette über die kleine Thérèse bis zu Elisabeth von Dijon führt. Mit Lourdes hat sich ein spirituell ausgetrockneter Schriftsteller wie Zola beschäftigt, ohne etwas davon zu verstehen. Dagegen hat Werfel «Das Lied der Bernadette» gesungen als Dank für seine Errettung aus der nationalsozialistischen Verfolgung.

Bei Bernadette nahmen die Visionen den Charakter von Botschaften an, die sie weitergeben mußte. Das neunzehnte Jahrhundert empfand diese gewöhnlich als eine Ohrfeige, doch hatte sie den Auftrag nicht selbst ersonnen. Sie war ganz von den höheren Befehlen abhängig. Nie waren ihre Visionen Selbstzweck, vielmehr ein Mittel zur Wiedergabe der Anordnungen Gottes. Ihr visionäres Verhalten gehört unter diesen

Gesichtspunkt, ansonst man dem inneren Gehalt nicht nahe kommt.

Trotz ihrer reizenden Mädchenhaftigkeit darf man sich Bernadette nicht zu naiv vorstellen. Hinter ihrer gewölbten Stirne verbarg sich eine mit andern Maßstäben zu messende Intelligenz. Ihre Schlagfertigkeit bewies es. Sie war von einer sichtlichen Gelassenheit erfüllt, eine Haltung, die sie auch den neugierigen Fragestellern gegenüber bewahrte. Ein Bildhauer erkundigte sich bei ihr nach dem Aussehen der «Dame mit dem blauen Gürtel und den zwei goldenen Rosen» und schuf nach diesen Angaben eine Statue. Bernadette sah sie an, fand sie hübsch, obwohl sie in nichts dem gleiche, was sie gesehen habe! Trotzdem wurde die Statue zum Vorbild aller Lourdes-Madonnen, wenn schon man nicht bedachte, daß sich eine Vision nie adäquat in Worte oder Bildwerke übersetzen läßt. Kein Künstler vermag den übernatürlichen Glanz einer Erscheinung der Wirklichkeit entsprechend darzustellen. Vielleicht wird eine Vision am besten durch ein Symbol angedeutet.

Viele Theoretiker des Christentums sind den Visionären nicht sonderlich gewogen. Visionen verdienen weder prinzipiell abgelehnt noch leichtgläubig und unkritisch angenommen zu werden. Beides wäre falsch. Es gibt Augenblicke in unserer Gegenwart, in denen Menschen von Visionen überwältigt werden und hernach verwandelt sind. Wer die Möglichkeit der Visionen bestreitet, schließt das Prophetische innerhalb der Christenheit aus.

Einige grundsätzliche Überlegungen über dieses Thema sind am Platze, denn Visionen haben die Christen immer beschäftigt, obwohl viele unverständlich blieben.

Mit einer phänomenologischen Methode kommt man nicht

ans Ziel. Sie betrachtet die Visionen als bloß interessante Phänomene, aber das Interessante ist keine Kategorie des Geistes, sondern lenkt vom Wesentlichen ab. Die phänomenologische Methode schließt die Gefahr in sich, in der Materialsammlung stecken zu bleiben, und zuletzt gleicht sie einem seltsamen Kuriositätenladen, von dem man nicht recht weiß, was man damit anfangen soll. Ein solches Ergebnis befriedigt nicht. Das innere Verständnis beginnt genau dort, wo die bloß beschreibende Methode aufhört, denn hier frägt man nach dem Sinn der Vision. Sie zu erleben ist eine Gnade, oft eine harte Gnade, und eine Vision nachträglich zu verstehen, erfordert eine innere Arbeit, die allerdings nicht immer gelingt.

Ebenso ungenügend erweist sich die parapsychologische Methode. Sie entspricht einer modischen Auffassung. Wenn über Parapsychologie geredet wird, findet sich stets ein ganzer Schwarm von Neugierigen ein, die alle Stimmen aus dem Jenseits zu vernehmen hoffen, natürlich wissenschaftlich einwandfrei, wie man dies gerne betont. Der Parapsychologie ist keineswegs jede Berechtigung abzusprechen, zumal es die Aufgabe der Wissenschaft ist, die Dinge zu erforschen. Muß man noch daran erinnern, daß die Wissenschaft nicht mit der Wahrheit identisch ist? Wissenschaft ist Wahrheitsforschung, und trotzdem können sich Fehlurteile einschleichen. Im übrigen ist die Parapsychologie von der Zeit, da sie vor fünfzig Jahren ihren Weg antrat, bis heute nicht viel weiter gekommen. Noch immer begnügt sie sich mit dem Aufzählen merkwürdiger Phänomene, die die Zuhörer gierig und mit heimlichem Schauder in sich aufnehmen. Warum aber weiß sie nichts Ernsthaftes zu deren Erklärung zu sagen? Dies hängt mit der wissenschaftlichen Methode zusammen, die dem Ge-

genstand nicht adäquat ist, weil ihr Instrument gegenüber solch subtilen Erscheinungen zu stumpf ist. Deswegen rollt man bei der Parapsychologie einige Treppenstufen hinunter und bleibt unten mit angeschlagenen Gliedern liegen. Ohne Bild gesprochen: es gelangt die parapsychologische Methode nicht recht an die Sache heran, weil ihre rationalen Maßstäbe aus einer ganz anderen Welt stammen.

Ferner müßte man sich auch fragen, wie es sich mit den Somnambulen verhält. Gehören sie zu den Visionären? Bei ihnen arbeitet ein eigenartiger, durchaus nicht gewöhnlicher Geist und versetzt sie in einen traumähnlichen Zustand. Wahrscheinlich haben sich einige Somnambule unter die Visionäre eingeschlichen, namentlich wenn sie öfters in Trance-Zustände fallen und zu diktieren beginnen. Göttliche Eingebungen vermischen sich bei ihnen mit menschlicher Phantasie zu einem unlösbaren Knäuel. Was die Somnambulen berichten, ist in der Regel mit ihrer subjektiven Denkweise verwoben. Aus diesem Grunde ist vorsichtige Zurückhaltung geboten, die auch die Kirche einnimmt, und diese Klugheit sollte man ihr nicht zum Vorwurf machen.

Ferner erhebt sich die Frage, ob Visionen den Halluzinationen gleichzusetzen oder ob diese Selbsttäuschungen der Sinnesorgane sind. Dies kommt selbstverständlich auch vor. Wer eine Irrenanstalt besucht, erfährt, daß gewisse Patienten an Auditionen leiden, eine Wahrnehmung, die dazu führte, alles Visionäre in das Gebiet der Pathologie abzuschieben. Das ist eine voreilige Schlußfolgerung, denn zum mindesten müßte man zwischen echten Visionen und krankhaften Selbsttäuschungen unterscheiden. Das Dilemma, entweder alles sei echt oder alles Betrug, ist auf einen zu einfachen Nenner gebracht. Die

Trennungslinie zwischen echten Visionen und krankhaften Seelenzuständen ist manchmal sehr dünn, und es bedarf einer nüchternen Prüfung und eines scharfen Unterscheidungsvermögens, um festzustellen, ob eine echte Vision oder eine Geisteskrankheit vorliegt. Bestimmt gibt es bewirkte Visionen, die gar nichts mit einer Störung des Nervensystems zu tun haben. Ein entscheidendes Kriterium besteht darin, ob eine Vision nur die eigene Person betont oder ob sie für die Christenheit von Bedeutung ist. Die echten Visionen ereignen sich im Innern eines Menschen, werden aber von einer höheren Macht bewirkt.

Auch die Bibel erwähnt verschiedene Visionen. Moses' Vision vor dem brennenden Dornbusch zog unermeßliche Folgen nach sich. Amos' Erlebnisse mit der Frage: «Was siehst du?» sind nicht anders zu verstehen. Ebenso berichtet das Neue Testament von Visionen. Die geheimnisvolle Verklärung auf dem Berge Tabor war ein Visionserlebnis, das Petrus dermaßen überwältigte, daß er nicht mehr wußte, was er redete. Das visionäre Erlebnis ist biblisch verankert; man setzt sich mit der Heiligen Schrift in Widerspruch, wenn man es grundsätzlich verneint.

Nicht nur in der Bibel, sondern in der ganzen Kirchengeschichte wird von Visionen berichtet. Sie haben sich immer wieder ereignet, und nie hat es ein Jahrhundert ohne Visionen gegeben. Sie lassen sich aus der Geschichte des Christentums nicht wegdenken, und es würde gegen den Glauben verstoßen, wollte man ihre Echtheit prinzipiell anzweifeln. Die wenigen angeführten Beispiele reden eine deutliche Sprache. Ihre Botschaft darf nicht überhört werden. Die katholische Kirche verhielt sich den Visionären gegenüber offen, aber nicht unkritisch. Auch im evangelischen Raum ereigneten sich Visionen von ungewöhnlicher Intensität. Swedenborg war ein ausgesprochen visionärer Mensch, der höchst eigenartige, oft auch fragwürdige Dinge erlebte, die um so mehr Beachtung verdienen, als er ursprünglich einer naturwissenschaftlichen Beschäftigung oblag. Auch Jakob Böhme und Gichtel wurden eindrucksvolle Visionen zuteil, und die Kunst William Blakes ist nur aus seinen Visionen zu verstehen. Leider wurde den Visionären in der evangelischen Kirche von ihren eigenen Glaubensbrüdern wenig Beachtung geschenkt. Man nahm sie nicht ernst und verkannte sie. Der Protestantismus legte sich hier eine Selbstbeschränkung auf, die sich verarmend auswirkte. Seine Ablehnung des Visionären geschah entweder aus dogmatischen Voraussetzungen oder aus rationalistischen Überlegungen heraus. Beide Einstellungen sind religiös schwächlich, und zur Heilung bedürfte es mehr als einiger Löffel Hustensirups.

Echte Visionen sind eine Fortsetzung der Offenbarung, die mit dem Neuen Testament nicht abgeschlossen ist. Gott bewirkt die Visionen, die der Mensch in völliger Passivität über sich ergehen läßt. Darum erweckt dieser, äußerlich gesehen, den Eindruck einer Erstarrung. Er ist entrückt und wie nicht da. Gott teilt dem Menschen neue Erkenntnisse mit und läßt ihn auf visionärem Weg eine höhere Wirklichkeit erfahren. Allerdings müssen auch diese Erlebnisse mit erleuchteten Augen betrachtet werden. Jedenfalls haben zahlreiche Heilige mit ihren Visionen in die unsichtbare Welt hineingeschaut und dabei Dinge gesehen, die mit Worten nicht wiedergegeben werden können.

Der von der Vision überfallene Mensch ist der Mensch in der

Glut. Franziskus hatte bei dem visionären Erlebnis auf dem Monte Alverna, da er die Wunden empfing, das Gefühl, vom Seraph überwältigt zu werden. Die göttliche Glut droht den Menschen zu versengen. Der glühende Mensch ist der vom Geiste Christi berührte. Er ist das Gegenteil vom satten Bürger, der das Christentum zu einer bequemen Angelegenheit gemacht hat. Der brennende Mensch findet am vorläufigen Dasein kein Genügen und ist von einer unstillbaren Sehnsucht nach dem Göttlichen erfüllt. Die Lethargie, die Lähmung und die Gleichgültigkeit der gegenwärtigen Christenheit wird nur durch eine neue Glut überwunden. Mit dieser Glut im Herzen müssen wir um entflammte Menschen beten, mit derselben Inbrunst, wie wir um die Gabe des Heiligen Geistes bitten, denn wenn die Christenheit vom Geist wirklich berührt wird, dann entfacht sie ein brennendes Evangeliumsverständnis. Die Glut, die Glut ist wichtig. Die Visionen sind ein Ruf, und es fragt sich nur, ob die Christen hellhörig genug sind, die Stimme des Ewigen zu hören.

In der Apostelgeschichte des Lukas werden mehrere Visionen erwähnt, von denen die des Paulus besondere Aufmerksamkeit verdient. Paulus spielte in der Frühzeit des Christentums die größte Rolle. Als Schüler des Gamaliel hatte er die rabbinische Theologie in sich aufgenommen; trotzdem ist es zu einseitig, ihn ausschließlich als Theologen zu interpretieren. Der Völkerapostel war Visionär und Mystiker. Es wird verhältnismäßig wenig von seinen visionären Erlebnissen gesprochen, und doch hat er sie selbst unzweideutig bezeugt. Im zweiten Korintherbrief schreibt er: «Ich kenne einen Menschen in Christo, vor vierzehn Jahren – ist er in dem Leibe gewesen, so weiß ich's nicht; oder ist er außer dem Leibe gewesen, so weiß ich's auch nicht; Gott weiß es – ward derselbige entzücket bis in den dritten Himmel. Und ich kenne denselbigen Menschen – ob er in dem Leibe oder außer dem Leibe gewesen ist, weiß ich nicht; Gott weiß es –. Er ward entzücket in das Paradies, und hörte unaussprechliche Worte, welche kein Mensch sagen kann.» [18] In diesen Worten liegt ein visionäres Selbstzeugnis, das ihn zu jenem Mystiker gemacht hat, der von sich sagte: «Nicht ich lebe, sondern Christus lebt in mir» und die Empfänger seines Briefes fragte: «Wisset ihr nicht, daß Christus in euch ist?» Das alles ist Mystik, ist sogar die Quelle, aus der die junge christliche Mystik ihren Anfang genommen hat.

Die Apostelgeschichte berichtet die Bekehrung des Saulus, von der Staretz Sossima gesagt hat: «Lies gerade dies, unbedingt dies.» [19] Darnach eiferte Saulus gegen die Christen mit der Absicht, sie mit Stumpf und Stiel auszurotten. Dieses Vorhaben führte ihn nach Damaskus, wo ihn vor den Toren der Stadt ein erstes visionäres Erlebnis traf. Plötzlich umleuchtete ihn ein Licht vom Himmel, worauf er zu Boden stürzte. Eine Stimme sprach zu ihm: «Saul, Saul, was verfolgst du mich?» Er, vom Lichte geblendet, fragte verwundert: «Herr, wer bist du?», und erhielt die Antwort: «Ich bin Jesus, den du verfolgst. Es wird dir schwer werden, wider den Stachel zu lökken.» [20]

Es ist dies eine der großartigsten Visionen, großartig besonders deswegen, weil sie zu einer Umkehr mit unermeßlichen Folgen führte. Wer diese Kapitel in der Apostelgeschichte einmal gelesen hat, wird sie kaum mehr vergessen, ja, er hat sogar das Bedürfnis, es mehrfach zu lesen. Diese Geschichte soll jetzt nicht kommentiert werden, da alle Deutungen ohnehin nur eine Abschwächung des grandiosen Geschehens sind. Es ist auch falsch zu glauben, die Leser begriffen es nicht, da doch das christliche Herz alles versteht! Nach dem Bericht des Lukas, standen die Begleiter von Paulus starr vor Schrecken da, dies um so mehr als sie die Stimme hörten und doch nichts sahen. Wohl fühlten sie etwas Außerordentliches, aber sie waren wie auf den Mund geschlagen und unfähig, etwas davon zu begreifen. Demnach befanden sie sich in der gleichen Situation wie wir, die auch vom visionären Einbruch Gottes in das Leben der Heiligen von ferne etwas gehört haben, aber nicht imstande sind, das Wunder innerlich zu verarbeiten, weil uns die modernen Vorurteile im Wege stehen. Paulus dagegen verhielt sich trotz seines Sturzes auf die Erde nicht hilflos, im Gegenteil, er stellte die Frage, die auch die Frage unseres Lebens werden muß: «Herr, was willst du, das ich tun soll?» Das ist die zentrale Frage des Lebens, eine Frage, die wir nicht aus den Augen verlieren dürfen. Die Antwort, ja, die Antwort, wer kann sie geben? Ist sie so schwer zu finden? Kann sie in etwas anderem bestehen als im Wunsch, den Willen Gottes zu tun, der eindeutig in der Bibel ausgesprochen ist? «Es ist dir gesagt, o Mensch, was gut ist und was der Herr von dir fordert, nämlich Gottes Wort halten, und Liebe üben, und demütig sein vor deinem Gott.» [21] Wer die Frage, «Herr, was willst du, das ich tun soll?» immer wieder an Gott richtet, wird die Visionen der Heiligen auch im eigenen Leben als das große Licht erfahren, das uns durch die Nach dieser Welt voranleuchtet.

# Im Umgang mit der Bibel

Lamartine sagte einmal von Miltons «Verlorenem Paradies», es sei das Werk eines Puritaners, der über seiner Bibel eingeschlafen sei. Ob dieses witzige Urteil das letzte Wort über Miltons Epos ist, sei dahingestellt, aber aller Wahrscheinlichkeit nach ist unsere Generation über der Heiligen Schrift in einen tiefen Schlaf gesunken, weil das langweilige Entmythologisierungsgerede den Sinn für das Wort Gottes gelähmt hat. Es liegt für die heutigen Menschen ein Schleier über dem ewigen Buch; sie haben kein unmittelbares Verhältnis mehr zur Bibel und schieben sie mit einer Handbewegung auf die Seite. Sie hören nicht mehr ihre magische Stimme und finden es nicht mehr für notwendig, sich an ihr zu orientieren, ja, sie empfinden sie langweilig und unverständlich. Als Folge davon nehmen Verwirrung und Ratlosigkeit überhand.

Verschiedene Faktoren sind an diesem Verlust beteiligt, von denen jetzt nicht alle erwähnt werden können. Eines aber muß vorausgeschickt werden: Es genügt nicht, die Bibel wie ein Sachbuch zu lesen. Das Thema «Heilige im Umgang mit der Bibel» erfordert eine andere Seelenhaltung. Natürlich kann man sich der Bibel aus kunstgeschichtlichen oder kulturhistorischen Interessen, sozusagen zur Vervollständigung seiner Bildung, zuwenden. Warum auch nicht? In diesem Falle liest man sie von einem neutralen Standpunkt aus und ist damit unendlich weit entfernt von jedem neuen Schrift-Erlebnis.

Führen uns die Heiligen zu einem neuen Bibelverständnis? Von allen Heiligen wird man dies nicht behaupten können, denn es gab Heilige, in deren Leben die Schrift nicht ausschlaggebend war. Wenigstens ist in ihren Lebensbeschreibungen davon nicht die Rede. Andere wieder lebten geradezu vom ewigen Wort. Ist es nicht ein beredtes Zeichen, daß man nach dem Tode des heiligen Pilgers Benedikt Labre in seinem zerlumpten Sack nur ein völlig zerlesenes Exemplar der Heiligen Schrift fand? Solche Wahrnehmungen führen zum Thema einer bisher kaum beachteten Begegnung der Heiligen mit der Bibel, eine Wegweisung, die nicht in einer gelehrten Abhandlung bestehen kann und trotzdem zum Ziele führt.
Der heilige Hieronymus (347–420) zählt zu den großen Kirchenvätern. Leo Bloy nennt ihn in seiner lapidaren Sprache «den Notar des Heiligen Geistes» [1]. Viele Menschen kennen ihn nur aus Dürers Stich «Hieronymus im Gehäuse», ein Bild, das eine friedliche Atmosphäre der Stille ausstrahlt. Der zusammengerollte, schlaftrunkene Löwe ist kein erdachtes Tier, sozusagen zur bildlichen Darstellung der Legende, nach der Hieronymus dem Löwen einen Dorn aus der Pfote gezogen hat. Der Löwe ist auch ein Symbol für Hieronymus selbst. Der slawische Heilige war von tiefen Gegensätzen erfüllt: er liebte die heidnischen Klassiker und strebte doch mit ganzer Seele dem Christentum entgegen. Eine wilde Askese erfüllte ihn, und zugleich war ihm die Freundschaft mit edlen Frauen ein Lebensbedürfnis. Auch war er ein reizbarer Polemiker und suchte trotzdem leidenschaftlich den Frieden für seine Seele. Ihn deswegen einen «diabolischen Heiligen» zu nennen und zu sagen, «selbst das Leben eines Heiligen ist Dämonie», wie es Teixeira de Pascoaes getan hat, ist Freude an der Paradoxie,

die nicht allzu ernst genommen werden darf[2]. Hieronymus aber war einst ein eleganter Herr und hernach ein büßender Wüstenvater, der fastete und auf ebener Erde schlief. Er kämpfte die Versuchungen mit Beten und Weinen nieder und baute sich daneben eine ansehnliche Bibliothek auf. Abbé Jean Steinmann fragte deswegen mit beinahe boshafter Freude: «Ein Heiliger, der schlechter Laune fähig ist, ein Heiliger, der Geist besitzt, gibt es etwas Reizvolleres?» [3] Daß Hieronymus nicht an seiner sinnlichen und zwiespältigen Natur zerbrach, verdankt er vor allem seiner lebenslänglichen Beschäftigung mit der Bibel, die ihn in eine andere Wirklichkeit hineinführte. Er hatte den päpstlichen Auftrag, die Schrift neu ins Lateinische zu übersetzen. An sich ist es nicht wünschenswert, daß jeder Theologe glaubt, eine neue Bibelübersetzung vorlegen zu müssen, da die allzu vielen Übertragungen die Leser nur verwirren. Bei Hieronymus war es anders: er fühlte sich zur Bibelübersetzung berufen. Während seines Aufenthaltes in Palästina nahm er den Erdgeruch der Schrift wahr, das Original klang in seinen Ohren nach, er hatte Sinn für Formen, und die Sprache teilte sich ihm in ihrem Rhythmus mit. Dieser Heilige, dem das Mittelalter die Kardinalswürde andichtete, statt zu sehen, «mit welcher Vehemenz er den wurmstichigen Rahmen der Hagiographie sprengte» [4], hat aus Liebe die Bibel übersetzt und sie zu neuem Leben erweckt. Sein Grundsatz war, lieber den Sinn als die Worte des Textes wiederzugeben. Hieronymus' Vulgata war eine gewaltige, aus zwanzigjähriger Arbeit hervorgegangene Leistung, von der auch Dichter bekennen: «Die Bedeutung der Vulgata bedarf keiner Erläuterung: sie ist einer der Eckpfeiler unserer Zivilisation, und die Peterskirche in Rom wie die Wolkenkratzer New Yorks beruhen zum Teil auf ihr.»[5] Die Bedeutung der Vulgata steht außer Diskussion. An ihr haben sich durch die Jahrhunderte unzählige Menschen aufgerichtet. Sie ist das Werk des Hieronymus, der Übersetzung als Kunst betrachtete. Stets wird die Größe der Vulgata hervorgehoben, nicht minder groß aber ist, daß durch diese Arbeit der Löwe in Hieronymus gebändigt wurde. Das war ihre erste Wirkung, die zeigt, daß die Bibel auch über unsere rebellische Natur siegen kann.

Neben der Übersetzung stehen die altkirchlichen Predigten, die dem Leser das Bibelwort erklären. Chrysostomus' Auslegung des Matthäus-Evangeliums ist bekannt. Thomas von Aquino sagte von ihr, daß er sie lieber besitzen möchte als die Stadt Paris. Noch berühmter sind Augustins (354–430) Bibelpredigten. Der leidenschaftliche Augustin verdankt einem Bibelwort seinen Durchbruch, der der jahrelangen Odyssee seines Lebens ein Ende bereitete. Es war auf dem Landgut seines Freundes, wo er Kinder singen hörte: «Nimm und lies! nimm und lies!» worauf er nach der Rolle des Römerbriefes griff und schweigend las: «Denn das Reich Gottes ist nicht Essen und Trinken, sondern Gerechtigkeit und Friede und Freude in dem Heiligen Geiste» (14,17). «Ich wollte nicht weiterlesen und brauchte nicht weiterzulesen. Denn kaum da ich den Satz zu Ende gelesen, kam's in mein Herz, ein Licht der Zuversicht und der Gewißheit, und alle Nacht des Zweifels war zerstoben.»[6] Die Erschütterung öffnete ihm den tieferen Zugang zur Schrift und war ausschlaggebend für sein weiteres Leben. Gewiß ist Augustins Sprache vom Beruf eines Rhetors bestimmt, aber sie ist nicht weniger vom Bibelwort durchtränkt, das viel zu ihrem Zauber beigetragen hat. Der Bischof von Hippo wurde nicht müde, den Zuhörern seiner Predigten die Bibel nahe zu bringen. Man kennt Augustin nicht völlig, wenn man nur seine strömenden «Bekenntnisse» und allenfalls noch seinen geschichtsphilosophischen «Gottesstaat» gelesen hat, dem die erschreckende Frage zugrunde liegt: «Woran sterben Völker?» Man muß sich in Augustins Bibelpredigten vertiefen, um zu merken, wie stark er in der Schrift lebte. Sie sind gar nicht denkbar ohne die Schrift, die ihm wie ein Licht auf seinem Lebensweg vorangeleuchtet hat. In seinen Ausführungen über das Johannesevangelium spricht Augustin seelisch beschwingt von der Gottheit des Wortes, das «überstiegen hatte alle Gipfel der Erde, überstiegen alle Räume der Luft, überstiegen alle Höhen der Gestirne, überstiegen alle Chöre und Legionen der Engel» [7]. Wer spürte aus diesem Hymnus nicht die Ehrfurcht und die Freude über die Schrift, die dem augustinischen Denken die eigentümliche Wärme verliehen und ihm zugleich die Kraft vermittelt hat, den Zusammenbruch des Römischen Reiches mit Würde zu bestehen. Nach Augustin schreiten die Heiligen zwischen den Verfolgungen der Welt und den Tröstungen Gottes ihren Pilgerweg dahin, die Kraft dafür aber schöpfen sie vornehmlich aus der Bibel. Augustin spürte diesen Zuspruch Gottes: «Was in Christi Hut steht, kann kein Barbar uns rauben.» In Christi Hut aber stehen seine Worte, die nicht bloße Worte sind, sondern solche aus dem Evangelium, wo es heißt, «das Wort war bei Gott, und Gott war das Wort» [8].

Ein hinreissender Verkündiger des ewigen Wortes war auch Bernhard von Clairvaux (1090–1153). Es ist in den letzten Jahren Mode geworden, Bernhard «die Chimäre seines Jahrhunderts» zu nennen, weil er sich selbst in einer Stunde der seelischen Niedergeschlagenheit so bezeichnete. Doch verwechsle man nicht den Aufbruch seines Herzens mit einer ungestümen Lebensart, man müßte eher die neue Ritterschaft im Dienste des Herrn darin erkennen. Natürlich war Bernhard nicht in einem theologischen Kindergarten erzogen worden, sonst hätte er nicht den versengenden Atem Gottes verspürt. «War er wirklich ein Heiliger?» fragte ein moderner Biograph; eine seltsame Frage, da die Antwort schon zwanzig Jahre nach seinem Tode durch die kirchliche Heiligsprechung gegeben worden ist[9]. Bernhard war in seiner Jugend grimmig radikal und jagte deswegen den braven Bürgern einen wahren Schrecken ein. Er glühte geradezu und war trotzden nicht frei von Widersprüchen. Der Heilige konnte Papst Eugen schreiben, «den Aposteln wird die Herrschaft untersagt», und gleichzeitig zum Kreuzzug aufrufen, der so unglückselig endete. Bernhard war von einem ungeheuren Mut erfüllt – «ich fürchte mich nicht, weil ich liebe» – pflegte er zu sagen. Das Feuer seiner Frömmigkeit brannte Gott entgegen, der, nach ihm, von keinem Raum eingeschlossen und von keinem ausgeschlossen ist. Bernhard ist von etwas Unbegreiflichem erfüllt. Für alle Zeiten hat er die entscheidende Frage gestellt: «Was lehrten und lehren uns denn die heiligen Apostel? Nicht das Fischefangen ..., nicht die Fertigkeit, Platon zu lesen und an den Spitzfindigkeiten des Aristoteles herumzudeuten, nicht ewig zu lernen und doch niemals zur Erkenntnis der Wahrheit gelangen. Sie lehrten mich leben! Du meinst, das sei wenig, wenn man zu leben verstehe? Großes, ja das Größte ist es!»[10]

Der Sohn Burgunds lebte in der Heiligen Schrift; man meinte sogar, wenn die Bibel verloren ginge, würde man sie aus Bernhards Werken wieder herstellen können. Ein herrlicheres Lob ist kaum denkbar. Sein erster Biograph berichtet: «Bernhard bediente sich der heiligen Schriften so frei und ungezwungen, daß es aussah, nicht er folge ihnen, sondern er schreite ihnen voran und führe sie wohin er wolle, indem er ihrem Urheber, dem Geiste, folgte.» [11] Wahrhaftig, ein vorzüglich hermeneutisches Prinzip. Deswegen hingen die Menschen an den Lippen dieses gottbegnadeten Predigers und ließen sich durch seine glühenden Worte hinreißen. Von Bernhard sind u.a. seine Predigten über das Hohelied Salomos erhalten, die er seinen Mönchen vortrug. In unserer Gegenwart wird über dieses biblische Liebeslied selten gepredigt, es ist als ob die Prediger das Hohelied fürchteten, weil sie der kühlen Distanz und nicht der lodernden Glut zugetan sind. Bernhard jedoch war vom mystischen Brand ergriffen, der dem Schwung seiner Seele entsprach. Ganz unmittelbar legte er seine persönliche Herzensergießung dar: «Heute lesen wir im Buch der Erfahrung. Euch selber kehret euch jetzt zu und bei den Punkten, die nun besprochen werden sollen, achte ein jeder einzelne darauf, was er darüber von sich selber weiß. Ich möchte nämlich auslegen, was es bedeutet, wenn es einem von euch jemals verliehen ward, von Herzen zu sagen: ‹Er küsse mich mit dem Kusse seines Mundes› (Hohel. 1,1). Gefühlsmäßig dies zu sagen, das steht ja nicht in der Gewalt eines jeden beliebigen Menschen; wenn aber einer vom Munde Christi den geistlichen Kuß auch nur ein einziges Mal empfangen hat, dem läßt das persönliche Erlebnis keine Ruhe, und eifrig verlangt er von neuem darnach. Nach meiner Überzeugung kann niemand das Wesen dieses Erlebnisses erklären, außer derjenige, der es empfangen hat; es ist nämlich ein verborgenes Manna; und nur der es gekostet hat, hungert immerzu.» [12] Warum nur ist in Bernhards

Predigt jener Funke enthalten, der sofort auf den Leser überspringt? Woran liegt es, daß so viele unberührt die Kirche verlassen? Nun, Bernhard hat in der Schrift gelebt, er hat aus ihrer Fülle geschöpft; auf keinen Fall stand er in einem gelehrten Verhältnis zu ihr. Er hat nicht über die Schrift geredet, sondern hat aus ihr gesprochen; deswegen knistert das Unaussprechliche durch alle seine Ausführungen. Der Heilige erlebte «das Herabfallen Gottes in die Seele» und schaute die unsagbare Schönheit des himmlischen Bräutigams. Von Bernhard lernen wir in die Schrift eintauchen, er lehrt uns glühen und verbietet uns, törichte Fragezeichen an die Schrift heranzutragen. Die moderne Exegese mit ihren rationalen Methoden zerlegt die Bibel in ihre einzelnen Teile, mit denen man herzlich wenig anzufangen weiß. Die Heiligen lasen in der Schrift, bis eine nüchterne Trunkenheit sie überfiel. Von ihnen sollten wir uns inspirieren lassen, damit wir in einer neuen Sprache von der Bibel reden lernen. Auch wir müssen, sinnbildlich gesprochen, von der Bibel geküßt werden, damit wir sie realistisch und visionär zugleich erleben. Haben wir einmal diesen biblischen Kuß empfangen, dann beginnt auch für uns das neue Leben, das uns mit Bernhard sprechen läßt: «Wenn der Logos in mich eintritt, verrät er seine Gegenwart durch keine Bewegung, keine spürbare Regung; einzig das geheime Beben meines Herzens kündet seinen Eingang, und es ist etwas in mir gleich dem Schatten seines Glanzes.» [13]

Auch die Heiligen der Ostkirche waren eifrige Leser der Schrift. Von Seraphim von Sarow (1759–1833) wird berichtet, daß er viele Jahre in der Einsamkeit gelebt habe. Schließlich öffnete er die Türe seiner Zelle und wurde zum Seelsorger von ungewöhnlicher Kraft. Trotz der vielen Gespräche mit den

bedrückten Menschenkindern behielt er die Gewohnheit der täglichen Bibellektüre bei. Er bekannte von sich: «Ich sage dir, daß ich, der arme Seraphim, sie jeden Tag lese. Am Montag lese ich das Evangelium nach Matthäus, am Dienstag das Markusevangelium, am Mittwoch das Lukas- und am Donnerstag das Johannesevangelium. Am Freitag lese ich die Apostelgeschichte und am Samstag die Apostelbriefe. Niemals lasse ich auch nur einen Tag vorübergehen, ohne das Evangelium zu lesen; denn nicht nur meine Seele erfreut sich am göttlichen Wort, sondern es stärkt und erquickt auch meinen Körper.» [14]
Es ist demnach nicht wahr, wie westlicher Hochmut schon behauptet hat, die russischen Gläubigen würden sich damit begnügen, nur mit den Lippen den Deckel der Heiligen Schrift zu berühren. Nein, sie haben das ewige Buch geöffnet und lasen darin mit einer Intensität, die uns geradezu beschämt. Die Bibel war ihr täglicher Begleiter. Aus ihr floß die freudige Beschwingtheit, die uns noch heute aus der Ikone des Seraphim von Sarow entgegenstrahlt. Das Geheimnis von Seraphims hellsichtiger und sanfter Herzensschau ist in seinem ungemein lebendigen Verhältnis zur Bibel begründet. Dank ihm erfuhr er übernatürliche Erlebnisse «im Heiligen Geist», die sich aller Anschauung entziehen.
Therese von Lisieux (1873–1897) hatte ebenfalls eine starke, eindrucksvolle Beziehung zur Bibel. In ihrer behüteten Jugend las sie fromme Traktätlein, die gut gemeint und schlecht gekonnt waren. Diese Büchlein entsprechen wegen des Seelenschmalzes nicht unserem Geschmack, und sie schreckten auch mehr Menschen vom Christentum ab, als daß sie sie hinführten. Therese lernte im Kloster die Werke von Johannes vom Kreuz kennen, die ihr zu einem Meilenstein in ihrer gei-

stigen Entwicklung wurden. Die spanische Mystik vermittelt eine herbe Kost, doch führt sie in steilem Anstieg zu Gott. Dann aber entdeckte Therese im Karmel das Evangelium, das damals den Schwestern nicht ohne weiteres zur Verfügung stand. Es war für sie eine wirkliche Entdeckung, die, wie jede Entdeckung, das Herz eines Menschen höher schlagen läßt. Sie führte auch Therese ihrem höchsten Gipfel entgegen. Sie gesteht in ihren autobiographischen Schriften: «Im Alter von 17 und 18 Jahren bildeten die Schriften des Johannes vom Kreuz meine einzige geistige Nahrung, später aber ließen mich alle Bücher in der Dürre, und in diesem Zustand bin ich heute noch. Wenn ich das Buch eines religiösen Schriftstellers aufschlage (und wäre es das schönste, das ergreifendste), so fühle ich sofort, wie mein Herz sich schnürt, und ich lese sozusagen ohne zu verstehen, oder wenn ich verstehe, so erstarrt mein Geist, ohne betrachten zu können ... In diesem Unvermögen kommen mir die Heilige Schrift und die Nachfolge Christi zu Hilfe; in ihnen finde ich kräftige und ganz reine Nahrung. Das Evangelium aber vor allem andern gibt mir das Nötige für das innere Gebet, in ihm finde ich alles, was meine arme kleine Seele braucht. In ihm entdecke ich immer neue Klarheiten, verborgene und geheimnisvolle Bedeutungen ...» [15] Das inhaltsschwere Bekenntnis enthält in Bezug auf Johannes vom Kreuz eine kleine Ungerechtigkeit. Der Ordensreformator ist schwer zu lesen, weil er sich am Rande der Schwermut befand und nichts von dem Humor der Theresia von Avila besaß. Das Geständnis kam Therese von Lisieux über die Lippen, weil sich mit ihrer Bibellektüre das Ersterlebnis verband. Die Ausführungen der jungen Karmelitin über den kleinen Weg sind ihr aus der Bibel zugeflossen. Von dorther wurde ihr jene Weisheit des Herzens zuteil, die sich so hilfreich für unzählige Christen erwies. Vieles ist von der kleinen Therese zu lernen, unter anderem auch der entschlossene Verzicht auf die süßliche, oft sogar kitschige Andachtsliteratur. Der geistige Hunger nach herber Nahrung erwacht im Menschen, und immer ist es allein die Bibel, die ihn zu stillen vermag. Sie bezeugt von sich selbst: «Ist mein Wort nicht wie ein Feuer und wie ein Hammer, der Felsen zerschlägt?» [16] Der Schritt von der religiösen Unterhaltungsliteratur zur Bibel wirkt sich im Leben eines Menschen gleich einem neuen Anfang aus, jedenfalls gründet er ihn tiefer in seiner Frömmigkeit.

Antonius von Ägypten (252–357) ist unter dem Namen «Vater des Mönchtums» in die Geschichte eingegangen. Von ihm berichtet Athanasius in seiner Vita über den Heiligen, daß er nach dem Tode seiner Eltern der Gewohnheit gemäß in die Kirche gegangen sei. Es fügte sich, daß im Gottesdienst «gerade das Evangelium vorgelesen wurde, und Antonius hörte, wie der Herr zum reichen Jüngling sprach: ‹Wenn du vollkommen werden willst, verkaufe alle deine Habe, gib den Erlös den Armen, komm und folge mir nach› [17]; Antonius aber war es, als ob um seinetwillen die Lesung jener Schriftstelle geschehen sei». Er wartete nicht einmal das Ende des Gottesdienstes ab, sondern verließ sofort die Kirche, ging hin und verschenkte seine Besitzungen den Einwohnern des heimatlichen Ortes [18]. Diese Schilderung der alten Vita enthält in aller Schlichtheit einen überaus wichtigen Hinweis für das Bibelverständnis der Heiligen.

Antonius hatte den Eindruck, die Lesung sei «um seinetwillen» erfolgt, eine entscheidende Einsicht, die das Bibelwort unheimlich aktualisiert und alles in eine neue Dimension rückt. Er dachte nicht, die verlesenen Worte gelten diesem oder jenem Kirchgänger, dem es gut tun wird, es gehört zu haben. Wer so denkt, für den ist die Bibellektüre wirkungslos. Antonius bezog das ewige Wort direkt auf seine Person, ihn ging es an, ihn allein. Er fühlte sich von ihm angesprochen, und ihn traf es mitten ins Herz. Nur wenn man fühlt, daß das Wort der Bibel einen persönlich angeht, versteht man die Bibel richtig. Es ist ganz unmöglich, sie zu öffnen, ohne darin einen unmittelbaren Bezug auf das eigene Leben zu finden. Deshalb ist sie ein geradezu magisches Buch, unvergleichlich jedem anderen Werk.

Es blieb nicht nur beim Eindruck, die Lesung sei um seinetwillen erfolgt. Antonius setzt die Aufforderung Christi in die Tat um. Er begnügte sich nicht, sich daran bloß zu erbauen, sie interessant und tiefsinnig zu finden und anzuerkennen: «Jaja, sie hat mir viel gegeben.» Derart unverbindliche Worte sagen nicht viel. Antonius hat dem Wort gehorcht und hat es verwirklicht. Die Realisierung des Wortes ist ausschlaggebend; Antonius hat sie vollbracht und war deswegen fähig, das Mönchtum zu begründen, eine Tat, die in der Geschichte der Christenheit bis in unsere Tage nachhallt.

Durch die Anwendung der evangelischen Worte auf die eigene Person und durch die Verwirklichung der Aufforderung Christi gelangte Antonius zu einem existentiellen Bibelverständnis, das sich für ihn zugleich als Daseinserhellung auswirkte. Das Wort ging in sein Leben ein und veränderte sein Dasein. Anspruch auf Beachtung hat nur das unmittelbar auf das Leben zielende Verhältnis zur Bibel; es entspricht dem Wort der Schrift selbst: «Du bist der Mann» [19], alles andere ist bloß eine fromme Spielerei. Die Verwirrung der gegenwärtigen Christenheit wird nur durch ein neues, sich auf das Leben beziehendes Verhältnis zur Bibel überwunden. Die Heiligen, und keineswegs nur Antonius, haben diese Wahrheit der Christenheit vorgelebt.

Obschon die Heiligen die Bibel hochschätzten, machten sie aus ihr keinen papierenen Papst. Auch dafür ist ein überaus mächtiges Beispiel anzuführen: Franz von Assisi. Ein Strahl der Bibel fiel auf den in Umbrien wandernden kleinen Mann, ein Licht, das seiner unscheinbaren Person einen unbeschreiblichen Glanz verlieh. Franziskus (1182–1226) betonte: «Niemand hat mich gelehrt, was ich tun müsse, aber er selbst, der allerhöchste Gott, hat mir geoffenbart, daß ich leben müsse nach der Form des heiligen Evangeliums.» Damit verband Franziskus selbst sein Dasein mit dem Evangelium. Der Poverello empfing von ihm Form und Inhalt seines Lebens. Christi Aussendungsrede war von stärkstem Einfluß auf seine Gemeinschaft. Als er sie zum ersten Male hörte, bat er den Priester, daß er sie ihm nochmals vorlese. Dann klatschte er vor Freude in die Hände und rief: «Das ist es, was ich will; das ist es, was ich will.» Er dachte gar nicht daran zu sagen: «Das ist eine literarische Komposition des Verfassers», nein, sie enthüllte ihm den Sinn seiner Sendung.

Als Franziskus davon sprach, die Regel zu befolgen, äußerte er ein Wort, das man unbedingt auch auf die Bibel anwenden muß: «sine glossa, sine glossa, d. h. ohne Kommentar, ohne Kommentar.»[20] Die wiederholte Aussage kann nicht überhört werden. Mit den Kommentaren wird gerne – zum Glück nicht immer – eine Mauer zwischen der Schrift und dem Leser aufgerichtet. Die Kommentare verbreiten manchmal eine uferlose Gelehrsamkeit, die vom Texte wegführt, oder sie tragen ihre eigenen Gedanken in das Schriftwort hinein, so daß etwas ganz anderes daraus wird. Die Redlichkeit ihrer Absicht ist nicht zu bezweifeln, und trotzdem «informieren» sie im besten Falle, wie man das heute so gerne sagt. Das Schriftwort will schlicht aufgefaßt werden, so wie es dasteht, ohne Erklärung und ohne Erläuterung. Es kommt darauf an, es in seiner ganzen Tiefe anzunehmen, alles andere führt den Leser auf ein Nebengeleise. Nach der franziskanischen Spiritualität gelangen wir nie in ein unmittelbares Verhältnis zur Schrift, wenn wir nicht den ganzen Wall von Kommentaren entschlossen abtragen und uns dem Wort direkt stellen: ohne Deutelei, ohne Deutelei.

Schließlich wird noch eine Begebenheit von Franziskus erzählt, die im ersten Moment beinahe erschreckend ist. Celano berichtet in seiner zweiten Lebensbeschreibung: «Einst kam die Mutter zweier Brüder zum Heiligen und bat ihn vertrauensvoll um ein Almosen. Der heilige Vater hatte Mitleid mit ihr und sprach zu seinem Vikar, Bruder Petrus Cathanii: ‹Können wir unserer Mutter ein Almosen geben?› Die Mutter eines Bruders nannte er nämlich seine und aller Brüder Mutter. Bruder Petrus gab ihm zur Antwort: ‹Im Hause ist nichts übrig, was man ihr geben könnte. Doch›, fügte er hinzu, ‹haben wir ein Neues Testament, aus dem wir, weil wir kein Brevier haben, zur Matutin die Lektionen lesen.› Da forderte ihn der selige Franziskus auf: ‹Gib das Neue Testament unserer Mutter! Sie soll es verkaufen um ihrer Not willen; denn eben dieses Buch mahnt uns, den Armen zu Hilfe zu kommen! Ich glaube, daß es Gott mehr gefallen wird, wir verschenken es, als wir lesen daraus.› Man gab also der Frau das Buch, und so wurde das erste Neue Testament, das im Orden vorhanden war, aus solch heiliger Liebe verschenkt.» [21]

Es war Franziskus' Wille, nach der Form des heiligen Evangeliums zu leben. Aus dem Evangelium wurde ihm die Erleuchtung für seinen ganzen Lebensweg zuteil, und nun hatte er befohlen, das einzige im Orden vorhandene Neue Testament wegzugeben. Es ist nicht leicht, dies zu verstehen; auf jeden Fall ist man im ersten Augenblick überrascht, aber je länger man darüber nachdenkt, um so mehr ist man über Franziskus' Verhalten erstaunt. Die Bibel lehrt, dem armen Menschen zu Hilfe zu kommen. Was hat Franziskus anderes getan, als dieser armen Mutter zu helfen? In diesem Falle war es Gott wohlgefälliger, das ewige Buch zu verschenken. Als Franziskus es aus heiliger Liebe gab, handelte er nach dem Geist des Neuen Testamentes, dermaßen lebendig war sein Verhältnis zur Bibel. Er unterzog sich ihr mit einer Gelassenheit ohnegleichen, die man nur mystisch begreifen kann.

Es ist notwendig, kurz und ehrlich einige Überlegungen zum Thema «Die Heiligen lesen die Bibel» anzudeuten. Die Heilige Schrift ist das göttliche Wort, dem unbedingte Gültigkeit zukommt und das dem Leser die seelische Nahrung für sein tägliches Leben vermittelt. Auch der heutige Mensch muß wieder lernen, sie so zu lesen, wie sie die früheren Generationen gelesen haben und wie sie selbst wünscht, gelesen zu werden. Dies erfordert heute ein starkes Umdenken, eine innere Arbeit und die Bereitschaft, den Ruf, der aus diesem Buch ertönt, aufzunehmen.

In der Gegenwart dagegen hat die wissenschaftliche Bibelarbeit die Oberhand gewonnen. Bis vor wenigen Jahrzehnten herrschte in der Kirche eine vorsintflutliche Bibelwissenschaft, mit der man nicht viel anfangen konnte. Ehrlicherweise muß das deutlich ausgesprochen werden. Hernach setzte sich die bibelkritische Arbeit durch. Gewiß waren die Pioniere der Bibelkritik ernste Wahrheitssucher, und ebenso gewiß ist, daß die Entstehung dieser Kritik einer geschichtlichen Notwendigkeit entsprach. Die kritischen Theologen lesen seither die Heilige Schrift stets mit hochgezogenen Augenbrauen, bedrängt von vorwiegend philologischen Fragen: Ist dieser biblische Bericht echt oder unecht? Sind in diesem Text mehrere Quellen ineinandergeflossen und was gehört der ersten, was der zweiten Schicht an? Was eine nachösterliche Berichterstattung ist, erklären die Exegeten mit größter Zungenfertigkeit, als wären sie dabei gewesen, ohne zu bemerken, daß es sich um eine subjektive Hypothese handelt, die wahrscheinlich in wenigen Jahren von einer neuen Hypothese abgelöst wird. Ist dies aber die richtige, einzig mögliche Art, die Bibel zu lesen? Hat man nicht etwas im vorneherein verschoben, so daß die Wahrheit zuletzt verschwindet? Persönlich bin ich der Meinung, daß die angehenden Theologen die historisch-kritische Methode als ein sehr ernstes Problem unbedingt kennen und sich mit ihr gründlich auseinandersetzen müssen, nicht aber in ihr stecken bleiben dürfen. Der Wahrheitsbegriff der kritischen Bibelwissenschaft ist nicht die Wahrheit an sich, sondern entspricht der Wahrheitsvorstellung der Aufklärung. Die kritische Bibelexegese hat unter dem Kirchenvolk Verwirrung hervorgerufen und die Autorität der Heiligen Schrift untergraben. Die Folgen sind bedenklich. Der rationalistische Einwand ist heute fast in allen Leuten und nicht bloß in den Theologen mehr oder weniger versteckt vorhanden. In Tat und Wahrheit ist die Bibelkritik lediglich eine kleine Fußno-

te, die in gar keinem Verhältnis zu der Wucht des Textes steht. Damit leite ich keineswegs eine Rückkehr zum vorkritischen Bibelverständnis ein. Das wäre ein unmöglicher Versuch. Der Fundamentalismus ist eine typisch amerikanische Bibelauffassung, die in ihrer primitiven Haltung den offenkundigen Problemen der nicht einheitlichen Textüberlieferung nicht gerecht wird. Der heutige Christ muß sowohl durch die kritische als auch durch die fundamentalistische Bibelauslegung hindurchdringen, um zu der neuen Erfassung der grandiosen Bilderwelt der Bibel und ihrer realistischen Symbolsprache zu gelangen. Wer aber die Heilige Schrift mit der doppelten Entschlossenheit liest, wer die buchstäbliche und die allegorische Auffassung überwindet, dem wird sie auf die Dauer ihre göttliche Tiefe nicht versagen. Ihr wird weder eine zerfasernde, noch eine apologetische Auslegung gerecht. Es ist geboten, sich intensiver auf das dem Wesen der Bibel mehr entsprechende, intuitive Denken zu besinnen, das die Kraft der Zusammenschau in sich hat und dem überrationalen Sein der Bibel näher kommt. Die Bibel ist nicht ein Buch wie andere Bücher, sie ist jenseits aller Literatur, ja, in ihrem Wesen ist sie mehr als Literatur, und ihre Substanz kann durch keine wissenschaftliche Methode erfaßt werden. Pascal hatte vollkommen recht, wenn er sagte, «daß die Heilige Schrift nicht eine Wissenschaft des Geistes, sondern des Herzens sei, und verständlich nur denen, die das rechte Herz haben» [22].
Es geht mir, ich schäme mich nicht, das ganz deutlich auszusprechen, um ein Frömmigkeitsverhältnis zur Bibel. Entweder haben wir eine ganz persönliche Beziehung zur Schrift, indem wir um den großen Schatz wissen, ohne den wir unser Dasein nicht vorstellen können, oder wir kennen nur kritische Di-

stanz, in welchem Falle jedes Wort über die Bibel zuviel ist, weil es sich im Leeren verpufft. Das erstrebenswerte Frömmigkeitsverhältnis zur Bibel setzt allerdings die nötige Stille voraus, ohne die die Heilige Schrift nicht richtig gelesen werden kann. Diese Stille ist von der Hetze unserer Zeit bedroht, aber näher besehen ist diese unruhige Hast in uns. Es gehört auch eine innere Bereitschaft zum Aufnehmen dazu, und der Leser müßte stets um das tiefere Verständnis bitten. Oft weht uns der Heilige Geist aus der Bibel förmlich entgegen, im Grunde ist er immer da, und nur wir sind nicht stets dabei. Wichtig wäre, einmal mit der regelmäßigen Lektüre zu beginnen; der Pfarrer von Ars würde sagen: «Mein Freund, machen Sie einen Anfang!»

Die Heiligen eröffnen uns den neuen Zugang zur Bibel. Sie sind die besten Illustrationen zu ihr, die selbst von so vielen heiligen Menschen erzählt. Das elfte Kapitel des Hebräerbriefes führt eine ganze Wolke von Zeugen an. Die Bibel schildert die heiligen Menschen in ihrer menschlichen Not und auch in ihrer Gottesnähe. Petrus' Größe und Fall wird beispielsweise vom biblischen Realismus vorbildlich erfaßt. Das neue Verhältnis zur Heiligen Schrift gründet sich auf das Selbstverständnis der Bibel, deren Wahrheit den Leser spürbar anrührt. Der Mensch erlernt das neue Bibellesen nur als ein Suchender, der mit dem Herzen und nicht bloß mit dem Verstand liest. Auch darf er nicht nur Sprüche herausgreifen, sondern sollte unbedingt ein Evangelium oder einen Psalm im Zusammenhang, ohne Unterbruch, lesen. Im besinnlichen Lesen aber hört der Mensch wieder ihre durchdringende Stimme, spürt die Kräfte, die ihn umzuwandeln vermögen und ihm eine neue Geborgenheit schenken. Freilich sollte man mit der Heiligen Schrift allein sein, wenn man wirklich das göttliche Wort lesen will; wer wagt es, sich so unmittelbar ihr zu stellen? Muß man nicht beinahe vor ihr fliehen? Denn sie ist das Buch zum Tun und nicht zum bloßen Lesen. Es kommt auf ein neues Wort-Erlebnis an, das Wort im Wort muß unser Innerstes treffen, dann aber erhält der Mensch eine unersetzbare Wegleitung.

Es ist die Aufgabe der heutigen Christenheit, die Bibel mit unserer Not zu bedrängen, sie förmlich zu umwerben, damit sie wieder elementar zu uns spricht. Zweifellos sind ihre Erzählungen einst geschehen, aber sie gewinnen für uns nur Leben und Kraft, wenn sie sich erneut in unserem Innern ereignen. Wir stehen in einem mystischen Verhältnis zur Bibel; ihre Stimme tönt kraftvoll in unser Leben hinein. Wenn wir die Bibel laut lesen, hören wir auch die Stimme Gottes aus ihr heraus und fühlen den Impuls. Letztlich ist die Bibel eine Person und kein bloßes Buch. Eine Person redet darin zu unserer Person. Eine echte, überdimensionale Person ist es, der gegenüber wir nur kleine Menschlein sind. Diese göttliche Persönlichkeit redet uns an, führt mit uns ein bedrängendes Gespräch und eröffnet damit die neue Perspektive der Schrift. Wenn die Väter die Bibel vornahmen, dann lasen sie nicht bloße Texte, sondern hörten, wie Christus unmittelbar zu ihnen sprach. Die Schrift ist das Buch von Christus, wir lesen sie im Blick auf den Herrn und sind von seiner Person direkt angesprochen. Im Beten sprechen wir mit Gott, in der Lesung spricht Gott zu uns, ewig neu und ewig jung.

Es gibt neben dem Hunger nach Brot und dem Hunger nach dem Eros den viel höheren Hunger nach dem göttlichen Wort, von dem schon der Prophet Amos schrieb, daß die

Menschen von einem Meer zum andern, von Mitternacht gegen Morgen umherlaufen, um des Herrn Wort zu suchen [23]. Davon ist die Gegenwart noch weit entfernt, aber dessen ungeachtet arbeitet der Ewigkeitshunger unterirdisch auch im modernen Menschen. Das Bibelwort ist die wahre Seelennahrung, und es bleibt ein unauslotbares Geheimnis. Es hat sakramentalen Charakter. Aus dieser Einsicht sagte die schwäbische Heilige Crescentia von Kaufbeuren, die das Evangelium fast auswendig kannte, daß man es nicht nur lesen, sondern essen sollte [24]. Das ist eine ganz und gar ungewöhnliche, ja eine unergründliche Aufforderung, die nochmals alles unter ein ganz neues Licht rückt. In Crescentia von Kaufbeurens Aussage nimmt das ewige Mysterium greifbare Form an, genau so wie wenn man die Bibel als Person versteht. Das Wort wird Brot, das man essen muß gleich einem Sakrament. Es ist ein reales und mystisches Essen, es geht in den Menschen ein, nicht in den Magen, wohl aber mitten ins Herz. Über die geheimnisschwere Wortkommunion kann man rational nicht sprechen. Mit scheuer Ehrfurcht stammeln wir: Lasset uns die Worte des Evangeliums essen, sie immer wieder essen, sie so lange essen, bis wir dereinst im Reiche Gottes mit Christo zu Tische sitzen werden.

# Bei den Armen und Kranken

Das Schlagwort bestimmt das Leben vieler Menschen. Es übt eine an Knechtschaft grenzende Herrschaft aus, von der man sich zu wenig Rechenschaft gibt. Nicht nur huldigt die Jugend willenlos dem Slogan; auch die Erwachsenen sprechen die Schlagworte gedankenlos nach. Alle, die dem Sog des Zeitgeistes verfallen sind und ihm keinen Widerstand leisten, beugen sich seiner Tyrannis, ohne es zu merken. Sie schmeicheln sich, mündig geworden zu sein, und sind doch bloße Nachschwätzer.

Ein beliebtes Schlagwort der heutigen Christenheit ist die Mitmenschlichkeit. Ich weiß nicht, wer es zum ersten Male aufgebracht hat. Eines Tages wurde es in Umlauf gesetzt, und seither grassiert es wie eine Wucherpflanze. Die Mitmenschlichkeit wurde zu einem der Slogans, dem die heutigen Christen zugetan sind. Dem Wesen der Schlagworte entspricht es, sich die Alleinherrschaft anzumaßen: Das Christentum wird damit auf die Mitmenschlichkeit reduziert. Nur die Mitmenschlichkeit ist noch das Kennzeichen der Christen, alles andere wird, absichtlich oder unabsichtlich, übersehen und vergessen. Diese Ausschließlichkeit kommt einer ähnlichen Verarmung der Christenheit gleich, wie sie zur Zeit der Aufklärung herrschte, da das christliche Bekenntnis flach geworden war und nur noch in den drei Worten bestand: Gott, Tugend und Unsterblichkeit.

Natürlich ist ein Schlagwort nicht in seinem gesamten Umfang falsch. Ein Körnchen Wahrheit schließt es in sich, wenn es auch manchmal sehr klein ist. Was an der Parole der Mitmenschlichkeit wahr ist, hat das Christentum vertreten, lange bevor die heutigen Schreihälse sie in alle Welt hinausposaunen, ohne etwas Sonderliches für die Verwirklichung zu tun. Sein Anteil an der Wahrheit liegt im Herzen des Evangeliums beschlossen.

Auf die Frage des Schriftgelehrten nach dem Nächsten hat Jesus mit dem Gleichnis vom barmherzigen Samaritaner geantwortet. Es ist neben der Parabel vom verlorenen Sohn das bekannteste Gleichnis des Herrn. Wenn die Schüler den ganzen Religionsunterricht völlig vergessen haben, das Gleichnis vom barmherzigen Samaritaner ist gewöhnlich in den Köpfen steckengeblieben. Unauslöschlich hat sich das gleichgültige Vorübergehen von Priestern und Leviten dem Gedächtnis eingeprägt. Es ist ein zeitloses Bild. Immer wieder sind die Menschen an dem unter die Räuber Gefallenen teilnahmslos vorbeigegangen. Es will dieses Vorbeischleichen am Unglück der andern nicht aufhören bis zum heutigen Tag. Trotz des schlechten Beispiels der Priester und des Leviten sagt das Gewissen dem alten und modernen Samaritaner immer wieder: Du mußt hingehen und helfen, ohne viele Worte zu machen, ohne zu untersuchen, ob einer durch eigene oder fremde Schuld in die mißliche Lage gekommen ist. Es ist einfach christliche Pflicht, dem in Not geratenen Menschen beizustehen. In dieser unterschiedslos geübten Hilfeleistung besteht die Nächstenliebe. Sie ist gelebte christliche Existenz.

Von der Pflicht, wohlzutun und mitzuteilen, schreibt schon Paulus, als er die Korinther auffordert, der armen Gemeinde in Jerusalem zu helfen. Die Notwendigkeit des Beistandes haben die Christen zu allen Zeiten anerkannt und sie tatkräftig und eindrucksvoll ausgeübt. Es ist lächerlich, wenn Jugendliche heutzutage sich so gebärden, als ob sie das Helfen erst entdeckt und die früheren Geschlechter davon nichts gewußt hätten. Die Geschichte der christlichen Liebestätigkeit ist großartig; es wäre viel zu einseitig, aus der Kirchengeschichte nur die Hexenverbrennungen und Ketzerverfolgungen anzuführen. Gewiß haben diese schrecklichen Verirrungen innerhalb der Kirche stattgefunden, aber die Christenheit hat auch eindrucksvolle Liebeswerke hervorgebracht. Hebt man diese Liebestätigkeit hervor, so hat das nichts mit einem Selbstruhm der Christen zu tun, sondern will nur auf das verborgene Reich Gottes hinweisen. Spitäler sind eine Schöpfung des Christentums. Sie waren den alten Griechen und Römern unbekannt, und auch in China und Indien sind sie durch das Christentum eingeführt worden. Die außerchristlichen Völker haben den kranken Menschen erbarmungslos ausgestoßen und haben ihn einfach seinem schweren Schicksal überlassen, wie es unter den Tieren geschieht. Erst das Christentum hat sich des kranken Menschen angenommen, entsprechend dem Wort Jesu: «Die Gesunden bedürfen des Arztes nicht, sondern die Kranken.» [1] Vielfach pflegte man die Kranken nur notdürftig, aber man pflegte sie. Man half aus christlicher Überzeugung; man denke nur an das «Hostel-Dieu» in Beaune, eine Sehenswürdigkeit, die noch heute von vielen Reisenden bewundert wird. Gewiß lagen der damaligen Sitte entsprechend noch drei Kranke zusammen in einem breiten Bett, aber sie befanden sich in einer überaus wohltuenden Umgebung und genossen ärztliche Betreuung.

Es bereitet keine Schwierigkeit, aus der Fülle der Heiligengestalten einige Vertreter herauszugreifen, die besonders vorbildlich halfen. Natürlich können nur wenige erwähnt werden, doch stehen sie stellvertretend für viele da.
Bekanntlich war Franziskus (1182–1226) in seiner Jugend einem oberflächlichen Treiben zugetan. Er liebte üppige Gastmähler und war auf eitle Ruhmsucht bedacht. Nach einer Krankheit irrte er traumverloren in der Umgebung herum, wobei ihm unerwartet ein Aussätziger begegnete. Franziskus erblickte ihn und war drauf und dran umzukehren, als eine innere Stimme ihm gebot, vom Pferd zu steigen und die Jammergestalt zu begrüßen. Vom folgenden Tag an begann der Poverello in aller Unscheinbarkeit und ohne das geringste Aufsehen zu machen, Aussätzige zu pflegen. Er tat es mit freudigem Herzen, indem er zu diesen armen, aus der menschlichen Gesellschaft ausgestoßenen Menschen ging und, ohne Angst vor Ansteckung, sich ihrer überaus liebevoll annahm. Dies war der Anfang von Franziskus' ungewöhnlicher Laufbahn. Ein kranker Mensch hatte ihn daraufgestoßen. Dieser Zusammenhang ist bemerkenswert, weil die Pflege der Kranken außergewöhnliche Folgen nach sich zieht. Sie hat Franziskus' ganzes Dasein in neue Bahnen gelenkt. Franziskus hat nicht nur zu Beginn seiner Nachfolge Christi Aussätzige gepflegt. Nachdem Elias von Cortona die Zügel des Ordens an sich gerissen und den Poverello ausgeschaltet hatte, kehrte er zu den Aussätzigen zurück, um sie wieder in aller Stille zu pflegen. An eine Genesung der Kranken war damals nicht zu denken, aber er stand ihnen seelisch bei und wusch ihnen die Wunden.
Anders war die Haltung von Elisabeth von Thüringen (1207–

1231). Schon in jungen Jahren hatte sie den Drang, den armen Menschen zu helfen. Sie spendete mit fürstlicher Gebärde, ließ in Notzeiten die Speicher öffnen und alle Vorräte verteilen. Elisabeth gab nicht nur den Befehl dazu; sie selbst vollführte die Taten. Nie war es ihr zuviel, den beschwerlichen Weg von der Wartburg hinunter zu den Hütten der Armen zu gehen, hatte sie doch eine unmittelbare Beziehung zu ihnen und das Bedürfnis, sie selbst zu besuchen, um mit ihnen zu reden und ihnen zu helfen. In ihrem Abstieg zu den Armen lag ihre große Tat, weil sie nicht nur hie und da nach ihnen schaute, sie bemitleidete und dann wieder auf ihre Burg zurückkehrte. Ihre tiefste Absicht war, bei den Geringgeachteten zu bleiben und ihre fürstliche Umgebung zu verlassen. Sie verwirklichte eindringlich Paulus' Aufforderung: «Trachtet nicht nach hohen Dingen, sondern haltet euch herunter zu den Niedrigen.»[2] Elisabeths Streben entsprang nicht der Laune einer gelangweilten Dame, es war vielmehr ihr Wille, mit den Armen eins zu werden.

Zu den Armen gesellte sich der Kranke, der ebenfalls ein armer Mensch ist, zur Zeit des Mittelalters noch mehr als heute, denn damals waren die Hilfsmöglichkeiten viel geringer. Nachdem Elisabeth durch ihren Schwager von der Wartburg vertrieben worden war, gründete sie in Marburg ein Hospital und pflegte die Kranken. Wahrscheinlich war die Einrichtung des Hospitals nach unserem Empfinden primitiv, aber das ist eine sekundäre Feststellung. Die Hauptsache war, daß sie für die Kranken einen Ort der Pflege schuf und selbst die Kranken pflegte. Sie badete die von Krätze behafteten Kranken, mochte deren Anblick noch so ekelhaft sein; das war ihr nebensächlich. Daß sie es selbst getan hat, mit ihnen zusammenwohnte und nicht von ihrer Seite wich, war vorbildlich. Erst ihr Tod, den sie mit vierundzwanzig Jahren erlitt, bereitete ihrer hingebungsvollen Tätigkeit ein vorzeitiges Ende. Ihre Persönlichkeit war schon zu ihren Lebzeiten von großer Ausstrahlung, und seit ihrem Tod vergaß das deutsche Volk sie nicht mehr, dafür sind in unserer Zeit die vielen Elisabethen-Vereine und Elisabethen-Krankenhäuser Beweis genug.

Von einem verzehrenden Helferwillen war der aus den Abruzzen stammende Kamillus von Lellis (1550–1614) erfüllt. Er war der Sohn einer christlich gesinnten Mutter, die ihn als ein schwer erziehbares Kind empfand und viel für ihn betete. Die Mutter starb während seiner Kindheit, zu einer Zeit, da er sie sehr nötig gehabt hätte. Der verantwortungslose Vater beeinflußte den Sohn ungünstig, indem er sich und ihn den Truppenanwerbern zur Verfügung stellte. Das Unglück begann damit, daß Kamillus sich in jenen jungen Jahren der Spielleidenschaft hingab, die ihn übermannte und zum Sklaven machte. Er vergaß seine Pflichten über dem Kartenspiel; eine unwiderstehliche Sucht ergriff ihn und nahm völlig Besitz von seiner Person. Schon früher hatte er sich nie sonderlich für die Schule interessiert; hernach fand er keinen Gefallen an einer geregelten Arbeit. Es war eine leere Jugend ohne Ziel und ohne Inhalt. Er schüttelte die Würfel im Becher, warf sie dann auf das Fell der Trommel und schenkte seine ganze Aufmerksamkeit der erscheinenden Zahl. Es ist ein Dämon in der Spielsucht verborgen, der den Menschen mit Haut und Haar verschlingt. Er muß spielen, ob er nun will oder nicht, die Leidenschaft läßt ihn nicht mehr los. Der Spieler gibt dem Teufel die Hand, und dieser hält sie fest. Immer hofft der Mensch auf einen glücklichen Zufall, der doch nie eintrifft. Kamillus erfuhr die Dämonie der Spielleidenschaft an der eigenen Seele und merkte nichts von den unangenehmen Nebenerscheinungen. Wenn er verlor, nahm er dies nicht gleichgültig hin, sondern schob die Schuld den andern zu und geriet in helle Wut. Der Spieler wurde ein streitsüchtiger Mensch, der sich mit allen Kameraden überwarf. Wahrhaftig, Kamillus' Jugend war alles andere als heilig, sank er doch von Stufe zu Stufe und war auf dem besten Weg, völlig zu verkommen. Die Wahrheit erfordert diese realistische Schilderung, eine Pflicht, die auch in der Hagiographie gilt und die niemals einer rührseligen Erbaulichkeit geopfert werden darf.

Während seines fünfjährigen Soldatenlebens zog er sich eine merkwürdige, nicht heilen wollende Wunde am Bein zu. Kamillus suchte Zuflucht in einem Kapuzinerkloster; während des klösterlichen Aufenthaltes begann sich in ihm langsam eine Änderung anzubahnen. Eines Tages warf er sich auf die Erde, brach in Tränen aus und entschloß sich, ein neues Leben zu beginnen. «Dem Teufel ins Gesicht spucken» – mit solchen Worten kämpfte er gegen seine Spielleidenschaft an [3]. Es war für Kamillus nicht leicht, den neuen Weg zu gehen. Der Kampf war hart, doch stand das drohende Verderben allzu lebhaft vor seinen Augen. Erst dem Neunundzwanzigjährigen gelang es, die große Wende zu vollziehen; freilich erlitt er dabei noch Niederlagen. Heilige waren sündige Menschen wie wir, aber sie haben mit sich gerungen, und trotzdem wären sie niemals ans Ziel gelangt, wenn ihnen nicht die Gnade als entscheidende Kraft zu Hilfe gekommen wäre.

Kamillus meldete sich als Krankenpfleger im Jakobus-Spital in Rom. Damals wurden die Spitäler vorwiegend von Bettlern, Vagabunden und Pilgern aufgesucht, die auch selbst bedienten. Auf welche Art sie es taten, darf man nicht fragen. Zwar mißlang es Kamillus beim ersten Versuch, dort Fuß zu fassen; der alte Adam mit seiner Spielsucht regte sich in ihm immer wieder neu. Der asoziale Mensch war offenbar nicht für einen sozialen Beruf geeignet. Erst beim zweiten Anlauf zeigte es sich, daß er inzwischen ein gewandelter Mensch geworden war und daß aus großen Sündern große Heilige werden können. Er kehrte wieder in das Jakobus-Spital zurück und stieg nach vier Jahren zum Hausvorsteher auf. Die medizinische Betreuung der Kranken ließ zu jenen Zeiten sehr zu wünschen übrig. Die Fenster blieben stets geschlossen, damit sich niemand erkälte, wodurch die Räume von einem beinahe nicht auszuhaltenden Geruch erfüllt waren. In den Betten lagen oft von Würmern angefressene Sterbende verlassen da. Kamillus diente nun den Kranken. Der frühere Haudegen war kaum wieder zu erkennen: er war feinfühlig und rücksichtsvoll in der Behandlung der Kranken, und keine Arbeit war ihm zu gering. Er wusch die Kranken, was eine unerhörte Neuerung war, zeigte nie Ekelgefühle und verstand es einzigartig, den Sterbenden beizustehen. Kamillus holte auch das Priesterstudium nach und hatte keine Hemmungen, sich als dreißigjähriger Mann mit den zwölfjährigen Knaben auf die gleiche Schulbank zu setzen. Schließlich vermochte er die Arbeit im Spital nicht mehr allein zu bewältigen, weshalb er Helfer suchte und fand und mit ihnen zusammenwohnte. Er wollte mit ihnen eine Gemeinschaft bilden und nannte sie «Gesellschaft der Krankendiener», die nach dem Grundsatz lebte: «Von allen Werken christlicher Nächstenliebe steht zu glauben, daß unserem Herrn Jesus Christus das wohlgefälligste ist, den armen Kranken in den Spitälern in ihren geistigen und körperlichen Nöten beizustehen.»[4] Sie waren Diener der Kranken und die Kranken waren ihre Vorgesetzten. «Bittet mich nicht um einen Dienst, befehlt mir, denn ihr seid meine Herren», eine Formulierung, die das Herr- und Knecht-Verhältnis völlig umkehrte.[5] Die Krankendiener trugen einen Mantel, auf dem ein rotes Kreuz angebracht war zum Zeichen, daß sie Diener der Armen Jesu Christi seien. Kamillus und seine Brüder gingen überall hin; wo man sie rief, eilten sie herbei, waren es nun Spitäler oder Privathäuser. Sie machten die Spitäler zu Übungsstätten der Liebe. Die Krankenpflege schloß eine körperliche Hilfe und auch ein geistiges Apostolat in sich. Bei einer Epidemie zeigten sie keine Angst vor Ansteckung; dabei fand mehr als ein Krankendiener den Tod im Dienste der Nächstenliebe. Sie wurden oft von zahllosen Läusen des Flecktyphus buchstäblich zu Tode gebissen. «Ich bin im Spital im irdischen Paradies» sagte Kamillus, der zum «heiligen Krankenpfleger» geworden war. Er hat Christi Wort «ich war krank, und ihr habt mich besucht» in die Tat umgesetzt[6].

Man kann das alles in einer Kamillus-Biographie nicht lesen, ohne von dieser Gestalt ergriffen zu werden. Er hat den armen Kranken völlig selbstlos gedient. Aus seinem Munde stammt der Ausspruch: «Wenn sich unter uns keine Armen und Notleidenden mehr fänden, man müßte bis in den Mittelpunkt der Erde hinabsteigen, um sie ausfindig zu machen!»[7] Kamillus setzte nie die Gönnermiene eines Wohltäters auf, sondern blieb ein Armer unter den Armen. Er zehrte sich im Krankendienst auf und war schon mit vierzig Jahren «grau und schwach». Kamillus war kein fehlerloser Mensch. Er war eigenwillig; was er sich in den Kopf gesetzt hatte, mußte geschehen trotz aller Einwände. Deswegen war die Zusammenarbeit mit ihm nicht immer leicht. Auch in finanziellen Dingen ließ er es an einer gewissen Vorsicht fehlen, weswegen sich zuweilen der Schuldenberg häufte. Trotzdem steigerte sich bei ihm der Helferwillen bis zur Stufe der Heiligkeit. Er erlebte keine Verzückungen, aber er war ein Mystiker der Tat und verstand das Evangelium wörtlich. Am Ende seines Lebens hatte er alles Kantige und Schroffe seines Wesens verloren. In den letzten Monaten seines Daseins sagte er, wie der alte Johannes in Ephesus, nur noch die Worte: «Liebe, Liebe! Ihr werdet mich bis zum Schluß von nichts anderem reden hören. Ich wünsche mir zu sterben, während ich immer wieder sage: Liebe! Liebe! Ich kann nichts anderes tun, ich weiß nichts anderes zu sagen.»[8] Während seiner Krankheit wollte er keine Besuche empfangen und meinte: «Man stirbt nur einmal, und ich muß alles daransetzen, gut zu sterben.»[9] Der ehemalige Spieler hatte aus seinem beinahe verpfuschten Leben ein köstliches Kunstwerk Gottes gemacht, ein anschauliches Beispiel dafür, daß kein Dasein so verloren ist, daß es nicht in den Dienst Gottes genommen werden könnte. Er verstand seine Krankenpflege als Hilfeleistung mit persönlichem Einsatz – alles andere ist nur Beschwichtigung eines schlechten Gewissens.

Ein Großer in der Geschichte der Nächstenliebe war auch Vinzenz von Paul (1581–1660). Schaut man sein runzeliges Gesicht mit der großen Nase an, so ist man im ersten Augenblick überrascht, hinter scheinbar schlauen Zügen so viel Güte zu entdecken. Die Physiognomik aber täuscht nur zu oft, so auch beim Antlitz des einmaligen Vinzenz von Paul. Er barg Gegensätze in sich und war mindestens so kompliziert wie Fénelon. Ein linksstehender Intellektueller bemerkte einmal: «Nur stotternd und mit Erröten bringen wir den Namen des heiligen Vinzenz von Paul noch über die Lippen.» [10] Warum stotternd und errötend? Weil die Intellektuellen gewöhnlich nur reden und nichts tun, während Vinzenz von Paul etwas getan und nicht viel gesprochen hat. Vielleicht waren die Worte auch ironisch gemeint, aber Ironie trägt nichts zur Lösung eines Problems bei. Dagegen zwingen uns Vinzenz' Worte allein schon zum Nachdenken: «Von so einem miserablen Mann soll man überhaupt nicht reden.» [11] Wir aber können es nicht lassen, von diesem Menschen zu sprechen, weil in ihm die Liebe Christi sichtbare Gestalt angenommen hat. Vinzenz von Paul hat nie ein Buch geschrieben, aber er hat Tausende von Briefen hinterlassen, aus denen seine Stimme noch heute zu vernehmen ist. In ihnen wird nicht über Vinzenz geredet, sondern er spricht sehr deutlich zu uns: «Begnügt euch nicht damit, zu sagen: ich bin Christ! Lebt vielmehr so, daß man von euch sagen kann, man habe einen Menschen gesehen, der Gott von ganzem Herzen liebt und seine Gebote hält.» [12]

Vinzenz von Paul ist nicht ohne weiteres verständlich. Er selbst liebte es, seine niedere Herkunft zu betonen: «Ich hütete in der Jugend Schweine.» Mit einer solchen Äußerung verursachte er den vornehmen Leuten ein leises Unbehagen, ihm selbst aber eine sichtliche Freude, denn er machte sich gerne über sich selbst lustig. Mit Wonne teilte er Nasenstüber aus: «Es ist nicht immer dasselbe: katholisch sein und gerecht sein.» [13] Der Heilige hatte viel Sinn für Humor. Dies gehört zu seinen schönsten Charakterzügen. Zeitlebens hatte Vinzenz ein bäuerliches Aussehen, weshalb man nie an seiner Abstammung aus dem einfachen Volk zweifelte. Zunächst wußte man nicht viel Erfreuliches von ihm zu berichten. Der junge

Geistliche war ein Pfründenjäger, was keineswegs sympathisch ist.
Dann aber vollzog sich in ihm eine nicht deutlich nachzuzeichnende Verwandlung. Soweit sie sich verfolgen läßt, geschah sie unter dem Einfluß von Bérulles und Franz von Sales; zwei Heilige haben demzufolge einen dritten erweckt. Von ihnen lernte Vinzenz die Kontemplation mit der Aktion zu verbinden, und sie zeigten ihm den Weg zur Innerlichkeit. «Die Mystik hat uns unseren größten Mann der Tat geschenkt», schreibt Daniel-Rops, und Brémond fügt hinzu: «Wer sich Vinzenz mehr menschenfreundlich denn als Mystiker vorstellt, wer ihn nicht vor allem als Mystiker sieht, stellt sich einen Vinzenz von Paul vor, den es nie gegeben hat.» [14]
Langsam wuchs er in seine Aufgabe hinein, die die Antwort auf die Not seiner Zeit war. Vinzenz gehörte wesentlich dem 17. Jahrhundert an, das die unchristlichen Religionskriege in Frankreich überwand, und dessen mystisches Leben das 18. Jahrhundert leider zuschüttete, das 19. Jahrhundert aber ganz vergaß.
Mit scharfem Blick sah Vinzenz die Verderbnis des Klerus. Er schreckte nicht vor harten Anklagen zurück: «Die Priester, die heute so leben, wie dies bei den meisten von ihnen der Fall ist, sind die größten Feinde, die die Kirche Gottes überhaupt aufzuweisen hat.» [15] Doch polemisierte er nie gegen sie, weil dies nutzlos ist. Dagegen stellte er die wahre Einsicht auf den Leuchter: «Wenn man die Kirche reformiert, sie in ihrer Heiligkeit wiederherstellt, nimmt man allem Protestantismus seine Daseinsberechtigung. Wenn es keine Mißbräuche mehr gibt, theoretisch gesprochen, wird es auch keine Protestanten mehr geben. Inzwischen muß man ihnen das Beispiel echt

christlicher Liebe geben. Durch Streitgespräche kann man niemand bekehren, nur dadurch, daß man Liebe beweist und Gutes tut. Man muß auch das Beispiel der Gerechtigkeit geben. Die Protestanten verdienen sie ebenso wie die andern Menschen.» [16] Vinzenz hat viel getan für die Reform des Klerus und hat damit einen großen Beitrag zur Erneuerung Frankreichs geleistet. Was ihn aber im ganzen Land berühmt gemacht hat, war eine andere Leistung.

Frankreich ist nicht nur das Land der vornehmen Eleganz und der charmanten Frauen, auch das Elend machte sich in ihm breit. Zu Vinzenz' Zeiten überdeckte der trügerische Glanz eines verschwenderischen Königtums und einer genußsüchtigen Adelsgesellschaft den Jammer eines furchtbar darbenden Volkes. Umsonst ist es nicht zu der bluttriefenden Französischen Revolution gekommen. Bis auf den heutigen Tag leben viele Menschen in Frankreich in bitterer Not. Immer wieder sieht man in Paris zerlumpte Gestalten, die die Abfallkübel nach etwas Eßbarem durchsuchen. Nicht zufällig ist die kommunistische Partei in Frankreich so stark geworden. Vinzenz gehörte zu den Geistlichen, die das traurige Elend sahen, es scharf beobachteten und nicht daran vorübergingen. In ihm erwachte damals ein starker Helferwille. Für ihn gab es kein Elend, das ihn nicht berührt hätte. Es fehlte dem Volke viel; er sah, was getan werden mußte, und deshalb begann er mit einer Volksmission. Zunächst nahm sich Vinzenz der Galeerensträflinge an, um deren furchtbarem Schicksal entgegenzutreten. Nach einer Legende hat Vinzenz einmal die Ketten eines Sträflings gelöst, sie sich selbst angelegt und an seiner Stelle auf der Ruderbank gearbeitet. Wenn dies eine Legende ist, deren Wahrheitsgehalt nicht nachgeprüft werden kann, so ist es doch bezeichnend, daß sie über Vinzenz ausgestreut wurde. Von Kardinal Richelieu hat man jedenfalls nichts Derartiges erzählt.

Vinzenz nahm sich auch der Geisteskranken an. Er betrachtete diese armen Menschen nicht als von Gott gestrafte Wesen, sondern sah in ihrer Krankheit einen bejammernswerten Persönlichkeitszerfall. Er richtete für die Geisteskranken ein spezielles Hospital ein und betreute es sorgfältig. Auch die Findelkinder rührten sein Herz. Er entrüstete sich nicht über die leichtfertigen Mädchen, die sie geboren hatten, wohl wissend, daß Entrüstung ein bloß moralistisches, kein christliches Verhalten ist. Aber es ging auch nicht an, daß diese ausgesetzten Geschöpfe für das Verhalten der Mütter verantwortlich gemacht wurden. Vinzenz nahm sich dieser, von Vater und Mutter im Stich gelassenen armen Wesen mit doppelter Liebe an. Nach ihm «sind diese Kinder in Wahrheit Gottes Kinder, der ihnen Vater und Mutter ist und um sie besorgt ist. Er hat Freude an ihrem Gezwitscher, ja er achtet gern auf ihr Schreien und Weinen ...» [17]

Vinzenz hatte offene Augen, denn überall, wo er Not sah, griff er zu. Aber er begründete kein Sitzungschristentum und überschwemmte die Welt nicht mit einer Papierflut von Aufrufen, die gewöhnlich in den Papierkorb wandern. Bald aber sah er ein, daß seine Kräfte für eine wirksame Hilfe zu klein waren. Er suchte nun Helferinnen und fand unter ihnen besonders Louise de Marillac, eine außerordentliche Frau, mit der sich Vinzenz innerlich verbunden fühlte. Sie litt zuerst an Depressionen, wurde anläßlich eines Pfingstfestes geheilt und fand nun eine ganz neue Lebensaufgabe. Vinzenz scheute sich nicht, auch andern Damen aus guter Gesellschaft ein bis dahin unbekanntes Ideal vor Augen zu stellen; ziemlich unverblümt riet er ihnen, weder ihren weiblichen Launen zu leben, noch in ein Kloster einzutreten, sondern sich für die Not in der Welt einzusetzen. Das war eine neue Idee, die in vielen weiblichen Herzen zündete, zumal sie sich bei den gesellschaftlichen Gepflogenheiten unerträglich langweilten und sich deswegen oft in unglückliche Liebesabenteuer gestürzt hatten. Vinzenz schenkte ihnen eine neue Sinn-Erfüllung, die in der Liebe zum Nächsten bestand. Mit der Zeit entwickelte sich daraus die Vereinigung barmherziger Schwestern, die man später den Orden der Vinzentinerinnen nannte: «Ihr habt als Kloster die Häuser der Kranken, als Zelle eine Kammer, als Kapelle eure Pfarrkirche, als Kreuzgang die Straßen der Stadt, als Klausur den Gehorsam, als Gitter die Furcht Gottes, als Schleier die heilige Bescheidenheit.» [18] Vinzenz verstand es, Frauen für das helfende Tun zu interessieren und darin eine Verpflichtung Christi zu sehen: «Ihr sollt wissen, meine Töchter, daß ihr, wenn ihr das Gebet und die heilige Messe um des Dienstes an den Armen willen verlaßt, nichts hierbei verliert, weil Den-Armen-Dienen Zu-Gott-Gehen ist. Und ihr müßt Gott in ihnen sehen.» [19] Die Vinzentinerinnen haben nach Wilhelm Hausensteins künstlerischem Blick mit ihren «großartigen Flügelhauben das Aussehen wandelnder gotischer Kathedralen» [20]. Gegenwärtig sind die schönen Flügelhauben aus dem Straßenbild verschwunden wegen der fragwürdigen Reform der Klosterkleidung – genau wie die Kathedralen nur noch Museen für durcheilende Touristen sind. Vinzenz hat ein großes Werk für die Armen hinterlassen, das nicht nur ein Strohfeuer war, sondern der Zeiten Wechsel überdauerte. Ein Heiliger hatte das Werk gegründet, der seiner Sendung nachgekommen war, die in der Liebe ohne Grenzen bestand. Viele Christen haben sich charitativ betätigt – Ehre ihrem Andenken –, aber sie sind trotzdem kein Vinzenz von Paul geworden. Es muß da noch etwas anderes vorhanden gewesen sein. Was es war, ist begrifflich nicht leicht auszudrücken. Es ist das Geheimnis von Vinzenz von Pauls bezaubernder innerlicher Persönlichkeit, ein Geheimnis, das in einer neuen Verkörperung der Liebe Christi bestand. Er hatte eine ausgesprochene Liebe zum «entäußerten Christus» und verriet einmal die Quelle seiner Kraft: «Man muß ein geistliches Leben führen, dahin muß man streben. Wenn es daran fehlt, fehlt alles.» [21] Heute ist das Herz dieses Landesseelsorgers in der Kapelle der Rue du Bac in Paris aufbewahrt, ein Gotteshaus, das noch immer eine Stätte der Sammlung für Beter aus aller Welt ist.

Spricht man von der charitativen Tätigkeit der Christen, so darf man die zahlreichen Gründerinnen der verschiedenen Kongregationen des 19. Jahrhunderts nicht übersehen. Die meisten Menschen kennen sie nicht einmal dem Namen nach, geschweige denn daß sie sich eine konkrete Vorstellung machen können. Dabei waren beispielsweise Elisabeth Eppinger als Stifterin der Niederbronner Schwestern und Katharina Kaspar als Stifterin der Armen Dienstmägde Jesu Christi – um nur diese zwei zu nennen – bei aller Unscheinbarkeit und geringer Schulkenntnisse doch überaus eindrucksvolle Persönlichkeiten. Gelegentlich begegnet man auf der Straße solchen in sich gekehrten Klosterfrauen und geht an ihnen stillschweigend vorüber, ohne zu bedenken, welch selbstlose Arbeit sie leisten. Diese Schwestern haben aus dem Nichts ein großes Werk der Caritas geschaffen, das nur dank dem Einsatz vieler namenloser Schwestern entstehen konnte. Sie leisten Tag für

Tag Liebesdienste an ihren armen und kranken Mitmenschen, ohne viele Worte zu machen, ohne im Radio erwähnt zu werden, ohne eine öffentliche Auszeichnung zu erfahren – Gott allein vermerkt es im Buch des Lebens. Was hierin in selbstloser Aufopferung an christlicher Arbeit getan worden ist, das beginnen wir erst heute in der ganzen Tragweite zu schätzen, da die Kongregationen infolge Nachwuchsmangel genötigt sind, ihre Schwestern aus dieser oder jener Station zurückzuziehen und niemand da ist, die Lücke auszufüllen. Ganze Abteilungen mußten deswegen in den Spitälern geschlossen werden. Auch die Verteuerung der Spitaltaxen steht mit dem Rückzug der Ordensschwestern in einem gewissen Zusammenhang. Die Stifterinnen der Kongregationen und ihre Schwestern werden in der Welt nicht gewürdigt – das ist auch gar nicht nötig. Trotzdem haben sie einen ganz großen Beitrag zur Linderung der sozialen Not geleistet. Sie haben sich der allerärmsten Opfer angenommen und haben ihnen christliche Liebe zuteil werden lassen, eine selbstlose Pflege, die vom Sozialismus übersehen wird. Diese Schwestern erfüllen in ihrer Liebe zu Gott eine hingebungsvolle Arbeit, die das Tun eines nach Macht strebenden Parteifunktionärs bei weitem überragt.

Man kann nicht die Heiligen inmitten der Armen und Kranken erwähnen, ohne sich mit einem modernen, vielfach erwähnten Einwand auseinanderzusetzen. Darnach bedürfen die Armen der Gerechtigkeit und nicht der Almosen. Man hört, daß diese werktätigen Christen nur Samariterdienste an den unter die Räuber gefallenen Mitmenschen geleistet und lediglich Wunden verbunden hätten, aber nicht mehr. Nie seien sie den Quellen der Not nachgegangen, nie hätten sie sie am Ursprung verstopft. Diesem Einwand kann eine gewisse Berechtigung nicht abgesprochen werden; er hat für den heutigen Menschen etwas Bestechendes. Aber es liegt ihm ein utopisch-ideologisches Denken zugrunde. Auch in einer umfunktionierten Gesellschaft ereignen sich Raubüberfälle, gibt es debile Kinder und schwerkranke Menschen. Nie wird es ein Volk ohne schwache und schwächste Glieder geben. Das Wunschdenken nach einer heilen Welt hat die Menschen immer wieder beschäftigt, aber es hat noch nie zum Ziel geführt und wird es auch in Zukunft nicht. Die «gebrechliche Einrichtung der Welt», von der Kleist geredet hat, liegt offen zutage und nie wird sie in ein Paradies verwandelt werden. Erst im Gottesreich wird «Gott abwischen alle Tränen, und wird der Tod nicht mehr sein, noch Leid und Schmerz».[22] Solange das ewige Reich nicht da ist, können die Menschen nur unvollkommen der Not begegnen, müssen aber tun, was in ihren Kräften steht. Das entspricht christlicher Verpflichtung, und gerade ihr sind die Heiligen nachgekommen.

Die charitativen Leistungen der Heiligen verdienen eine positive Würdigung. Sie lassen sich durchaus mit der staatlichen Fürsorge vergleichen, denn diese lindert ebenfalls die Not. Es liegt mir ferne, hier ein Fragezeichen anzubringen, und doch darf man nicht übersehen, daß hinter der staatlichen Fürsorge auch der staatliche Apparat steht, der sich nun einmal von einer gewissen Bürokratie nicht trennen läßt. Die damit verbundene beamtenhafte Mentalität muß nach Gesetzesparagraphen verfahren und hinterläßt deswegen nicht selten eine unpersönliche Kälte. An diesem Umstand sind nicht die einzelnen Personen schuld, sondern der Staat als solcher, da er ein abstraktes Gebilde ist und nur die Reglementierung kennt.

Demgegenüber kannten die Heiligen den persönlichen Einsatz. Mag ihre Helfertätigkeit oft nur wie ein Tropfen auf einen heißen Stein gewirkt haben, sie selbst haben sich in die Not hineingegeben, haben mit ihren eigenen Mitteln geholfen; das ist etwas grundsätzlich anderes. Darum haben sie oft so hinreißend gewirkt. Sie halfen den Nächsten, weil eine brennende Gottesliebe sie dazu trieb. Die christliche Nächstenliebe geht aus der Gottesliebe hervor, und nicht umgekehrt. Die Gottesliebe ließ die Heiligen nicht müde werden und bis zum letzten Augenblick ausharren.

Der Arme war für die Heiligen bedeutsam. Er darf nicht dem Proletarier gleichgesetzt werden, schon gar nicht mehr, seitdem der Marxismus einen betonten Proletenkult betreibt. Auch in der modernen Dichtung wird gelegentlich mit der Armut als einem «großen Glanz von innen» (Rilke) ein ästhetisches Spiel ohne Ernst getrieben. Vielmehr gilt es zunächst, dem Armen die Ehre zurückzugeben, weil nach dem Evangelium «den Armen die frohe Botschaft verkündet wird»[23]. Auch im Jakobusbrief heißt es, «Gott hat die Armen auf dieser Welt erwählt»[24]. Über dieses schwerwiegende Wort kann man nicht genug nachdenken. Die Armen bilden vor Gott einen eigenen Stand, der allzuleicht übersehen wird. «Er ist ja nur ein Armer, der in der Gemeinde nicht viel Steuern bezahlt, also hat er auch nichts zu sagen» – so denkt die Welt. Das Evangelium aber denkt anders. Das Mittelalter wußte das noch, und darum haben sich seine Heiligen den Armen gewidmet. Die Armen besitzen das Geheimnis der Hoffnung; die Armut selbst ist ein Mysterium. Man darf den Armen nicht romantisch verklären; es ist schrecklich, nichts zu essen zu haben und keine Schlafstelle zu kennen. Der Arme ist jener Lazarus, von dem Jesus in seiner Parabel gesagt hat, daß er voller Schwären vor der Türe des reichen Mannes liege und begehre, sich von den Brosamen zu sättigen, die von des Reichen Tische fallen [25]. Es muß einer blind sein, wenn er glaubt, den Stand der Armut abschaffen zu wollen. Man rege sich darüber auch nicht auf, denn dies wird nie gelingen. Der Arme schließt ein Geheimnis in sich, das in einer Begebenheit des heiligen Pilgers Benedikt Labre zum Ausdruck kommt: «Sein Beichtvater sagte einmal zu ihm: ‹Mein Freund, Sie täten besser daran, sich Arbeit zu suchen. Die Welt sagt, daß es nur die Trägheit ist, die Sie zum Betteln treibt.› Labre antwortete ganz bescheiden: ‹Mein Vater, es ist der Wille Gottes, daß ich bettle. Ziehen Sie den Vorhang von Ihrem Beichtstuhl weg, und Sie werden sehen.› Der Priester tat es und sah ein Licht, das die ganze Kapelle verklärte.» [26] Ein solches Vorkommnis lüftet für einen Augenblick das sonst verhüllte Mysterium der Armut.

Zu den Armen zählt auch der Kranke. Auch er besitzt eine gewisse Würde, weil Krankheit etwas Geheimnisvolles ist, das die moderne veramerikanisierte Medizin schon gar nicht aufzuhellen vermag. Man spürt das Besondere, wenn man ein Krankenzimmer betritt und seine Atmosphäre in sich aufnimmt. Sie ist so anders als das pulsierende Leben auf den Straßen. Den Heiligen lag nichts an einer Philosophie der Krankheit; sie fragten nicht, ob die Gesundheit oder die Krankheit am Anfang war und ob diese aus jener hervorgegangen ist oder umgekehrt. Die Krankheit ist nach Pascal «der natürliche Zustand des Christen». Der heiligmäßige Denker schrieb auch einige ergreifende Gebete über den «heilsamen Gebrauch der Krankheiten» [27]. Auch der Kranke ist ein von Gott heimgesuchter Mensch. Sein schweres Schicksal ist, religiös gesehen, eine Auszeichnung. Jedenfalls ist der Kranke ein Armer, auch wenn er in einem heute gar nicht mehr zu bezahlenden Einzelzimmer einer Klinik liegt. Es ist ein trauriges Los, oft wochen- und monatelang dazuliegen, Schmerzen zu haben und von der bangen Frage gepeinigt zu werden: Werde ich wieder gesund? Für die Heiligen waren die Kranken nie ein bloß «klinisch interessanter Fall». Die Krankenpflege wird heute manchmal erschwert durch die Angehörigen, die während der Besuchszeit nur so herumschwirren, Beschwerden anmelden und die Kranken doch nicht bei sich zu Hause haben wollen. Und doch ist es bedeutsam, daß die Christen wieder ganz deutlich spüren, daß die Pflege der Kranken ihnen besonders aufgetragen ist und keine säkularisierte Welt sie von dieser Verpflichtung entbinden kann. Wer die Kranken liebt, der liebt Gott. Die tiefste Einsicht aber besteht darin, daß man in jedem Armen und in jedem Kranken den verborgenen Christus sieht. Christus blickt uns aus dem traurigen Antlitz der Armen und aus dem bleichen Gesicht der Kranken fragend an. Was wir ihnen tun, das tun wir Christus. Diese mystische Wahrheit kann man nicht beweisen, aber Christus selbst hat sie in seiner großen Rede vom Jüngsten Gericht ausgesprochen. In dieser erleuchteten Sicht sahen die Heiligen die Armen und die Kranken, eine Erfassung, die von zeitloser Gültigkeit ist. Immer schreitet in den armen und kranken Menschen der verhüllte Christus direkt auf uns zu; es ist eine unausweichliche Situation, und es ist die Situation Jesu Christi.

# In der Bereitschaft zum Sterben

Das Todesproblem ist kein salonfähiger Gesprächsstoff; es stört die Gemütlichkeit der sich munter unterhaltenden Gesellschaft, die gewöhnlich raschen Themawechsel wünscht. «Nicht diese Töne, andere laßt uns anstimmen» – mit diesen Worten Beethovens könnte man wohl die Meinung der meisten Menschen umschreiben, wenn das Gespräch auf den Tod kommt. Aber, meine verehrten Leser, möchte man sagen – Ihr könnt meinetwegen noch einige kurze Jahre zusammensitzen und über die Resultate der letzten Wahlen oder über die neueste Mode plaudern – dennoch schreitet Ihr unfehlbar dem Sterben entgegen. Es wäre beinahe feig, dies nicht einsehen zu wollen. Man muß den Menschen immer wieder deutlich sagen: Auch Du wirst früher oder später sterben, keiner entrinnt diesem Schicksal, mag er noch so davoneilen, der Tod holt ihn ganz gewiß ein.

Die Hand des Todes greift nach dem Menschen, tippt ihm zuerst vorsichtig auf die Schulter und nimmt ihn zuletzt in seinen eisernen Griff. Es ist unmöglich, dem grausamen Würgengel zu entrinnen. Die Worte Iwan Iljitschs aus Tolstojs gleichnamiger Novelle drängen sich auf: «Es handelt sich weder um die Niere noch um den Blinddarm, sondern um Leben und Tod. Ja, das Leben war da und verläßt mich, und ich kann es nicht halten. Warum betrüge ich mich? Sehen es nicht alle außer mir, daß ich ein Sterbender bin und daß es sich nur noch um Wochen und Tage handelt? Jetzt, in diesem Augenblick kann es schon aus sein.»[1] Das Todesschicksal ist über alle Menschen, ohne jede Ausnahme, verhängt, und wer sich einmal dieses Unabänderliche ganz bewußt gemacht hat, für den bricht eine Welt zusammen. Man ist nach diesem Bewußtwerden nicht mehr der gleiche Mensch wie vorher, hat sich doch im Seelengewebe etwas Grundsätzliches verändert. Der Tod hat sich unter den Menschen häuslich niedergelassen, und niemand vermag ihn zu vertreiben. Dies wußten die früheren Menschen noch, und erst die Neuzeit versucht sich darüber hinwegzulügen, wie es Evelyn Waugh in seiner grausamen Satire «Der Tod in Hollywood» schildert. Eine gewisse amerikanische Oberflächlichkeit will die Wirklichkeit des Todes nicht wahr haben und täuscht sich sentimental darüber hinweg. Alle Lügen haben kurze Beine, und plötzlich steht man, rascher als man denkt, vor dem dunklen Tor des Todes. Der Tod lauert überall: auf der Straße, im Bett, beim Pflügen, während der Predigt, immer ist er gegenwärtig. Die Maler der spätmittelalterlichen Totentanzbilder haben dies gewußt, und wir sollten uns nicht begnügen, diese Bilder bloß zu bewundern, sondern realisieren, daß auch wir vom «Tanz der letzten Stunde» (Willy Fries) ergriffen werden.

Der Tod ist das letzte, vom Menschen zu bestehende Schicksal. In seinem Anblick verändern sich die Dinge dieser Erde: Das Große wird plötzlich ganz klein; unterdrückte Gedanken erlangen eine ungeahnte Bedeutung. Wie aber besteht ein Mensch das Todesschicksal? Das ist schlechterdings nicht zu sagen, und es ist nicht ratsam, darüber hochtrabende Worte zu machen. Keiner weiß, in welcher Form der Tod an ihn herantritt. Rafft ihn ein plötzlicher Herzschlag hinweg, so daß er den Sekundentod erleidet, stirbt er in bewußtlosem Zustand im Abstellraum eines modernen Spitales, oder steht ihm ein langer, nicht endenwollender Todeskampf bevor? Geht er an trübsinniger Altersschwäche dahin oder erleidet er durch einen Unfall den schrecklichen Straßentod, bei dem noch schnell ein sensationslüsterner Reporter herbeieilt, um ihn in seinem Röcheln zu photographieren? Niemand kann das zum voraus sagen.

Das weise Sprichwort der Alten bleibt nachdenkenswert:

«Wer nicht stirbt, eh er stirbt,
der verdirbt, wenn er stirbt.»

Mag der Mensch noch so erbauliche Betrachtungen über den Tod anstellen, sie nützen ihm wahrscheinlich in der konkreten Situation des Todes nicht sehr viel, weil er von der nackten Angst geschüttelt wird, die alles verändert.

Es geht nicht darum, sich in allgemeinen und unverbindlichen Worten über das Sterben des Menschen zu verbreiten. Uns bewegt das konkrete Problem: die Heiligen im Angesicht des Todes. Auch sie erlebten das Todesschicksal, und nach Reinhold Schneider ist «der Heilige auf dem Sterbe- und Totenbett die mächtigste Stimme des Glaubens» [2]. Wir möchten gerne wissen, wie die Heiligen den Tod erlitten, bestanden und überwunden haben. Wir möchten es erfahren, nicht um des bloßen Wissens willen, sondern hoffen von ihnen eine schlichte Anleitung zum rechten Sterben zu empfangen. Einige Beispiele sollen dies verdeutlichen.

Stephanus starb in Jerusalem als einer der ersten Menschen der christlichen Gemeinde. Er erlitt einen gewaltsamen Tod. Stephanus, voll Glaubens und voller Kraft wurde vor den Hohen Rat geführt und hielt dort eine geisterfüllte Rede, die den Zuhörern durchs Herz ging. Um das sich regende, unangenehme Schuldgefühl zu übertönen, schleppten sie Stephanus vor die Stadt hinaus und steinigten ihn kurzerhand. Stephanus kniete, als der furchtbare Steinhagel losging, nieder und rief mit lauter Stimme: «Herr, behalte ihnen diese Sünde nicht.» [3] Mit diesen fürbittenden Worten auf den Lippen verschied der von Steinen überschüttete Stephanus, der erste christliche Märtyrer, der selbstverständlich zu den Heiligen gezählt wird und dessen Gedächtnistag unmittelbar an Weihnachten anschließt. Von seinen Schmerzen und Wunden erzählt die Bibel nichts, wohl aber davon, daß er im Sterben den Himmel offen sah. Dieses wundersame Erleben inmitten der ärgsten Todesqualen deutet das Altarbild im Wiener Stephansdom leuchtend an. Stephanus starb für den christlichen Glauben, der zum Fundament des Abendlandes geworden ist.

Es gab nicht nur in der Frühzeit Märtyrer, auch heute sind sie nicht weniger eindrucksvoll. Pater Maximilian Kolbe (1894–1941) sagte im Konzentrationslager von Auschwitz, als zehn unschuldige Männer zum Hungertod verurteilt wurden und einer von ihnen im Gedanken an seine Frau und seine beiden Kinder laut aufschrie: «Ich bin ein katholischer Priester, ich möchte an seine Stelle treten, weil er eine Familie hat.» Es wurde ihm überraschenderweise entsprochen, und Kolbe ging am Schluß der traurigen Gruppe verurteilter Männer bei untergehender Sonne schweigend in den Hungerbunker. Die schwere Eisentür fiel hinter ihm ins Schloß. Als Sträfling durfte er nicht einmal ein aufmunterndes Wort zu den zurückbleibenden Lagerinsassen sprechen. Der polnische Märtyrer hat im Schweigen seinen Todesweg angetreten. Auch wissen wir nicht, was er im finsteren Keller zu seinen Leidensgenossen gesagt hat. Man hörte aus dem Bunker Marienlieder singen, die er angestimmt hatte. Wenn jeweils ein vom Hungertod Dahingeraffter hinausgeschafft wurde, sah man Maximilian Kolbe kniend beten, aber es kam keine Silbe über seine Lippen. Er überlebte alle und bekam nach vierzehn Tagen vom Arzt eine Phenolspritze. Schweigend hielt er ihm den Arm hin, und dann verschied er allein im stockdunklen Bunker. Kolbes Tod war ein wortloses Sterben; dieses Schweigen ist beredter als alle Worte. Es bohrt sich förmlich in unsere Seele hinein und erinnert an den Bericht aus dem Evangelium: «Und er antwortete ihm nicht auf ein Wort.» [4]

Man darf über die Märtyrer der Kirche nicht schnell hinweggleiten. Dazu lagern sich die Schatten der modernen Diktaturen noch zu dicht über uns, und wir wissen nicht, was in dieser Beziehung unserer Generation noch bevorsteht. Jedenfalls sind Märtyrerakten heiligen Urkunden gleichzusetzen und haben deshalb Anspruch auf besondere Ehrfurcht. Was die Märtyrer in den Stunden vor ihrer Hinrichtung gedacht haben, wissen wir nicht. Wohl kann man sich in ihre Situation hineindenken und ihre Gefühle ein wenig erahnen, aber keine Worte vermögen alles auszusagen. Die Märtyrer hatten an der Schmach Jesu Christi Anteil, denn sie legten Zeugnis ab, und zwar mit ihrem Blut. Sie waren erfüllt vom Glauben: Wir leben, auch wenn wir getötet werden! Dank ihrer Glaubensgewißheit waren sie befähigt, den oft überaus grausamen Tod auf sich zu nehmen. Sie brachten das größte Opfer und fühlten sich als Gefährten des Herrn. Sie haben nicht über die Unsterblichkeit philosophiert, wie es Plato im «Phädon» so eindringlich getan hat, sondern waren von der inneren Evidenz erfüllt: unser Tod ist das Leben der Gläubigen. Dies alles liegt weit,

weit ab vom Denken der heutigen Menschen, und gerade darum ist es nötig, sich mit den heiligen Märtyrern näher zu beschäftigen. Sie führen uns auf das Wesentliche zurück, das eine Quelle der Kraft, des Trostes und der Standhaftigkeit ist. Es ist ganz unmöglich, den Tod der Märtyrer erbaulich zu betrachten, denn dafür ist er viel zu ernst. Wie aus den hinterlassenen Zeugnissen hervorgeht, empfanden auch die Heiligen Angst, und zwar die Todesangst, die die schwerste aller Ängste ist. Die Angst darf nicht verachtet werden. Sie ist eine List des Teufels; es gibt kein anderes Heilmittel gegen die Angst, als sich willenlos in die Arme Gottes zu stürzen. Die Heiligen aber waren entschlossen, das Kreuz der Angst zu tragen, von dem ein Christ schrieb: «Die Angst ist doch Gottes Tochter, die in der Karfreitagsnacht erlöst ward. Sie ist nicht schön anzusehen, nein! Sie wird bald verspottet, bald verflucht, vor allem verleugnet. Und doch: täuschen Sie sich nicht: sie sitzt am Bett jedes Sterbenden, legt Fürsprache für den Menschen ein.»[5] Die Heiligen haben die Angst durchgekostet und durchgelitten und sind zuletzt doch mutig in den Tod gegangen. Sie haben dies nicht aus eigener Kraft vermocht, sondern weil sie von der Macht Christi getragen waren.

Neben dem gewaltsamen Tod, der den Märtyrern bestimmt war, begegnet man bei den Heiligen auch dem einsamen Sterben. Augustins (354–430) Einsamkeit in seinem Sterbezimmer ist eindrucksvoll. Er ist in aller Welt als der Verfasser der strömenden Bekenntnisse bekannt, deren rhetorisch-biblische Sprache den Leser mitreißt. Aber als Augustin dem Sterben nahe war, fiel aller Sprachzauber von ihm ab, und es kam das große Schweigen über den redegewaltigen Mann. Wie Shakespeares Helden beim Sterben auf ihr Leben zurückblicken, so hat es auch der reflektierende Kirchenvater getan. Das Fieber war schon stark gestiegen, als er sich ganz bewußt von seinen Wohngenossen verabschiedete und sie alle noch einmal grüßte. Dann ordnete er an, daß keine Besucher mehr zugelassen würden außer dem Arzt und demjenigen, der ihm das Essen zu bringen hatte.

Augustin wollte alleine sein, denn er hatte vieles zu sühnen. Er dachte an die Odyssee seines Lebens: an die Verstrickung in den Manichäismus, an seinen Hilferuf an die staatliche Macht in seinem Kampf gegen die Donatisten, an die schmähliche Entlassung seiner Konkubine, die ihm einen Sohn geschenkt hatte und deren Namen er nicht einmal in den «Bekenntnissen» erwähnte. Wer den Tod vor Augen hat, hat vieles in Ordnung zu bringen, Dinge, die man in der Jugend auf die leichte Achsel nimmt und sich im Alter auf die Seele legen. Buße sühnt, sie ist nie vergeblich und hat noch in der letzten Stunde eine Kraft. Augustin hatte das Bedürfnis einsam zu sein; keine Unterhaltung sollte die Stille seines Sterbezimmers stören, obschon die Vandalen die Stadt belagerten. Er versuchte, sich unaufhörlich auf das Sterben vorzubereiten. Oft dachte er an die Worte des sterbenden Ambrosius, der ihn einst getauft hatte: «Ich habe kein Leben geführt, daß ich mich schämen müßte, noch länger unter euch zu leben. Aber ich scheue mich auch nicht zu sterben; wir haben einen guten Vater.» [6] Er wagte die Worte nicht auf sich anzuwenden, sondern ordnete an, die Bußpsalmen auf Pergamentbogen zu schreiben und sie an die gegenüberstehende Wand anzuheften, damit er sie unaufhörlich betrachten könne. Augustin wiederholte betend ihre Worte, während ihm Tränen über die Wangen liefen. Am 28. August 430 erlitt der geistesmächtige Kirchenvater das einsame Sterben in seiner Kammer. Wie soll man es nur kommentieren? Nicht anders als mit Pascals lapidaren Worten «man stirbt allein».

Von diesem einsamen Tod zu unterscheiden ist das Sterben in Verlassenheit, wie es Franz Xavier (1506–1552) beschieden war. Der Spanier war ein junger, hübscher Bursche, den Ignatius in Paris kennenlernte. Es kostete den Stifter des Jesuitenordens einige Mühe, bis er den Wildfang gewonnen hatte, dann aber wurde Francisco ein heldischer Missionar, der mutig ins Unbekannte hinausfuhr. Indien war damals das Symbolwort für das Äußerste; Francisco nahm es entschlossen auf sich. Er weigerte sich, einen Diener mitzunehmen, weil «das Streben nach Ansehen und Autorität die Kirche Gottes in den traurigen Zustand gebracht hat, in dem sie sich heute befindet, und ihre Prälaten mit ihr. Das Mittel, mit dem man sich Ansehen und Autorität verschaffen muß, besteht darin, daß man sich selber seine Kleider wäscht und seinen Kochtopf besorgt und zugleich sich der Arbeit am Seelenheil des Nächsten widmet.»[7] Man weiß, wie Francisco «jedes menschlichen Schutzes bar» nach Indien und Japan fuhr, um die Möglichkeit einer Christentums-Ausbreitung im Fernen Osten zu erkundigen. Von dort schrieb er jene unvergleichlichen Briefe, die voll waren von «Hoffnungskraft, Herz, Feuer, Wettersturm, Sprengpulver».

Der erst Sechsundvierzigjährige erduldete am 3. Dezember 1552 auf der Insel Sanchoam im Fernen Osten seinen Tod. Er war eben im Begriffe, nach China aufzubrechen, als ein starkes Fieber ihn zwang, sich in einer offenen Hütte auf ein Häuflein Stroh niederzulegen. Ohne den Trost der Sakramente sah er in menschlicher Verlassenheit dem Tod entgegen, verlor zeitweise das Bewußtsein, erlangte es wieder, betete dann und heftete seine Augen stets auf das Kruzifix. Kein Wort der Klage kam über seine ausgedörrten Lippen. Nur ein kleiner Chinese war bei ihm, hielt ihm eine armselige Sterbekerze hin und berichtete später: «Er starb mit dem Namen Jesu auf den Lippen, in großer Ruhe und in Frieden, und seine gebenedeite Seele ging heim, ihren Schöpfer und Herrn zu verkosten.»[8] Am andern Tag legte man den Leichnam in eine für ihn in Sanzian ausgehobene Grube, gab vier Säcke Kalk dazu und wälzte Steine als Kennzeichen auf das Grab. Die vier anwesenden Menschen nahmen hierauf Abschied von ihrem Priester.

Man hat schon mitleidsvoll gesagt, er sei nur den «Stroh-Tod» gestorben, denn wäre er von den Heiden erschlagen worden, hätte er das Martyrium erleiden können. Eine solche Verkennung läuft auf eine schematische Betrachtung der Dinge hinaus. Es ist keine Kleinigkeit, in einem völlig fremden Erdteil, ohne jeden menschlichen Beistand zu sterben. Ein solch schweres Schicksal hatte der überaus liebenswerte, tapfere Franz Xavier zu bestehen, der bis zum letzten Tag eine Großzügigkeit des Herzens zeigte. Man spürt selbst bei diesem ungetrösteten Sterben in der äußersten Verlassenheit noch die letzte Opferbereitschaft. Erst nach zwei Jahren drang die Nachricht von seinem Tode nach Rom, und Polanco schrieb hierauf in die Chronik des Ordens: «Die göttliche Güte wollte ihn zur Nachbildung Christi wie ein Weizenkorn sterben lassen, das man am Eingangstor von China weggeworfen hat, damit es eine reichere Ernte einbrächte. Und so gab er seine Seele Gott zurück, auf einem einsamen Berg, in der tiefsten Entäußerung aller Dinge, und kein Mitbruder war bei ihm, alles irdischen Trostes war er beraubt: um in dem einen Gott alles zu finden.»[9] Ob Ignatius wohl geahnt hat, als er diese Worte las, daß ihm dereinst auch ein einsames Sterben beschieden sei, ein Weggehen ohne Sterbesakramente, bloß weil der Sekretär die Situation nicht begriff und den Wunsch nach den Sakramenten erfüllte, als es zu spät war?

Ein schweres Sterben war der kleinen Thérèse von Lisieux (1873–1897) bestimmt, die als «Rosenheilige» bis zum Überdruß verkitscht wurde. Nach Ida Friederike Görres «war ihr Horizont beschränkt – sie war ein ausgesprochen vertikaler Mensch, der nur nach der Höhe und Tiefe wachsen kann, nicht in die Breite»[10]. Die wahrheitsgetreue Schilderung ihres Sterbens sollte der süßen Verniedlichung ein für allemal ein Ende bereiten. Das Bild der kleinen Thérèse zeigt ein eher verschlossenes Antlitz mit einem forschenden Blick und einem leisen Lächeln. Man redet viel von ihrer Liebe, ihrer Leidensbereitschaft, vom Weg der geistigen Kindheit, und tatsächlich war ihrer Persönlichkeit nach ihrem Tode eine weltweite Ausstrahlung beschieden. Es ist schon so, wie Bernanos einmal schrieb: «Vielleicht aber lag es in der Absicht dieses geheimnisvollen Mädchens, der armen Welt eine letzte Atempause zu gönnen, sie einen Augenblick im Schatten ihrer vertrauten Mittelmäßigkeit verschnaufen zu lassen, denn mit ihren kleinen unschuldigen Händen, mit diesen erstaunlichen kleinen Händen, so geschickt im Ausschneiden von Papierblumen, aber auch ganz zerfressen vom Chlor der Waschlauge und vom Frost, hat sie ein Korn gesät, dessen Keimen und Wachsen nichts aufhalten wird.»[11] Doch soll jetzt nicht die Geschichte ihrer Sendung herausgearbeitet, sondern auf ihr Ende hingewiesen werden.

Das von einem Familien-Narzißmus verwöhnte Kind, hernach die im Karmel zu Lisieux von einer Tuberkulosenkrankheit befallene Nonne, hatte einen bitteren Tod zu bestehen. Sie verheimlichte das erste Blutspucken, verstand es durchaus als ein Glockenzeichen, das ihren baldigen Tod ankündigte. Die meisten Menschen wären darüber erschrocken und hätten voller Furchtgefühle noch in der gleichen Nacht den Arzt rufen lassen. Nicht aber Thérèse. Sie nahm das blutgefärbte Taschentuch mit Freuden zu sich, ein Verhalten, das an Heiligkeit grenzt.

Der Körper versagte immer mehr seine Dienste. Sie lag im Bette und erlebte schwere Stunden. Eine unaussprechliche Angst bemächtigte sich ihrer Seele, und sie beschwor die Mitschwestern, für sie zu beten. Während das Fieber stieg, wurde der glutvollen Seele die Glaubensgewißheit genommen. Von frühester Kindheit an war sie ein überaus glaubensfreudiger Mensch gewesen, aller Skeptizismus lag ihr fern, und nun sackte sie im letzten Stadium ihrer Krankheit zu einem Nichts zusammen. Thérèse sah sich auf ihrem Schmerzenslager nicht von Engeln umstellt, nein, sie starrte ganz unerwartet in ein finsteres Loch hinein; alles andere war ihren Blicken entschwunden. «Sehen Sie da unten das schwarze Loch (unter den Kastanienbäumen beim Friedhof), wo man nichts mehr unterscheiden kann? In einem solchen Loch stecke ich mit Leib und Seele», bekannte die Vierundzwanzigjährige.[12] Atheistische Anfechtungen brachen wie Sturzwellen über sie herein, und sie brachte nicht mehr die seelische Kraft auf, sich ihrer zu erwehren. In ihrer körperlichen Schwäche war sie ihnen hilflos ausgeliefert. Alles schien ihr völlig dunkel zu sein; sie bewunderte nur noch den materiellen Himmel, der andere verschloß sich ihr mehr und mehr. Sogar Selbstmordgedanken stiegen in dieser kindlich reinen Seele auf: «O, wenn Sie wüßten, was für abscheuliche Gedanken mich dauernd bedrängen – das Räsonieren der schlimmsten Materialisten zwingt sich meinem Geist auf.» [13] Ein anderes Mal sagte sie: «Der Teufel schleicht rings um mich; ich sehe ihn nicht, aber ich fühle ihn, er peinigt mich, er hält mich wie mit eiserner Hand.» [14] Gewöhnlich übergeht man diese Anfechtungen mit Stillschweigen aus Furcht, sie könnten ihrem Ansehen schaden. Wir aber müssen diese schrecklichen Anfechtungen sehen, weil sie zu ihrem Bilde gehören und uns erst den wahren Eindruck ihrer ungewöhnlichen Persönlichkeit vermitteln. Die kleine Thérèse ist nicht jene kindliche Gestalt, zu der die Propaganda sie fälschlicherweise gemacht hat. Sie ist viel tiefer zu verstehen; dazu gehört auch der Glaubensverlust auf ihrem schweren Sterbelager, während dessen sie trotz aller Verfinsterung nicht aufhörte zu beten.

Zu diesen kaum erträglichen Anfechtungen kommt noch die lange Dauer ihres Sterbens hinzu. Es war nicht nur ein kurzes, heftiges Aufbäumen, das nach wenigen Minuten zu Ende war. Vielmehr dauerte die seelische Verfinsterung tage- und wochenlang, sie wollte und wollte nicht aufhören. «Ich habe die Muttergottes mit solcher Innigkeit angefleht, aber das ist die reine Agonie, ohne eine Spur von Trost», sagte sie und fügte hinzu: «Wenn Sie wüßten, was das heißt: ersticken!» Ein wenig später bemerkte sie zur Priorin: «Der Kelch ist bis zum Rand gefüllt»; sie mußte ihn bis zur Neige trinken. Noch am Tage vor ihrem Erlöschen bebte sie vor der Agonie zurück: «Mutter, ist das der Todeskampf? Niemals werde ich es verstehen zu sterben.» [15] Die unmenschlichen Qualen mußten nach der unverständlichen Anordnung der Priorin ohne Morphium durchlitten werden; wahrhaftig, Thérèse hatte am eigenen Leib erfahren, was es heißt, alles annehmen und nirgends ausweichen.

Dermaßen furchtbar starben zuweilen auch Heilige; da ist keine Ähnlichkeit mit dem, was darüber in frommen Büchern steht. Selbst die gepriesene Standhaftigkeit hilft oft nicht mehr, wenn das ganze Seelengefüge zusammenbricht. Bei dem schweren Sterben der Heiligen begreift man etwas von ihrer Wirklichkeit, die so ganz anders ist, als man sich das ausdenkt. Wie soll man denn dieses nicht enden wollende Sterben in einer trostlosen Verlassenheit deuten? Es gibt da gar nichts zu deuten, und ebenso ist es vergeblich, hinter all diesem Geschehen einen verborgenen Sinn zu suchen. Wer dies versucht, versucht es vergeblich. Man steht vor einer Wand und muß verstummen. Sollte man vielleicht raten, einem solchen Sterbenden nicht zu nahe zu kommen? Auch eine solche Äußerung ist unangebracht. Der Blick muß ausgehalten werden; man muß das letzte Rätsel in seiner ganzen Unbegreiflichkeit stehen lassen und es nicht mit klugen Worten aus der Welt schaffen wollen. Gott läßt seine Heiligen manchmal nackt und bloß in den Tod gehen, ja, er wirft sie gleichsam auf den Schindanger. Dies preßt uns fast das Herz ab, jedenfalls lösen sich alle Fragen nach dem Warum in Dunst auf. Der Christ muß auch diesen härtesten Anblick aushalten und darf nicht aufhören, die Psalmworte zu beten: «Dennoch bleibe ich stets bei dir.»[16]

Doch gibt es noch einen anderen Tod der Heiligen, den man vorsichtig das fromme Sterben nennt. Der Heilige liegt ruhig in seinem Bett, umgeben von seinen nächsten Angehörigen, spricht seine Gebete und geht gefaßt in die Ewigkeit ein. Das

Bild vom gläubigen Sterben der Heiligen ist nicht unwahr, gab es doch mehrere Heilige, die andächtig die Reise in das andere Land antraten.

Als Beispiel sei die heilige Hedwig († 1243), die deutsch-polnische Herzogin erwähnt. Sie war eine starkmütige Frau, die nach ihrem ältesten Biographen «männlichen Schrittes hinter Christus einherging». Ihr religiöses Antlitz ist nicht leicht zu entziffern. Sie war im wörtlichen Sinne die große Landesmutter, die ihren Untertanen mit einem erzieherischen und missionarischen Gefühl gegenüberstand. Ein wahrer Glaubenseifer erfüllte sie; «sorgsam bestellte sie den Acker ihres Körpers», meldet die alte Vita, womit sie ihre herbe Askese umschrieb. Erfüllt von einem geradezu ungestümen Heiligkeitsstreben, stellte sie auch an ihren Gemahl ungewöhnliche Anforderungen. Sie wußte um das Leben und wußte um den Glauben; Glanz und Tragik ihres Schicksals erschöpften sich in der Hingabe an diese beiden Mächte. Als Herrin und Regentin ihres Landes versuchte sie bis in ihr Alter die Geschicke des Herzogtums mitzugestalten. Diese «verhüllte, unbefragbare Frauengestalt» trägt auf den alten Abbildungen nicht nur ein kleines Kirchenmodell auf der flachen Hand, sie ist «selber ein Modell, nein, ein Gleichnis der Kirche ihrer Zeit, so klar und gültig wie die schweren romanischen Münster».[17]

Hedwig legte sich zu Bett und wurde in ihrer letzten, kurzen Krankheit noch «von Dämonen mit Ruten gepeitscht». Die rätselvolle Mitteilung läßt auf heftige Schmerzen schließen. Unmittelbar vor ihrem Abscheiden erlebte sie aber ihre letzte Vision. Einige lichtstrahlende Gestalten traten in den Raum, und Hedwig begrüßte sie freudig: «Willkommen, meine Frauen, heilige Maria Magdalena, heilige Katharina, heilige

Thekla, heilige Ursula!» Hedwig wurde von den erwähnten Heiligen abgeholt und durchschritt in Begleitung dieser heiligen Frauen das dunkle Tor des Todes [18]. Man kann sich nichts Tröstlicheres vorstellen, als mit den Heiligen zusammen dem Ewigen entgegenzuschreiten. Wo bleibt da die Angst? Hedwig war zuversichtlich; ihr Sterben läßt sich nur mit Lazarus' Tod vergleichen, der von den Engeln in Abrahams Schoß getragen wurde. Hedwigs wirklich frommes Sterben bildet den Kontrapunkt zum Sterben der kleinen Thérèse. Der Tod Hedwigs ist und bleibt vorbildlich, wenn er auch umrandet wurde durch ihre harte Bestimmung: «Im Grabe will ich mit keinem mehr Gemeinschaft haben.» Aber das feierliche Sterben hat nicht allgemeingültigen Anspruch, ist es doch ein reines Geschenk und eine göttliche Huld. Es gab heilige Frauen und Männer, die auf eine ganz andere Art ihre Seele Gott zurückgaben. Der Christ kann darum nur die Hände falten und ganz bescheiden mit dem Liederdichter flehen:

«Mein Gott, mein Gott
Ich bitt' durch Christi Blut
Mach's nur mit meinem Ende gut.»

Die gefaßte Todesbereitschaft fand noch eine Steigerung im jubilierenden Sterben von Theresia von Avila (1515–1582). Es ist in diesem Zusammenhang nicht möglich, das ungewöhnliche Gebetsleben noch die vielen Klostergründungen dieser selten begabten Ordensreformatorin nachzuzeichnen. Sie hat es selbst in ihren schriftstellerischen Werken vorzüglich getan. Kein Biograph hat auch nur von entfernt vermocht, das Gedankengut dieser ganz ungewöhnlichen Frau zu erfassen, weil die karmelitische Spiritualität nur erlebt und nicht geschildert werden kann. Uns interessiert vor allem, wie Theresia dem Tod begegnet ist, weil sie in einem ihrer Gedichte die merkwürdigen Worte sang, «denn ich sterb', weil ich nicht sterbe» [19]. Auf der Reise von Medina nach Alba wurde sie von einem Fieber geschüttelt; als sie im Kloster ankam, war sie so erschöpft, daß sie sich sofort zu Bette legen mußte. Am andern Morgen nahm die kontemplative und zugleich aktive Frau ihr gewohntes Leben wieder auf, erlitt aber einige Tage später einen Blutsturz. Sie beichtete hierauf, und der Beichtvater ersuchte sie, Gott zu bitten, daß er sie nicht so schnell zu sich nehme. Theresia antwortete: «Sagen Sie das nicht, Pater! Eure Hochwürden dürfen nicht so denken. Ich bin nicht nötig in dieser Welt»[20], eine Äußerung, die die Worte Johannes' XXIII. vorwegnimmt: «Nimm dich nicht so wichtig.» Theresia versammelte die Schwestern um sich und gab ihnen letzte Ermahnungen. Dann sprach sie die unfaßlichen Worte: «Mein Herr und mein Gemahl! Gekommen ist die ersehnte Stunde: es ist Zeit, daß wir uns sehen.» [21] An die Stelle der verbreiteten Höllenangst war eine Gelassenheit, eine freudige Himmelssehnsucht getreten. Sie klebte nicht an dieser Erde mit ihren tausend Dingen, sondern schritt ruhig und gefaßt dem Ewigen entgegen. «Es ist Zeit, daß wir uns sehen», sprach Theresia, Worte, die jeder sterbende Christ ihr nachsprechen müßte. Wer in seinem Leben Christus nachgefolgt ist, wer seine Worte als verbindlich und richtungweisend empfunden hat, in dem müßte doch ein brennendes Verlangen vorhanden sein, seinen Herrn endlich zu sehen. Diese Sehnsucht überstrahlt alles andere und verwandelt das schwere Abscheiden in eine freudvolle Erwartung. Darum darf man bei Theresia von Avila von einem jubilierenden Sterben sprechen, das sich am 4. Oktober 1852 erfüllte: sie lächelte ein wenig und verschied.

Mit einer solchen inneren Schwingung in die Ewigkeit einzugehen, läßt sich weder machen noch erzwingen. Es ist ganz und gar ein Geschenk Gottes für seine Heiligen. Hier wird die andere Ebene deutlich sichtbar, die andere Dimension, die Theresia angenommen hatte. Auch der Tod verliert seine Schrecken, weil er herbeigesehnt wird und zur gewünschten Stunde kommt. Alles Leid trat zurück und hat der Sehnsucht nach der Anschauung Gottes Platz gemacht. Wahrhaftig, der jubilierende Tod übersteigt alles Tun und alles Denken. Ein solches Verhalten ist weder ersonnen noch mit Phantasie ausgeschmückt. Es entspricht ganz der Realität Theresias von Avila. Steht nun das Sterben der großen Theresia über dem schweren Tod der kleinen Thérèse? Gewiß nicht, denn beides ist dasselbe, sozusagen die Kehrseite vom andern.
Welche Folgerungen lassen sich aus diesen Ausführungen ziehen? Man befindet sich bei dieser Schilderung vom Tod der Heiligen in einer fremden und zugleich doch nicht völlig anderen Welt, weil das Sterben ein allen Menschen bevorstehendes Schicksal ist. Zwar muß man sich in dieser letzten Umgebung zunächst zurechtfinden, muß sich schweigend besinnen, da das ehrfürchtige Schweigen dem Tode gegenüber ohnehin angebracht ist. Die meisten Worte stören nur die Ruhe der Seele eines Verstorbenen. Jedenfalls werden sie der majestätischen Situation nie gerecht.
Es geht um den schwierigen Versuch, ein Gespräch mit dem Tode zu führen. Wer wagt es, mit dem Tod zu reden, und wer vermag ihm zu antworten? Wer wagt, dem Tod ins Antlitz zu sehen, und wer hat ihn im Profil gesehen, was nach Bloy vielleicht noch schrecklicher ist? [22] Eine Diskussion oder ein heute so beliebtes Podiumsgespräch ist etwas ganz anderes. Das Ge-

spräch mit dem Tode geht leise und eindringlich vor sich; der Mensch mag Fragen stellen, aber er wird auch gefragt, so lange gefragt, bis er es merkt: ich bin gemeint, mich geht es an. Wer das Todesgespräch nicht auf sich bezieht, redet an der Sache vorbei.

Zunächst gilt es, alle spekulativen Gedanken auszuscheiden. Es sind in den letzten Jahren einige Arbeiten über das mysterium mortis, über die Theologie des Todes usw. erschienen, an deren guter Absicht nicht zu zweifeln ist. Sie verbleiben im Bereich der theologischen Mutmaßungen und helfen daher dem Menschen nicht viel. Diese bloßen Gedankenübungen lösen sich in den konkreten Situationen in Rauch auf. Die gescheiten Worte sind deplaziert, weil sie das stille Gespräch mit dem Tode unterbrechen, das doch dem Christen aufgetragen ist. Der Tod ist eine harte Wirklichkeit; alle geistreiche Akrobatik nützt nichts und prallt an seiner ehernen Majestät ab. Sterben ist eine furchtbare Realität, die sich von keinen noch so tiefsinnigen Ideen überspielen läßt. Der Tod ist das letzte und schwerste Rätsel, das dem Menschen aufgegeben ist, genauso wie das Leben, das ebenfalls ein kaum zu lösendes Rätsel ist. Leben und Tod gehören zusammen, eines ist so wichtig wie das andere. Wir vermögen beide Rätsel nicht zu lösen, und ein Mensch, der behauptet, er habe den Tod verstanden, weiß nicht, was er sagt. Wohl können wir das Gespräch mit dem Tod im Flüsterton artikulieren, aber wir sind nicht imstande, die in ihm enthaltene Frage zu beantworten. Das Neue Testament nennt den Tod «den letzten Feind», den es zu überwinden gelte, eine Tat, die allein Christus vollbracht hat. Ohne ihn wären wir im Tode verloren.

Das Thema «Die Heiligen in der Bereitschaft zum Sterben»

zeigt die Boten Gottes in den allerschwersten Situationen, die ein Mensch zu bestehen hat. Auch die Heiligen mußten sich bewähren, man denke nur an Bruder Klaus, der sich in seiner Zelle vor Schmerzen am Boden wälzte. Trotz aller Qualen aber kennen sie die Furcht vor der Hölle nicht. Sie war früher stark verbreitet, und viele Prediger schürten diese Furcht vor der Strafe, wie dies Groethuysen an vielen Beispielen drastisch gezeigt hat [23]. Dabei ist es unverantwortlich, eine Seele, die vor dem Tode steht, zu ängstigen, wo sie doch der Hilfe und des Beistandes bedarf. Keine Phantasie vermag die Frage vieler Menschen, was ihrer nach dem Tode wartet, zu beantworten. Ehrlich müssen wir sagen, wir wissen es nicht, aber wir glauben, mit der ganzen Kraft der Seele in die barmherzigen Hände Gottes zu fallen. Das einzige Gebet in einer solchen Stunde ringt um die Bitte: laß mich bestehen und gib mir die Bereitschaft, mich in den Willen Gottes zu ergeben.
Die Heiligen sind ungewöhnlich gefaßt in die heilige Agonie eingegangen, weil sie den Todestag nicht als das Ende betrachtet haben. Sie haben sich nicht in dumpfer Resignation in das Unvermeidliche gefügt. Von einer solchen Stimmung ist bei ihnen nichts anzutreffen, im Gegenteil, sie haben ihren Todestag als ihren wahren Geburtstag betrachtet. Die Heiligen hofften sehnsüchtig auf ihre endgültige Geburt, denn ins Jenseits hinübergehen bedeutete ihnen, den großen Geburtstag feiern. Darum legte auch die Kirche das Fest eines Heiligen auf seinen Todestag. Der wahre Geburtstag bringt die Erfüllung des Wortes Jesu zum Schächer am Kreuz: «Wahrlich, ich sage dir: heute wirst du mit mir im Paradiese sein.» [24] Diese nicht mehr zu überbietende Zusicherung gab Christus einem Verbrecher in seiner letzten Stunde. Das «Heute» ist maßgebend, und in

das Wort «Paradies» muß man seine ganze Seele hineinlegen. In der Geschichte der Mystik gab es eine Diskussion, ob das Paradies noch vorhanden oder ob es seit Adams Fall endgültig verschwunden sei. Gibt es ein verborgenes Paradies auf Erden, und wo ist es zu finden? Ist es im Herzen des Menschen, und kann er, wenn er nur will, in jedem Moment im Paradiese sein? Die Heiligen haben die Frage nach dem Paradies beantwortet, indem sie der Zusicherung an den Schächer so fest vertrauten, als wäre sie zu ihnen gesprochen. Sie haben den Tod als Eingang ins Paradies aufgefaßt, eine Gewißheit, die ihnen jene beinahe überirdische Abgeklärtheit und das milde Verzeihen vermittelte. Der ins Paradies eingehende Mensch wird wundersam durchsichtig und gleicht zuletzt einem Prisma, das alle Strahlen Gottes durchläßt. Das Gespräch mit dem Tode hat eine unerwartete Dichte angenommen, in der Formulierung Bernanos' ausgedrückt: «Wir sterben nicht jeder für uns, sondern die einen für die andern, oder, wer weiß, die einen an Stelle der andern.» [25]

Alle Heiligen haben, ohne Ausnahme, an das ewige Leben geglaubt. Für sie war es keine bloße Vermutung, über die man im besten Fall sagen kann: vielleicht oder vielleicht auch nicht. Dieses Würfelspiel taugt so wenig wie der Zufall im weltanschaulichen Denken. Der Glaube an das ewige Leben gründet sich auf die bestimmte Antwort Christi an die Sadduzäer, die seine Gewißheit von der Auferstehung bezeugt[26]. Christi Worte sind für die Heiligen unumstößlich. Das ewige Leben war für sie eine Realität. Die Jenseitsgewißheit erfüllte ihre Seele. Der Glaube an das ewige Leben ist zentral. In diesem Glauben liegt auch der einzige Trost, den man an einem Grab den Hinterbliebenen spenden kann. Alle andern Worte, wie «der Verstorbene wurde erlöst von seinen Schmerzen», oder, «der Entschlafene lebt im Gedächtnis der Familie weiter», sind leer und täuschen einen Trost vor, der keiner ist. Diese rhetorischen Redewendungen vermögen dem Menschen nicht den geringsten Halt zu vermitteln. Zuversicht und Kraft gibt nur der Glaube an das ewige Leben. Er ist der einzige Trost im Leben und im Sterben. Alles andere hilft nichts. Dem modernen Menschen ist dieser Glaube abhanden gekommen, geblieben ist höchstens noch Hamlets «Furcht vor etwas nach dem Tode»[27]. Darum steht der heutige Mensch dem Tod ratlos gegenüber. Er sieht in ihm ein bloßes Versinken ins Nichts und flüchtet sich in ein schnelles Vergessen. An dieser Krankheit leidet die ganze moderne Generation. Die Literatur der Gegenwart, von wenigen Ausnahmen abgesehen, ist nicht fähig, auch nur einen kleinen Beitrag zum Gespräch mit dem Tode zu leisten. Sie stößt den Leser in die Unsicherheit und überläßt ihn der Pein. Genesung liegt nur im Glauben an das ewige Leben. Den Glauben an die Auferstehung wieder zu gewinnen, soll unsere vornehmste Aufgabe sein, wichtiger als alle Probleme der Welthandelspreise, des Umweltschutzes usw. Wie mächtig ertönt die Musik in Händels «Messias» zu den Worten: «Es wird die Posaune erschallen, und die Toten werden auferstehen unverweslich, und wir werden verwandelt werden. Denn dies Verwesliche muß anziehen die Unverweslichkeit, und dies Sterbliche muß anziehen die Unsterblichkeit.»[28]

Das Gespräch mit dem Tode schließt noch die Frage über die Beziehung zu den Verstorbenen in sich. Nicht im Sinne der Spiritisten, die mit fragwürdigen Machenschaften eine Verbindung mit den Verstorbenen aufzunehmen versuchen. Der

Okkultismus ist eine modische Angelegenheit geworden, weil dem heutigen Menschen das Jenseitsbewußtsein abhanden gekommen ist und er sich mit diesem Verlust nicht abfinden kann. Die Heiligen dagegen fühlten sich innerlich mit den Verstorbenen verbunden. Jeanne d'Arc vernahm dauernd die Stimmen der heiligen Katharina und der heiligen Margarete, ohne deren Anweisungen ihr Leben gar nicht zu denken ist. Der Christ gibt sich nicht dazu her, die Toten ruhmredig zu begraben und sie dann möglichst schnell zu vergessen. Das Andenken eines Menschen an seine Toten ist das Maß für die Tiefe seines Empfindens. Es ist sinnvoll, die Stätten der verstorbenen Heiligen zu besuchen, und es ist sinnvoll, im Gebet mit ihnen verbunden zu bleiben. Nur eine dünne Wand trennt uns von den Toten, und in seltenen Augenblicken wird diese beinahe aufgehoben. Wir gedenken bewußt der Toten und lassen uns vom Zeitgeist nicht verführen, der darüber nichts zu sagen weiß.

Nach der Meinung der Alten gibt es eine Kunst zu sterben. Der heutige Mensch weiß von ihr nichts mehr, weil er das Gespräch mit dem Tode nicht aufgenommen hat. Die Kunst zu sterben versteht sich nicht von selbst. Man muß es bewußt lernen, und was wir nicht lernen, das können wir nicht. Die Kunst zu sterben besteht im demütigen Entgegennehmen, im Gehorsam und in der inneren Bereitschaft, die von jedem Menschen eingeübt werden muß. Der Christ darf sich nicht der dichterischen Lüge ergeben: «Gib jedem seinen eigenen Tod» (Rilke). Es ist unmöglich, seinen persönlichen Tod zu gestalten oder «in Schönheit zu sterben» (Ibsen). Das sind ästhetische Illusionen, die zu schön klingen, um wahr zu sein. Solche geistreichen Sätze halten nicht stand, wenn man vom

Krebs zerfressen wird oder an einem Asthma-Anfall beinahe erstickt. Die Heiligen lehren uns, ganz bescheiden, mit leeren Händen vor Gottes Antlitz zu stehen.

Es ist den Menschen die Aufgabe übertragen, für die Sterbenden eine Situation zu schaffen, in der sie innerlich still werden, Vergebung empfangen und verzeihen können, um dann in Ruhe, ohne jede Hetze zu entschlafen. Das ist das einzige, was wir ihnen vermitteln können. Der Christ darf sich vom Tod nicht unvorbereitet überfallen lassen, sondern muß immer wieder bedenken, wie sich die Kunst zu sterben erlernen läßt. Das memento mori ist eine ewige Weisheit. Nicht der von der wütenden Lebensgier erfaßte Mensch versteht das Dasein. Niemand weiß vom Leben Gültigeres zu sagen als der Tod. Die Kunst zu sterben besteht in der Fähigkeit, richtig zu leben. Die Thematik «der Heilige in der frohen Bereitschaft zu sterben» verfolgt eine seelsorgerliche Aufgabe: Sie will den Menschen innerlich vorbereiten, vor dem Ewigen zu erscheinen und gefaßt den Kuß Gottes zu empfangen, als was der Tod letztlich zu verstehen ist.

# Quellennachweis

## Die neue Sicht

[1] Thornton Wilder: Unsere kleine Stadt, 1944, S. 74
[2] Margarete Susman: Ich habe viele Leben gelebt, 1964, S. 64
[3] 1. Kön 5,6
[4] Bernanos: Tagebuch eines Landpfarrers, 1936, S. 84
[5] Hebr 12,29
[6] 2 Kor 10,15
[7] Pred. Sal. 7,14
[8] Hans Urs von Balthasar: Bernanos, 1954, S. 242
[9] A. Beguin: Bernanos, 1958, S. 146
[10] 1 Thess 4,3
[11] Julien Green: Tagebücher, 1954, Bd. II, S. 241

## Im Gespräch mit der Jugend

[1] Vgl. St. Nikolaus-Bote, Sept. 1966, S. 2–3
[2] R. Durrer: Bruder Klaus, 1917/21, Bd. I, S. 404 ff.
[3] G. Bosco: Pädagogik der Vorsorge, ed. Fischer, 1966, S. 116
[4] ibid., S. 116
[5] G. Söll: Don Bosco, Erzieher und Vater der Jugend, o. J., S. 32
[6] Sämtl. Schriften der hl. Theresia von Jesu, 1912/22, Bd. IV, 1, S. 341
[7] Vgl. Reden an die deutsche Jugend im 20. Jahrhundert, ed. Weyer, 1916

## Das Leben in der Ehe

[1] J. F. Görres: Aus der Welt der Heiligen, 1955, S. 361
[2] Elisabeth von Thüringen, 1960, ed. Maril, S. 30

[3] Görres, a. a. O., S. 370
[4] Elisabeth von Thüringen, a. a. O., S. 29
[5] ibid., S. 44
[6] ibid., S. 39
[7] Folgelklou: Die heilige Birgitta von Schweden, 1929, S. 62
[8] Vgl. Holzmann: Die sächsische Kaiserzeit, 1953, S. 383
[9] H. Günter: Kaiser Heinrich II., 1904, S. 80
[10] St. Hilpisch: Unter der Kreuzeskrone, 1937, S. 113
[11] Hemel-Stier: Johanna Franziska von Chantal, 1937, S. 122
[12] Jeanne de Chantal; ed. Maril, 1967, S. 65
[13] Deutsche Ausgabe der Werke Franz von Sales, 1960, Bd. IV, S. 154
[14] Das Leben des hl. Ludwig von Joinville, ed. Kock, 1969, S. 14
[15] Augustin: Bekenntnisse, III, 12
[16] 1 Kor 7,14
[17] Augustin: Bekenntnisse, IX, 9
[18] Görres: Aus der Welt der Heiligen, 1955, S. 177
[19] J. Bernhardt: Die heilige Radigunde, 1915, S. 17
[20] E. Hello: Heiligengestalten, 1934, S. 256
[21] Mt 19,4–6
[22] Tob 6,21
[23] Mt 5,32
[24] Eph 5,32
[25] Hohes Lied Sal. 8,6
[26] Marie Noël: Erfahrungen mit Gott, 1961, S. 254/5

## Trauer und Freude

[1] Jer. Klagel. 2,11
[2] Jak 5,17
[3] Augustin: Bekenntnisse, VII, 6
[4] ibid., VIII, 4
[5] ibid., II, 5
[6] ibid., IV, 10
[7] ibid., IV, 4
[8] ibid., IV, 14
[9] ibid., VIII, 9
[10] ibid., II, 2
[11] Hello: Heiligengestalten, 1934, S. 241
[12] R. Schneider: Pfeiler im Strom, 1958, S. 166
[13] Augustin: Bekenntnisse, IX, 12
[14] ibid., VIII, 12
[15] Mauriac: Die heilige Margarethe von Cortona, 1947, S. 40
[16] 1 Joh 5,4
[17] R. Schneider: Winter in Wien, 1958, S. 155
[18] P. Bargellini: Heilige als Menschen, 1959, S. 310
[19] F. Stratmann: Der Heilige in der

Versuchung der Macht, 1958, S. 488

[20] ibid., S. 488

[21] Schamoni: Das wahre Antlitz der Heiligen, 1967, S. 322

[22] Bargellini, a.a.O., S. 327

[23] Sämtl. Werke der hl. Theresia von Jesu, 1912/22, Bd. II, S. 493

[24] Mt 6,4

[25] Hello: Worte Gottes, 1935, S. 204

[26] Ignatius von Loyola: Das geistliche Tagebuch, 1961, S. 206/7

[27] H. Rahner: Ignatius von Loyola als Mensch und Theologe, 1964, S. 133

[28] ibid., S. 135

[29] ibid., S. 111

[30] Theresia von Avila, sämtl. Schriften, 1936, Bd. III, S. 373

[31] Kautsch: Die Apokryphen des Alten Testamentes, 1900, Bd. II, S. 369

[32] 2 Kor 7,10

[33] Jer 31,13

[34] Bruder Leo: Spiegel der Vollkommenheit, 1935, I, 4

[35] ibid., I, 13

[36] ibid., VII, 2

[37] ibid., VII, 2

[38] Die Dreigefährten-Legende, 1972, Kp. 8

[39] ibid., Kp. 9

[40] Bruder Leo, a.a.O., VIII, 3

[41] Franz von Assisi, ed. Karrer, 1945, S. 167

[42] Die Blümlein des hl. Franziskus, 1908, S. 22

[43] Bruder Leo, a.a.O, IX, 7

[44] P. Dörfler: Philipp Neri, 1952, S. 127/8

[45] ibid., S. 84

[46] M. Jouhaudeau: Philipp Neri, 1960, S. 50

[47] H. Bremond: Thomas Morus, 1935, S. 4

[48] Ps 2,4

[49] Ps 132,16

[50] Bernanos: Der Abtrünnige, 1929, S. 352

## Vom Teufel bedrängt

[1] Dostojewskij: Die Brüder Karamasoff, 1964, S. 1040

[2] F. Oberbeck: Christentum und Kultur, 1919, S. 246

[3] Augustin: Bekenntnisse, VIII, 8

[4] Weisung der Väter, ed. Miller, 1965, S. 19

[5] Athanasius: Leben des hl. Antonius, 1917, Kp. 5

[6] ibid., Kp. 8

[7] ibid., Kp. 9 u. 10

8 ibid., Kp. 25
9 ibid., Kp. 42
10 ibid., Kp. 23
11 Weisung der Väter, a.a.O., S. 16
12 Görres: Zwischen den Zeiten, 1960, S. 384
13 E. Pezeril: Der arme Pfarrer von Ars, 1961, S. 143
14 F. Trochu: Der Heilige Pfarrer von Ars, 1929, S. 210
15 ibid., S. 211
16 Pezeril, a.a.O., S. 145/6
17 Trochu, a.a.O., S. 218
18 ibid., S. 220
19 Bernanos: Unter der Sonne Satans, 1927, S. 167/8
20 V. Zander: Seraphim von Sarow, 1965, S. 37
21 Bruder Leo: Spiegel der Vollkommenheit, 1935, S. VIII, 1
22 Eph 6,12
23 Bruder Leo, a.a.O., III, 29
24 2 Kor 11,4
25 R. Durrer: Bruder Klaus, 1917, S. 546
26 1 Petr 5,8
27 Mt 10,8
28 Mt 4,10 ff.
29 Lk 10,18

## In der politischen Entscheidung

1 M. Ward: Gestalten christlicher Frühzeit, 1963, S. 251
2 ibid., S. 250
3 Jes 56,10
4 Lk 7,24
5 Eph 6,16
6 Wolfram von den Steinen: Karl der Große, 1928, S. 14
7 J. Calmette: Karl der Große, 1948, S. 306
8 Joh 18,36
9 Hello: Heilige Gestalten, 1934, S. 143
10 Seppelt: Geschichte der Päpste, 1956, Bd. III, S. 584/7
11 Dante: Göttliche Komödie, 3, 59 ff.
12 Ignazio Siolone: Das Abenteuer eines armen Christen, 1969, S. 210
13 A. Levasti: Katharina von Siena, 1952, S. 291
14 Heilige in ihrer Zeit, ed. Mann, 1966, Bd. II, S. 149
15 Briefe der hl. Katharina von Siena, ed. Kolbe, 1919, S. 216
16 ibid., S. 170
17 Augustin: Civitas dei, IV, 4

## Von der Vision überfallen

[1] M. Jouhaudeau: Philipp Neri, 1960, S. 57
[2] Gregor der Große: Dialoge, II, 35
[3] Bloy: Der undankbare Bettler, 1959, S. 220
[4] Parisciani: Der hl. Josef von Copertino, 1968, S. 42
[5] ibid., S. 36
[6] Hello: Heiligengestalten, 1934, S. 261
[7] Parisciani, a.a.O., S. 51 u. 52
[8] ibid., S. 41
[9] Hello: Heiligengestalten, 1934, S. 267
[10] Miller: Crescentia von Kaufbeuren, 1968, S. 66
[11] ibid., S. 215
[12] ibid., S. 234
[13] Simone Weil: Schwerkraft und Gnade, 1952, S. 234
[14] Bernanos: Die heilige Johanna, 1934, S. 25
[15] R. Schneider: Macht und Gnade, 1940, S. 150
[16] Görres: Aus der Welt der Heiligen, 1955, S. 245
[17] Bloy: Der beständige Zeuge Gottes, ed. Maritain, 1953, S. 363
[18] 2 Kor 12,2–4
[19] Dostojewskij: Die Brüder Karamasoff, 1964, S. 479
[20] Apostelgeschichte 9,3
[21] Mich 6,8

## Im Umgang mit der Bibel

[1] Bloy: Exegese der Gemeinplätze, 1949, S. 7
[2] Teixeira de Pascoaes: Hieronymus, 1942, S. 41 u. 263
[3] J. Steinmann: Hieronymus, 1961, S. 343
[4] ibid., S. 344
[5] V. Larbaud: St. Hieronymus, 1956, S. 57
[6] Augustin: Bekenntnisse, VIII, 12
[7] Augustin: Über das Johannesevangelium, 1. Vortrag 5
[8] Joh 1,1
[9] Van Duinkerken: Bernhard von Clairvaux, 1966, S. 37
[10] P. Rohbech: Bernhard von Clairvaux, 1949, S. 80
[11] Wolfram von den Steinen: Vom heiligen Geist des Mittelalters, 1926, S. 176
[12] Das Hohelied des hl. Bernhard von Clairvaux, ed. Schuck, 1926, S. 41
[13] Daniel-Rops: Bernhard von Clairvaux und seine Söhne, 1964, S. 55

[14] V. Zander: Seraphim von Sarow, 1965, S. 33
[15] Therese vom Kinde Jesu: Selbstbiographische Schriften, 1958, S. 184
[16] Jer 23,29
[17] Mt 19,21
[18] Athanasius: Leben des heiligen Antonius, Kp. 2
[19] 2 Sam 12,7
[20] Bruder Leo: Spiegel der Vollkommenheit, 1935, Vorwort
[21] Celano: Leben und Werden des hl. Franz von Assisi, ed. Grau, 1955, Kp. L VIII
[22] Pascal: Vermächtnis eines großen Herzens, 1938, S. XL VI
[23] Amos 8,10
[24] A. Miller: Crescentia von Kaufbeuren, 1968, S. 263

## Bei den Armen und Kranken

[1] Lk 5,31
[2] Röm 12,16
[3] H. Firtel: Camillus, 1960, S. 52
[4] ibid., S. 93
[5] P. Bargellini: Heilige als Menschen, 1959, S. 257
[6] Mt 25,36
[7] Swoboda: Held und Heiliger vor der Not, 1947, S. 27
[8] Firtel, a.a.O., S. 225
[9] Swoboda, a.a.O., S. 50
[10] Bernanos: Europäer, wenn ihr wüßtet, 1962, S. 106
[11] P. Dörfler: Vinzenz von Paul, 1951, S. 5
[12] Daniel-Rops: Vinzenz von Paul, 1960, S. 61
[13] Brémond: Heiligkeit und Theologie, 1962, S. 202
[14] Daniel-Rops, a.a.O., S. 29; und Brémond, a.a.O., S. 208
[15] Daniel-Rops, a.a.O., S. 38
[16] Brémond, a.a.O., S. 202
[17] Dörfler, a.a.O., S. 85
[18] Dörfler, ibid., S. 73
[19] M. Auclair: Herr Vinzenz hat das Wort, 1962, S. 109
[20] Hausenstein: Impressionen und Analysen, 1969, S. 27
[21] Brémond, a.a.O., S. 216
[22] Offb 21,4
[23] Mt 11,5
[24] Jak 2,5
[25] Lk 16,20–21
[26] L. Bloy: Die Stimme, die in der Wüste ruft, 1951, S. 166
[27] Pascal: Vermächtnis eines großen Herzens, 1938, L XXXIV und 55 ff.

## In der Bereitschaft zum Sterben

[1] Tolstoj: Der Tod des Iwan Iljitsch, o. J., S. 51

[2] R. Schneider: Pfeiler im Strom, 1958, S. 207

[3] Apostelgesch. 7,59

[4] Mt 27,14

[5] Bernanos: Der Abtrünnige, 1929, S. 463

[6] Van der Meer: Augustinus der Seelsorger, 1951, S. 324

[7] H. Rahner: Francisco und sein Meister in Stimmen der Zeit, 1952, S. 166

[8] Schurhamer: Franz Xaver, 1973, Bd. II, 3; S. 671

[9] ibid., S. 163

[10] Görres: Zwischen den Zeiten, 1960, S. 245

[11] Bernanos: Die großen Friedhöfe unter dem Mond, 1959, S. 215

[12] W. Herbstrith: Therese von Lisieux, 1972, S. 163

[13] Görres: Das Senfkorn von Lisieux, 1957, S. 466

[14] ibid., S. 489

[15] Die letzten Worte der Therese Martin, 1963, S. 122

[16] Ps 73,23

[17] Görres: Hedwig von Schlesien, 1967, S. 52

[18] Das Leben der hl. Hedwig, 1967, S. 129

[19] Sämtl. Schriften der hl. Theresia von Jesu, 1941, Bd. VI, S. 273

[20] P. Papasogli: Theresa von Avila, 1958, S. 579

[21] ibid., S. 579

[22] Bloy: Exegese der Gemeinplätze, 1949, S. 105

[23] B. Groethuysen: Die Entstehung der bürgerlichen Welt- und Lebensanschauung in Frankreich, 1927, Bd. I, S. 81ff

[24] Lk 23,43

[25] Bernanos: Die begnadete Angst, o. J., S. 73

[26] Mt 22,23 ff.

[27] Shakespeare: Hamlet, III, 1

[28] 1 Kor 15,52/3

# Personenverzeichnis